JN099523

税理士のための相続税Q&A

土地等の評価

不動産鑑定士・税理士
樋沢武司〔著〕

中央経済社

シリーズのリニューアルについて

本シリーズは，相続税の税率引上げや基礎控除の引下げ等の大幅改正をふまえて，2014年に全６巻で刊行されました。刊行から６年余を経過した現在，毎年行われる税制改正により全ての巻のいずれかの箇所で改訂が必要となりました。

つきましては，シリーズ名を『税理士のための相続税Ｑ＆Ａ』と改め，全６巻の体系は維持しつつ，各巻とも，制度改正をふまえた見直しを積極的に行いながら，重要項目あるいは改訂項目に逸早くたどり着けるよう索引を収録するとともに，コラム「スタッフへのアドバイス」を適宜追加することといたしました。

索引の収録は，旧版から収録されていた『株式の評価』の巻を読まれた方が索引の使い勝手の良さを強く感じられて，全巻への索引収録を熱心に要望されたことに応えた結果です。

また，「スタッフへのアドバイス」は本シリーズが税理士の方のみならず事務所や法人スタッフなど多くの方々の役に立つことを編集スタッフが希望したものです。

世間はいわゆる想定外のコロナ禍で大きな混乱を招いていますが，本シリーズが制度内容の詳細な解説にとどまらず，税理士の方や税理士事務所，税理士法人のスタッフの方々にとって，相続税実務を進める際の良きパートナーとなりますことを切に願うところです。

令和２年（2020年）９月

㈱中央経済社

代表取締役社長　山 本　継

はじめに

2019年12月に国税庁が公表した「平成30年分の相続税の申告状況」によれば，相続財産の金額の構成比で，土地は35.1％を占めています。この割合は以前に比べれば多少低くなったとはいえ，依然として不動産が相続財産の大半を占めている状況に変わりはありません。

2015年１月からは相続税の基礎控除が縮小され，また最高税率も55％に上昇するなど，相続税増税が実行されました。相続税が課税される割合は2004年以降4.1～4.2％で推移してきましたが，2015年は8.0％，2018年は8.5％に上昇しています。

日本はすでに人口減少時代に突入していますが，今後しばらく年間死亡数は上昇傾向を示すことが確実です。2003年に初めて年間死亡数が100万人を超えてから徐々に増加，2019年は約137万人となっています。国立社会保障・人口問題研究所の予測では，死亡者数のピークは2039，40年頃で約166万人（死亡中位）と想定されています。相続税は税収の伸びが確実視される有望税目となっているのです。

相続税は，亡くなった人（＝被相続人）が所有していた財産を，相続人等が取得（相続）した際に，課せられる税金です。相続税のポイントは，財産評価（＝各種財産をどのように貨幣価値で評価するか）と各種特例にあります。単純に税率等だけで税額が決まるものではありません。

実際の申告場面では，税理士が相続人から依頼を受け，財産評価をし，課税遺産総額を計算し，納税額を決定することになります。その中で土地等の評価では判断に悩む場面が少なくありません。具体的には路線価等を採用して土地評価額を計算しますが，土地は個別性が強く，単純に路線価に地積を掛け算すれば済むわけではないからです。

本書は，相続税申告をする際に，税理士等が土地等の評価に際して注意すべき点や確認事項を整理したものです。土地評価関連の書籍や情報としては，これまで路線価方式で画地計算をどのようにするのか，借地権など各種権利が付着している土地をどう考えるのか等が中心となってきました。これらの重要性が今後も低下することはないでしょうが，相続税の課税割合が増えることに伴い倍率方式ががぜん注目を集めることになりそうです。

倍率方式の基となる固定資産税評価額の中身まで真剣に分析・検討する税理士はさほど多くはなかったと思われます。固定資産税上の土地評価は原則として地方税法に定める固定資産評価基準に則って行われますが，細かな運用は各自治体に任されています。同じような事情を抱える土地であっても市町村が異なれば同じ評価額になるとは限りません。倍率方式は単に固定資産税評価額に所定の倍率を乗ずるだけと思い込んでいる方にとっては，大きな落とし穴が潜んでいるといっても過言ではないでしょう。

また東日本大震災以降，自然災害に対するリスクが不動産の取引価格にも大きな影響を与えています。津波による被害だけでなく，内陸部を中心に地滑りや液状化現象が発生し，地盤の強弱に対する関心が強まりました。さらに相次ぐゲリラ豪雨や台風などによる土砂災害も確実に増加傾向を示しており，安心して生活できる土地に対する見極めが厳しくなっています。不動産の価格形成要因が時代と共に変化することを知らなければ土地評価上の減額要素を見逃しかねません。

土地評価に関する知識や理論は限りなく膨大です。すべてを詳細に説明することはほぼ不可能といってもよいでしょう。本書では，そもそも相続税評価額とはどのような概念で，路線価等はどのようにして定められるのか等土地評価の基本的事項を記載した上で，土地評価の個別的事情に関して最近の動向および倍率方式の前提となる固定資産税評価額の内容等を重点的に解説しています。土地評価を単なる知識や路線価等のあてはめと捉えるのではなく，その理論的な背景を理解していただければ幸いです。画地計算や借地権関連および広大地などは概略を整理するだけに留めています。これらに関しては別途，詳細な解説本を参考にしていただきたいと存じます。

令和２年７月

樋沢　武司

目　次

第5章 ■ 宅地の上に存する権利等 —— 143

第6章 ■ 貸宅地・貸家建付地 —— 179

スタッフへのアドバイス

凡　例

相法………相続税法

相令………相続税法施行令

相規………相続税法施行規則

法法………法人税法

法令………法人税法施行令

法規………法人税法施行規則

所法………所得税法

所令………所得税法施行令

所規………所得税法施行規則

措法………租税特別措置法

措令………租税特別措置法施行令

措規………租税特別措置法施行規則

評基通……財産評価基本通達

相基通……相続税法基本通達

法基通……法人税基本通達

所基通……所得税基本通達

措通………租税特別措置法関連通達

相法３①一→相続税法第３条第１項第１号

第1章 土地評価の基本

Q1 土地評価の基本的考え

土地を多数所有していた父が亡くなりました。相続税申告の際には，土地評価が必要となりますが，法律上，土地評価はどのように定められているのでしょうか？

A 相続，遺贈または贈与（以下，「相続等」といいます）によって財産を取得した場合，取得者は取得した財産の価額を基に計算された相続税や贈与税を支払う義務が生じます。相続税等の計算上，まず被相続人所有の財産の価額を把握するため，財産を評価することを「財産評価」と呼び，相続税申告実務上は非常に大きなウエイトを占めます。

財産評価に関しては，相続税法と相続税財産評価基本通達に各種規定が定められています。相続税法22条では，「相続，遺贈又は贈与により取得した財産の価額は，当該財産の取得の時における時価」によることとされ，時価が財産評価の基本となることが明記されています。

相続税等の課税対象となる財産は，現預金や土地，家屋など不動産以外に様々なものが含まれます。現金預金であれば，時価は課税時期の額面そのものでわかりやすいですが，土地等の時価は誰もがすぐに把握できるものではありません。また人によって評価方法が異なると仮に同じ土地を相続しても，財産評価額に差異が生じて結果として税額自体もバラつき，公平とはいいがたくなります。

そのため，国税庁は，「財産評価基本通達」を定め，各種財産評価の統一を図り，納税者に評価方法を明確に示す方法を採用しています。財産評価基本通達は土地，家屋を始め，構築物，動産，無体財産権など，およそ相続税等が課税されるほとんどの財産を評価するための指針となっています。

（法令・通達）　相法22，評基通１，地価公示法１

解説

1　土地の時価について

財産評価基本通達（以下，「評価通達」とします）では，財産の価額は時価によるものとし，時価とは，課税時期（相続等により財産を取得した日もしくは相続税法の規定により相続等により取得したものとみなされた財産のその取得の日）において，それぞれの財産の現況に応じ，不特定多数の当事者間で自由な取引が行われる場合に通常成立すると認められる価額をいい，その価額は，この通達の定めによって評価した価額によると定めています。

土地の時価については「不動産鑑定評価基準」上の「正常価格」に近い概念といえます。正常価格は，「市場性を有する不動産について，現実の社会経済情勢の下で合理的と考えられる条件を満たす市場で形成されるであろう市場価値を表示する適正な価格」と規定され，簡単にいえば「客観的交換価値」を示すものといわれています。

相続税や固定資産税の課税上，土地評価額についての訴訟はバブル崩壊以降，頻発し，現在では，法律上あるいは税務上の時価は，地価公示価格水準であることがほぼ明確化しています。したがって，土地に関しては，時価＝地価公示価格といえます。

2　地価公示制度について

地価公示は，国土交通省が地価公示法に基づいて，毎年１月１日時点の地価を不動産鑑定士に鑑定評価をさせ，その結果を３月下旬頃に公表する制度です。

その目的は第１次的には，一般の土地取引の指標を示すものとされていますが，次項で示すように相続税路線価評価等「課税評価」にも活用されます。2020年地価公示では全国で26,000地点に設置されています。公示価格は，土地について，自由な取引が行われるとした場合におけるその取引において通常成立すると認められる価格（正常な価格）と規定されています。

国土交通省ホームページ「土地総合情報システム」を利用すれば全国の地価公示地点の情報を入手できます。

【図表１－１】土地総合情報システムの例示

標準地番号	千種－１
調査基準日	令和２年１月１日
所在及び地番	愛知県名古屋市千種区新西１丁目613番
住居表示	新西１－６－20
価格	159,000（円/㎡）
地積	123（㎡）
形状（間口：奥行）	（1.0：2.0）
利用区分，構造	建物などの敷地，W（木造）　２F

○○（○○は行政単位）－１，－２‥：住宅地を意味します。
○○５－１，○○５－２，‥‥：商業地を意味します。
○○９－１，○○９－２，‥‥：工業地を意味します。

Q2 路線価と地価公示価格

そうすると路線価は地価公示価格と同じなのですか？

A 路線価に限らず，土地の相続税評価額は地価公示価格の８割水準と規定されています。したがって路線価と地価公示価格は同額ではありません。1989年に「土地基本法」が制定され，その中で地価公示や相続税評価額，固定資産税評価額など「公的土地評価」の均衡が明記されました。それを受けて地価公示価格，相続税評価額，固定資産税評価額が10：８：７のバランスとなるように評価の均衡化を推し進め，1994年に均衡化が完了しました。

相続税評価額が地価公示価格の８割水準とされたのは，路線価等は毎年１月１日を価格基準日として評価され，同年１月１日から12月31日までの１年間に課税時期を迎えた人が利用することになるからです。同一年に相続等が発生した場合は，発生時期にかかわらず同一路線価に面した土地であれば，すべて同じ単価（路線価）を採用します。本来は，「課税時期の時価」で評価することが原則ですが，１日単位で路線価等を定めることは物理的に不可能です。

とはいえ，地価は時間の経過につれ，価格が上がったり下がったりします。地価が上昇局面であれば，年末に相続が発生しても１月１日時点の価格で土地が評価されるので，「割安」な評価額ですみます。しかし地価が下落している場合は，年末の相続でも割高な１月１日時点の価格で評価せねばなりません。年末の相続では「時価」より高い評価額で税金が計算されてしまう事態になりかねません。

そこで相続税評価額が時価である地価公示価格を上回らないように，あえて地価公示価格より２割低い水準に抑え，配慮を施しました。仮に地価が下落している状況であっても，１年間で20％以上下落しなければ，12月31日に相続が発生した場合でも路線価が地価公示価格より高くなることはありません。国税庁はこれを評価の「アローアンス」（差額）と呼んでいます。

解説

1　路線価が時価を上回る場合

地価の下落スピードが極めて速い場合，あるいは土地の形状等が著しく劣り，路線価等による評価額では明らかに時価を上回ってしまうこともあります。相続税の申告で必ず，評価通達に基づいて路線価等による申告をしなければならないと決められているわけではありません。

特殊な状況や特殊な土地で，評価通達によりがたい場合は，不動産鑑定士に「正常価格」を鑑定評価してもらい，その評価額で申告することが可能です。これを「時価申告」などといいます。ただし，前述のとおり，路線価自体は地価公示価格の８割水準であるため，鑑定評価による正常価格が路線価評価額より低くなることはさほど多いわけではありません。当然，国税局・税務署もいかなる場合でも「時価申告」を認めているわけではないので注意が必要です。

８割評価に関しては，客観的時価の２割程度の減価という評価上の利益は，課税当局が全国に大量に存在する相続財産たる土地の評価を画一的に行うにあたり評価の安全性を考慮して得られる事実上の利益にしかすぎず，法律上保護された利益ではないとする判決（東京高裁平成11年８月30日判決）があります。

2　評価通達の意義

土地評価は，地価公示等によって定められた路線価等に基づいて評価通達に従って行います。これは納税者間の公平，納税者の便宜，徴税費用の節減という見地からみて合理的であるからであって，評価通達による評価方法が逆に実質的な租税負担の公平を著しく害するような場合は，評価通達に定める評価方法以外の他の合理的な方法によることが許されるとされています（東京地裁平成７年７月20日判決他）。

Q3 路線価の決定方法および公表時期

路線価は誰がどのように決めて，いつ公表されるのですか？

A 路線価を含めた評価倍率表など，評価通達に従って各種財産を評価する際に使用する資料のことを「財産評価基準書」と呼びますが，これは各国税局単位で作成しています。路線価および評価倍率は，毎年1月1日を評価時点として，地価公示価格，売買実例価額，不動産鑑定士等による鑑定評価額，精通者意見価格等を基として算定した価格の80％により評価しているとされています。

国税局は各地域に標準地を設定し，標準地の評価額をベースに路線価を算定していく手法を採用しています。このうちの一部は不動産鑑定士に鑑定評価を依頼します。鑑定評価を行う標準地では，一地点ごとに取引事例比較法および収益還元法といった評価手法を用い，各鑑定士が価格の決定作業を行い，最終的には不動産鑑定評価書を作成し，各国税局に納入されます。

解説

上記のように決定される路線価について，具体的な路線価公開までの過程は以下のような順序となります。

1　基準標準地の鑑定

2019年価格基準日では標準地は全国約32万地点に設定されています。そのうち，地価公示（地価調査）価格を活用する地点および不動産鑑定士に評価依頼する鑑定標準地を「基準標準地」といいます（財務省公表資料より）。

2　精通者意見

その他標準地（標準地から上記1の基準標準地を除いたもの）は，各地域の地価に精通する不動産鑑定士などに「精通者意見」を求めます。

3　路線価敷設

税務署に配置されている評価専門官等（評価専門官が置かれていない場合は資産課税部門の職員が務めることもあります）が，上記1，2を基礎として，路線価を敷設していきます。なお，すべての税務署に評価専門官が配置されているわけではなく，主要な税務署が複数の税務署管内をまとめて路線価を敷設していきます。

専門官等は，単に機械的に路線価を敷設していくだけではありません。評価上，気になる地域や道路があれば，担当者が現地を確認したり，あるいは市町村の資産税担当者や不動産鑑定士に事情を聞いたりします。土地区画整理事業の計画を土地区画整理事務所に問い合わせ，現場で工事進捗状況を確認します。街区工事が完成に近づけば新たに路線区分を検討します。

商店街として衰退し，ほとんど商業地とは呼べない状況となっている路線であれば，用途地区を普通商業・併用住宅地区から普通住宅地区に変更します。普通商業地区であれ，普通住宅地区であれ，路線価の価格自体にはさほどの影響はないのですが，納税者から見れば，「商業」と名が付くだけで割高な評価がされていると思ってしまうからです。

市町村の境界周辺の路線価も重要な調整項目です。これを「隣接調整」と呼びます。A市とB市が境界を挟んでそれぞれ路線価を持っている場合，市街地形態等が類似しており，都市計画法上の用途地域が同じであれば，路線価自体も極端な格差とはならないはずです。しかし路線価図は市町村単位で作成されるため，注意を怠ると両市の境界付近の路線価に大きな開差が生じてしまうこともあります。

なお，路線価の価格表示は概ね以下のとおりとなっているようです。

10万円未満　　　　　　：千円単位（例：81，82，83，……）
10万円以上30万円未満：5千円単位（例：115，120，125，……）
30万円以上　　　　　　：1万円単位　（例：310，320，33，……）

4　路線価公開

以上の手順を経て，毎年７月１日に全国一斉に路線価等（国税庁ホームページおよび路線価図冊子）が公開されます。なお，同日に各国税局では各税務署管内の「最高路線価」を公表しています。新聞やテレビなどで全国最高路線価がどこかなどと報道されるのはこのためです。以前は８月過ぎに路線価が公開されていた時代もありましたが，お盆シーズンに相続人が集まる機会が多く，路線価公開を早めて欲しいとの要望が強く，現在のスケジュールに落ち着きました。

なお，国税庁は以前，「国税庁ホームページ月間アクセストップ10」を公表しており，国税庁の路線価図はほぼ毎回１位となっていました。いかに路線価に関心を寄せる人が多いかがわかります。もちろん相続税や贈与税の計算のためだけでこのようなアクセス数になるわけではありません。金融機関が土地の担保評価に利用したり，一般の市民が土地の相場を把握したりするのに広く利用されており，路線価は国が国民に提供する「制度インフラ」としての機能を有しています。

5　路線価公開までに税額試算が必要な場合

相続開始が年初の場合，路線価が公開される７月１日まで待っていては，税額試算ができず困ってしまうことがあります。路線価は地価公示と連動していることを理解していれば，地価公示の発表時（３月下旬頃）に路線価をある程度推測することが可能です。具体的には，以下のようになります。

（1）　路線価の周辺で近傍の地価公示地点を探します（距離的に近いだけではなく，用途が類似していることが必要です）。

（2）　国土交通省ホームページで本年および前年の地価公示価格を確認します。

例えば，○○－１が本年：262,000円，前年：249,000円の場合，１年間の変動率は，262,000円／249,000円≒1.052となるため，１年間で5.2％の上昇であることがわかります。

対象土地の路線価が前年180千円であった場合，180千円×1.052≒190千円となるため，本年の路線価は190千円程度になるものと推測できます。

Q4 土地評価の手順

土地を評価するに際して，どのような手順をふむべきでしょうか？

A 土地評価を行うためには，合理的で，現実的な認識と判断に基づいた一定の秩序的な手順を必要とします。この手順は，まず対象となる土地の確定（物的確定と権利の確定）から始まり，現地調査，評価資料の収集・整理を行い，評価明細書の作成・完成へと進みます。

解説

1　対象土地の確定

対象土地の確定に必要な資料は，登記事項証明書，公図，地積測量図など法務局で入手するもの，固定資産税課税明細あるいは固定資産評価証明，名寄帳など市区町村役所・役場（以下，「市役所等」とします）で入手するもの（ただし，東京都23区内は都税事務所）のほか，住宅地図等が挙げられます。被相続人が不動産を賃貸借していたのであれば，土地建物の賃貸借契約書，被相続人の確定申告書および不動産青色決算書や不動産収支内訳書などを確認します。

登記事項証明書（登記情報）は表題部，権利部（甲区），権利部（乙区）から成ります。表題部は土地であれば，所在，地番，地目，地積が，建物であれば，所在，家屋番号，種類，構造，床面積が表示され，権利部（甲区）は所有権に関する事項，権利部（乙区）は所有権以外に関する事項が記載されます。

対象土地の物理的な場所を確定するには公図と住宅地図による確認が欠かせません。公図とは，土地の境界や位置，形状等を示す図面で，明治政府が課税のために整理した旧土地台帳附属地図を基にしているため，精度は低いもののおおよその土地の物理的状況を確認できます。公図が対象土地およびその周辺の状況を正確に示している場合は，公図を利用して対象土地の間口・奥行の計測や，想定整形地の作成を行うことができます。

住宅地図は対象土地だけでなく，周囲の状況を把握するのに便利であり，公図が不正確な地域の場合，住宅地図でおおよその土地形状や大きさ等を推測できます。なお，住宅地図は住居表示で表記されています。地番と住居表示が異なる場合には公図と住宅地図とを照らし合わせないと正確な場所が特定できません。大都市に限っては住宅地図以外に，ブルーマップが販売されていることがあります。ブルーマップには地番および公図番号が記載されており，目的土地の場所を容易に把握できます。現地調査をする前にこれらを利用してその所在を地図上で明確化しておかなければ，いざ現地調査に行こうとしても目的地に辿りつけないことにもなりかねません。

土地評価のベースとなる路線価図は，あまり詳細に場所を特定できると個人情報保護やプライバシーの観点から問題であるとして，あえて道路形状が不明確で，また目的物も郵便局や学校程度しか記載していません。実務的には住宅地図などで対象土地を確定しないと，路線価自体を読み間違える危険性もあります。

2　現地調査

不動産を評価するに際して，まず対象不動産を確定・確認することが不可欠です。

不動産の確認は，その不動産がどの場所に，いくらの面積で，間口・奥行・形状等がどのような状況かなどを確認する「物的確認」と，その不動産に誰がどのような権利を有しているのかを確認する「権利の態様の確認」の２つがあります。

現地調査は，このうち「物的確認」をするのに欠かせない重要な作業に位置付けられます。不動産は，地図や図面などだけでは把握できない状況が多々あります。評価上，土地と道路との高低差，土地の傾斜などは大きな減額要素となります。登記地目は畑や田となっていても，現況は駐車場などに転換されていることもあれば，対象土地上に未登記建物が建っていることもあります。実際に現地へ行って，評価する者が目視して初めてわかる事実は少なくありません。

対象土地が更地や駐車場等の場合は，間口や奥行を巻尺等で計測します。現地概測の結果と公図で計測した数値とが概ね一致し，形状等も現況と大差ない場合は，評価作業で公図を利用してもさほど支障がありません。逆に公図で計測した数値と大きく異なる場合は，公図そのものが間口奥行を把握するのにあまりあてにならないことがわかります。建物が建っている場合は，なかなか奥行を現地で概測することはできませんが，少なくとも間口のみ計測しておけば図上で計測した間口距離との相違から公図の信頼性判断に役立ちます。

土地の物的確認について重要なのは，道路の確認です。土地の評価は道路にどのように接面しているか，その道路の幅員や構造はどうなのかなどに大きく左右されます。特に幅員が狭い道路（４ｍ未満）では，現在建物が建っていても，建替えが認められないか，あるいは制限が課せられることもあります。現地調査で前面道路の幅員を計測しておくべきでしょう。

最後に対象土地だけでなく，近隣周囲の状況を確認します。近隣に墓地，廃棄物処理場や下水処理場などが存する場合は，土地の利用価値が著しく低下しているとして減額できることがあります。悪臭や騒音などが発生していないかのチェックも忘れないようにしたいものです。

３　資料の収集・整理

現地調査後，対象土地に接面する道路が道路法および建築基準法上，どのような扱いになっているか市役所等で確認すべきです。建築基準法では幅員４ｍ未満の道路にしか接面しない土地は建物の建築が禁止されます。ただし幅員が４ｍ未満であっても，建築基準法42条２項に該当する道路（２項道路といいます）であれば，「セットバック」をすることで建築が許可されます。当然，土地評価でも減額扱いされます。

また４～６戸程度のミニ分譲戸建住宅では行き止まり状の「私道」を設置し，建築基準法に定める「位置指定道路」の指定を受けていることがほとんどです。居宅が建っている宅地以外にこの私道を評価する場面も出てきます。

対象土地が都市計画法上，どの用途地域に存するかの確認も必要です。対象土地が一定規模以上である場合，「広大地評価」が適用できるかどうかが課題となりますが，その判断には用途地域や容積率が大きくかかわってくるからです。

東日本大震災以降，熊本地震や豪雨水害が相次ぎ地震・津波・地滑り・地盤液状化・水害など自然災害に対する危機意識が強まっています。これらの自然災害リスクは地価にも大きな影響を与えているため，市役所等が整備している「ハザードマップ」も確認した方が良いでしょう。現在，土地評価でこれらの要素は特別な扱いを規定しておりませんが，今後は注目度が高まる可能性が大です。

4　相続財産漏れ

たまに相続人がその存在を知らなかった被相続人所有地が発見されることがあります。土地家屋等を所有している人には毎年４月頃，その不動産が存する市区町村から固定資産税課税明細が送付されます。しかし固定資産税には免税点があり，市区町村（政令指定都市は区で判断）内に同一所有者がその所有する土地の課税標準額30万円未満，家屋は20万円未満であれば，課税がされず，課税明細も送られてきません。なお，課税標準額は名寄単位で判定されるので，共有の場合は，単独所有の土地とは別に共有者単位で課税がされます。

実務的には以下のようなケースが目立ちます。

（１）　遠方に山林や原野などを所有していた場合

（２）　単独所有土地とは別に共有地がある場合

（３）　直系尊属所有地（いわゆる先祖伝来の土地）で，名義変更未了の場合

被相続人所有地に関しては，課税時期の固定資産税課税明細だけを頼りにするのではなく，相続人への聞き取りや，その所有が疑われる市役所等に被相続人の名前で管理されている不動産がないかどうかの確認も場合によっては，必要となります。

Q5 地目認定

土地の地目の判定はどのように行うのですか？　例えば，登記簿地目が畑で，現況が駐車場（雑種地）の場合はどうでしょうか？

A 土地の地目は登記簿上の地目にかかわらず，すべて課税時期の現況によって判定します。具体的な地目の区分は不動産登記事務取扱手続準則に準じて判定することになっています。したがって，登記簿地目が畑であっても現況が駐車場であれば，現況地目は雑種地です。なお，地目の定め方の概要は次のとおりです。

① 宅地＝建物の敷地およびその維持もしくは効用を果たすために必要な土地
② 田＝農耕地で用水を利用して耕作する土地
③ 畑＝農耕地で用水を利用しないで耕作する土地
④ 山林＝耕作の方法によらないで竹木の生育する土地
⑤ 原野＝耕作の方法によらないで雑草，かんぼく類の生育する土地
⑥ 牧場＝家畜を放牧する土地
⑦ 池沼＝かんがい用水でない水の貯溜池
⑧ 鉱泉地＝鉱泉（温泉を含む）の湧出口およびその維持に必要な土地
⑨ 雑種地＝以上のいずれにも該当しない土地

この中で実務的に最も地目の判断と評価が難しいのが雑種地です。都市計画法上の市街化区域であれば，宅地と雑種地の評価上の差異はありませんが，市街化調整区域では評価額は大きく異なります。宅地から鉱泉地までは，明確な定義がありますが，雑種地はそれ以外の土地という意味であり，雑種地自体が様々な種類の土地に細分化されます。

具体的には，駐車場（宅地に該当するものを除く），ゴルフ場，遊園地，運動場，鉄軌道等の用地など多岐にわたり，ほぼ宅地並みの評価となるものから農地並みの評価に留まるものまで様々であり，次項の画地認定に関連して評価誤りを起こしやすい要注意地目といえます。

法令・通達　評基通７，不動産登記事務取扱手続準則68，69

解説

１　都市計画区域について

土地評価をする上で，都市計画区域等の概略を知ることは不可欠です。都市計画区域は，都市計画法に基づいて都道府県知事が指定します。都市計画区域内は，無秩序な市街化を防止し，計画的な市街化を図るために市街化区域と市街化調整区域とに区分されます。これを「線引き」といい，線引きされていない都市計画区域を「非線引き区域」といいます。市街化区域はすでに市街地を形成している区域および概ね10年以内に優先的かつ計画的に市街化を図るべき区域とされ，市街化調整区域は市街化を抑制すべき区域と定義されます。これらを整理したものが**図表５－１**です。

【図表５－１】

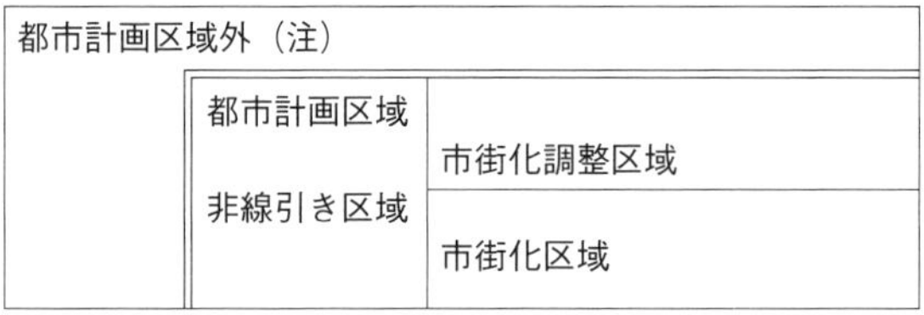

都市計画区域外（注）		
	都市計画区域 非線引き区域	市街化調整区域
		市街化区域

（注）準都市計画区域を定めることができる。

２　用途地域について

市街化区域は用途地域を定めることとされ，市街化調整区域については原則として用途地域は設定されません。非線引き区域内は，必要があれば用途地域が定められます。用途地域は13種類の地域があり，系統別に住居系が８つ，商業系が２つ，工業系が３つに大別できます。

用途地域ごとに建築基準法によりその地域に建てられる建築物の用途が制限され，都市計画に沿った街並みが維持されるよう図られます。なお，用途地域では別途，建ぺい率（建築物の建築面積の敷地面積に対する割合）や容積率（建築物の延床面積（建物の各階の床面積の合計）の敷地面積に対する割合）が定められます。用途地域の建築制限一覧は**図表５－２**のとおりです。

【図表５－２】「用途制限」一覧（建築基準法48条各項，別表第２）

建築物＼用途地域	住宅地								商業地		工業地		
	第1低層住専	第2低層住専	第1中高層住専	第2中高層住専	第1住居	第2住居	準住居	田園住居	近隣商業	商業	準工業	工業	工業専用
①・神社・寺院・教会等・保育所等・公衆浴場・診療所													
・巡査派出所・公衆電話所等													
・老人福祉センター・児童厚生施設等	A	A						A					
②・住宅・共同住宅・寄宿舎・下宿													
・店舗等との兼用住宅で，兼用店舗等の部分の床面積が一定規模以下のもの													
・図書館・博物館・老人ホーム・身体障害者福祉ホーム等													
③・幼稚園・小学校・中学校・高等学校													
④・大学・高等専門学校・専修学校・各種学校・病院													
⑤・２階以下かつ床面積の合計が300㎡以下の自動車車庫													
⑥・床面積の合計が150㎡以内の一定の店舗・飲食店等（日用品販売店舗・食堂・喫茶店・理髪店・美容院・洋服店・パン屋・米屋・学習塾・華道教室等）								■					B
⑦・床面積の合計が500㎡以内の一定の店舗・飲食店等（物品販売業を営む店舗・飲食店・銀行の支店・損害保険代理店・宅地建物取引業を営む店舗等）													B
⑧・上記以外の物品販売業を営む店舗・飲食店				C	D	E	E					E	
⑨・事務所等				C	D								
⑩・自動車教習所・床面積の合計が15㎡を超える畜舎					D								
⑪・ボーリング場・スケート場・水泳場・スキー場・ゴルフ練習場・バッティング練習場					D								
⑫・カラオケボックス等													
⑬・マージャン屋・ぱちんこ屋・射的場・勝馬投票券発売所等													
⑭・ホテル・旅館					D								
⑮・営業用倉庫・自動車車庫（３階以上又は床面積の合計が300㎡を超えるもの）													
⑯・劇場・映画館・演芸場・観覧場（いずれも客席の部分の床面積の合計が200㎡未満のもの）													
⑰・劇場・映画館・演芸場・観覧場（いずれも客席の部分の床面積の合計が200㎡以上のもの）													

A）一定規模（600㎡）以下のものに限って建築できる。
B）物品販売店舗，飲食店が建築禁止。
C）当該用途に供する部分が２階以下でかつ1,500㎡以下の場合に限り建築できる。
D）当該用途に供する部分が3,000㎡以下の場合に限り建築できる。
E）当該用途に供する部分が10,000㎡以下の場合に限り建築できる。
■　農産物直売所，農家レストラン等のみ。２階以下。
建築できない用途（網掛け）　建築できる用途（白抜き）

Q6 評価の単位

土地の評価はどのような区分や単位で行うのでしょうか？　例えば，図表6－1のように宅地と雑種地が一体となっている土地の場合，それぞれ区分して評価するのでしょうか？　一体として評価するのでしょうか？

【図表6－1】

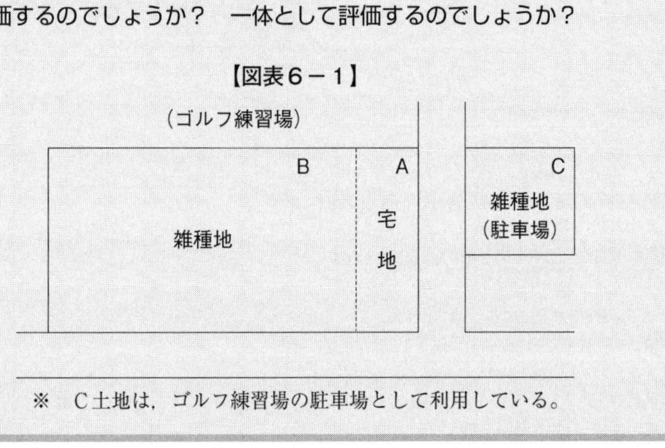

※　C土地は，ゴルフ練習場の駐車場として利用している。

A　土地評価では評価の単位を確定することが重要です。土地の価額は，原則として地目の別に評価しますが，２以上の地目からなる一団の土地が一体として利用されている場合には，その一団の土地はそのうちの主たる地目からなるものとして，その一団の土地を１単位として評価します。

したがって，**図表6－1**のように，A土地およびB土地の一団の土地がゴルフ練習場として一体利用されている場合には，その一部に建物があっても建物敷地以外の目的による土地（雑種地）の利用を主としていると認められることから，その全体が雑種地からなるものとして雑種地の評価方法に準じて評価することになります。

駐車場の用に供されているC土地は，不特定多数の者の通行の用に供されている道路によりA土地およびB土地とは物理的に分離されていますから，これらの土地とは区分して評価します。

（法令・通達）　評基通7

解説

1　原　則

土地の価額は，原則として，宅地，田，畑，山林等の地目の別に評価します。これは，課税時期における現況による地目の異なるごとに，価格形成要因が異なると考えられるためです。

具体的には以下のとおり定められています。

(1)　宅　地

宅地は，1画地の宅地（利用の単位となっている1区画の宅地）を評価単位とします。「1画地の宅地」は，必ずしも1筆とは限らず，2筆以上の複数の筆からなる場合もあり，逆に1筆の宅地が2画地以上の宅地と判定されることもあります。

(2)　田および畑

田および畑など農地は，1枚の農地（耕作の単位となっている1区画の農地）を評価単位とします。なお，1枚の農地の判定は，筆数に関係ないことは上記（1）宅地の場合と同じです。

(3)　山林，原野，牧場，池沼，鉱泉地

それぞれ1筆を評価単位とします。

(4)　雑種地

雑種地は，利用の単位となっている一団の雑種地（同一の目的に供されている雑種地）を評価単位とします。

2　例外1（一団利用）

(1)　農地，山林，原野

農地は1枚の農地が評価単位となりますが，市街地周辺農地，市街地農地お

よび生産緑地は，それぞれの利用の単位となっている一団の農地を評価単位とします。市街地山林，市街地原野も同様の考えです。

したがって，市街化区域内にある一団の農地のうち，市街地農地と生産緑地が隣接している場合は，それぞれ一団の農地として評価することに注意が必要です。生産緑地は農地としての利用しか認められず，土地所有者の死亡により相続した者が農業等を営まない場合など一定の場合に市区町村の農業委員会に所定の手続を経ることにより初めて生産緑地の指定が解除されます。農地以外への用途転換に許可が必要であり，そのための時間がかかるという点で，市街地農地とは異なった取扱いとしています。

（2） 雑種地

市街化調整区域以外の都市計画区域で市街地的形態を形成する地域において，宅地と状況が類似する雑種地が２以上の評価単位により一団となっており，その形状，地積の大小，位置等からみてこれらを一団として評価することが合理的と認められる場合には，その一団の雑種地ごとに評価します。

３ 例外２（複数地目）

地目別評価の原則に従うと，大規模な工場用地，ゴルフ練習場用地のように一体として利用されている一団の土地のうちに２以上の地目がある場合にも，その一団の土地をそれぞれ地目ごとに区分して評価することとなりますが，これでは一体として利用されていることによる効用が評価額に反映しないため，実態に即するよう評価を行うこととしています。

４ １筆内に複数地目がある場合

登記簿地目が畑であるにもかかわらず，現況が畑と雑種地に分かれ，それぞれ別途に評価しなければならないことがあります。原則的には現地で畑部分と雑種地を概測し，それぞれの面積を求めることになります。簡易な方法として固定資産税課税明細や名寄帳が活用できる場合があります。

図表6－2はある市の固定資産税課税明細の例です。「○○番１」の欄を見ると，「○○番１　Ａ」として「登記地目：畑，現況地目　畑　200㎡」，「○○番１　Ｂ」として「登記地目：畑，現況地目　雑種地　100㎡」と記載されています。この市の課税当局は「○○番１（300㎡）」のうち，200㎡を「現況：畑」，100㎡を「現況：雑種地」と「認定」しています。土地の利用状況を確実に示す証拠とはいえませんが，少なくとも固定資産税課税上の現況判断として客観的な資料にはなります。

【図表6－2】令和2年度　土地・家屋課税明細

納税義務者　○○　○○　様　　　　○○○　市

区分	物件の所在地	登記地目・現況地目		地積（㎡）	評価額（円）
土地	○○町○○番1　A	畑	畑	200	500,000
	○○町○○番1　B	畑	雑種地	100	5,000,000

5　複数地目を一団の土地として評価する場合

市街化調整区域以外の都市計画区域で市街地的形態を形成する地域では，市街地農地（生産緑地を除く），市街地山林，市街地原野または宅地と状況が類似する雑種地のいずれか２以上の地目の土地が隣接しており，その形状，地積の大小，位置等からみてこれらを一団として評価することが合理的と認められる場合には，その一団の土地ごとに評価することとされています。具体例としては以下のような場合が考えられます（**図表6－3**）。

【図表6－3】

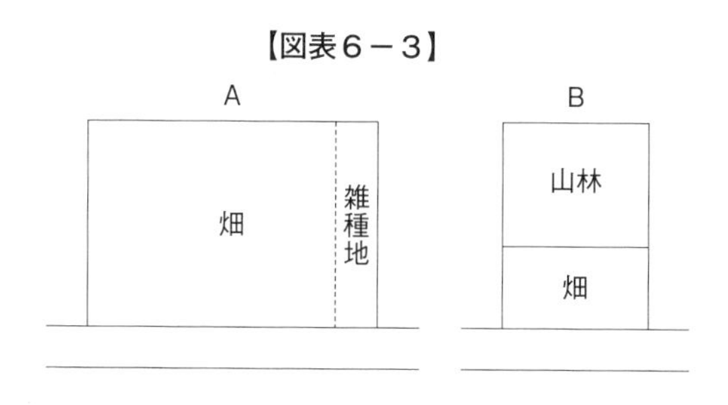

（1） A 地

畑と雑種地（駐車場）を別々で評価すると，駐車場部分は奥行の小さい「帯状画地」となってしまい，評価額が安くなってしまいます。単独で評価するのは適切ではなく，畑と併せて評価することが合理的と判断できます。

（2） B 地

畑と山林を別々で評価すると，山林は無道路地となってしまい，物理的な利用ができません。単独ではなく，畑と併せて評価することが妥当と判断されます。

Q7 画地認定その1（遺産分割）

宅地の評価単位である画地についておたずねします。父はやや広めの宅地（更地）を所有していました。父に相続が発生し，兄弟（＝相続人）3人で分割，分筆し，それぞれ1筆ずつ遺産分割しました。この場合，3筆一体で土地評価せねばなりませんか？

A 相続人が取得した土地ごとに評価します。ただし，「不合理分割」に注意しなければなりません。

法令・通達 評基通7

解説

1 画地認定

宅地の評価単位である1画地認定を「画地認定」といいます。相続等によって取得した宅地については原則として取得した宅地ごとに判定します。画地認定はまず被相続人が所有していた際の土地の利用状況を勘案しますが，遺産分割により各取得者単位の画地の利用状況が変化したと考えます。多くの場合，遺産分割によって区分された画地ごとに利用されていくことになります。仮に分割後も共同で土地利用をしている場合でも，売却等処分段階では別々に行う必要が生じます。

２　不合理分割その１

贈与，遺産分割等による宅地の分割が親族間等で行われた場合において，例えば，分割後の画地が宅地として通常の用途に供することができないなど，その分割が著しく不合理であると認められるときは，その分割前の画地を「１画地の宅地」として評価します。

通常，土地の利用価値を考えれば，あえて無道路地となるような分割や，著しく形状の劣る画地を作ることは考えられません。無道路地や不整形な画地は土地評価上，無道路地としての補正や，不整形補正等により大きく減額されます。経済合理性に反するような分割は「租税回避」的な行為として認められません。著しい不合理分割が行われた場合は，分割前の土地を１画地として評価することになります。国税庁は，著しく不合理な分割に関して以下のようなものを紹介しています（**図表７－１**）。

このような事例の場合，原則としてＡ，Ｂ宅地全体を１画地の宅地として評価した価額に，各土地の価額の比を乗じた価額により評価します。

（１）　Ｂの土地は角地ではなくなるため，側方加算がされなくなります。Ａの土地は奥行価格補正や奥行長大補正等により減額されます。何よりＡの土地はわずか10㎡の地積過小地となり，このような土地を有効に利用することができなくなります。

（２）　土地上に家屋が建っているにもかかわらず，Ａ土地取得者が建物も取得するので，Ｂの土地は無道路地でさらにＡ所有の家屋が存することとなり，現実的ではありません。無道路地は他人の土地を通って行かなければ，自己の土地に入ることができず，当然そのままでは建物建築が認められません。

（３）　Ａの土地およびＢの土地それぞれが角地ではなくなり，側方加算を免れる分割です。面積を勘案すれば双方の土地とも著しく変形な土地となり，土地の利用価値を損ねています。

（４）　道路に沿って間口の長さの割に奥行距離が短小な土地（帯状画地といい

【図表７－１】

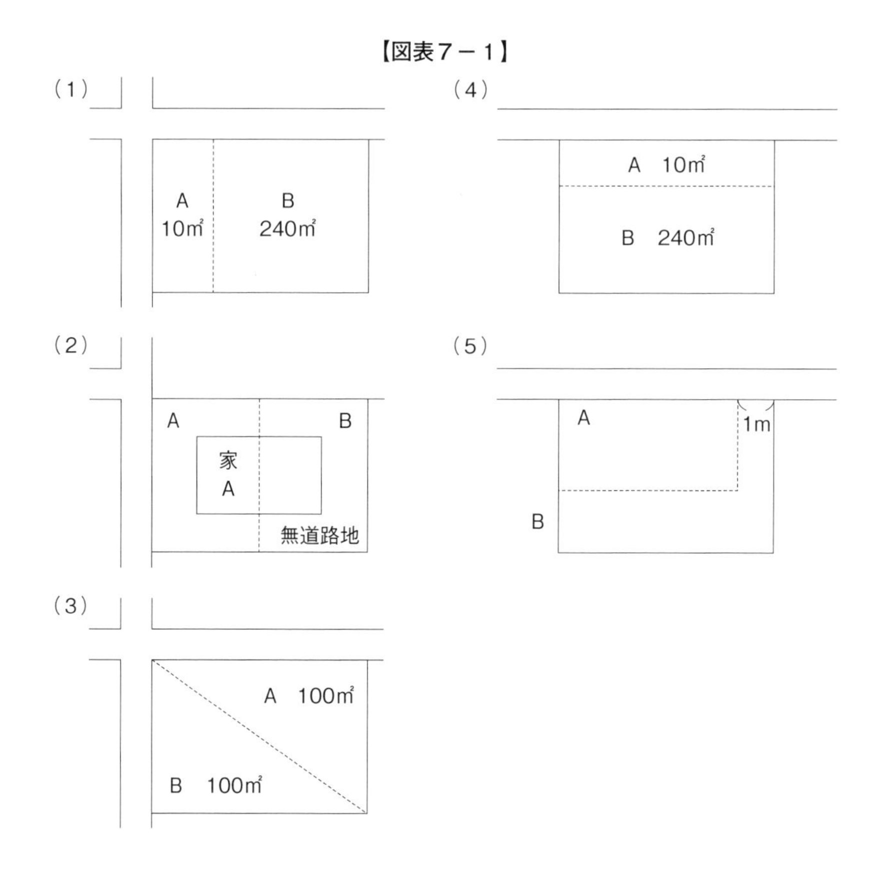

ます）と無道路地を作ってしまいます。

（５） 接道義務を満たさないような間口が狭小な土地を創出する分割であり，分割時のみならず将来においても有効な土地利用が図られず通常の用途に供することができません。建築基準法では，都市計画区域内に建物を建てるときには原則として，幅員４m以上の道路に２m以上接面していなければなりません。

３　不合理分割その２（生前贈与）

不合理分割は，贈与財産にも適用されます。相続人乙が，被相続人甲から図

表7－1（1）のような宅地のうち，A土地を生前に贈与を受けており，甲の相続開始により改めてB土地を相続により取得することとなった場合，遺産分割による不合理分割にはなりませんが，生前に「不合理分割」をしたこととなり，実態上，相続税を意図的に軽減させる狙いがあったと認定されます。

A土地は単独では通常の宅地として利用できない宅地であり，生前の贈与における土地の分割は不合理なものです。したがって，分割前の画地（A，B土地全体）を「1画地の宅地」とし，その価額を評価した上で個々の宅地を評価するのが相当となり，原則として，A，B土地全体を1画地の宅地として評価した価額に，A，B土地を別個に評価した価額の合計額に占めるB土地の価額の比を乗じて評価します。

スタッフへのアドバイス

地積単位について

不動産業界では，土地・建物面積を「○○坪」や，土地単価・建築単価などを「坪当たりいくら」で表現することが一般的です。坪は旧尺貫法による面積単位で，約3.3㎡と称されます。およそ畳2畳分の広さです。現在，取引や証明に坪を使用することは禁止されていますが，参考値として併記することは認められています。

1坪＝3.3㎡ではなく，1坪＝3.305785‥㎡であるため，実務では1坪÷3.305785≒0.3025がよく使用されます。例えば100㎡であれば，100㎡×0.3025＝30.25坪となります。

同様に農地・山林では「1反」，「1畝」，「1町」もいまだに使用されます。

1反＝300坪です。現在ではa（アール）とha（ヘクタール）が公用で表示されます。

1ha＝100a＝1万㎡，1a＝100㎡です。昔から田の基本的単位は「1反」でした。現在，農地の生産量を「10a当たりコメいくら」と表現することが多いのは，1反＝約992㎡≒10aであるためです。

1反＝10畝，1畝＝30坪，1町＝10反です。「畝」は畑で，「町」は山林で使用することが多い単位です。農業経営者や山林所有者との会話でよく出てくる用語なので，ぜひ覚えておきましょう。

Q8 画地認定その２（自用地と貸宅地・貸家建付地）

図表８－１のような場合，それぞれ画地認定はどうなるのでしょうか？

【図表８－１】

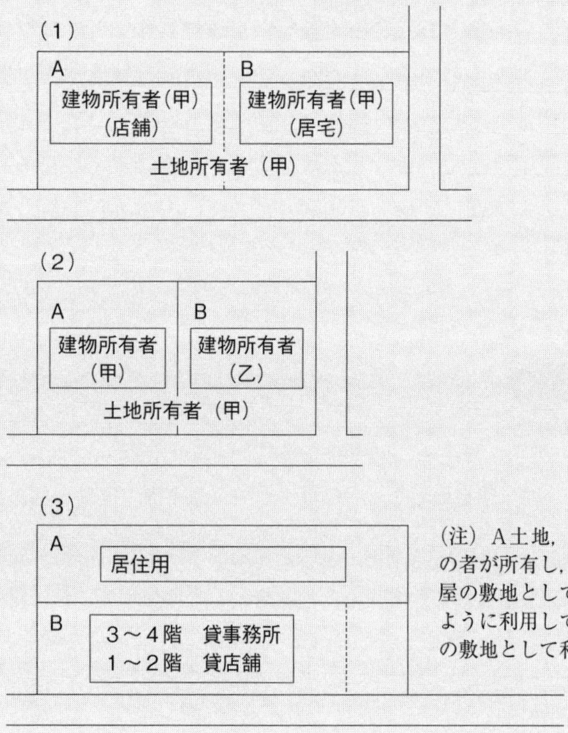

（１）

A　建物所有者（甲）（店舗）

B　建物所有者（甲）（居宅）

土地所有者（甲）

（２）

A　建物所有者（甲）

B　建物所有者（乙）

土地所有者（甲）

（３）

A　居住用

B　3～4階　貸事務所　1～2階　貸店舗

（注）Ａ土地，Ｂ土地とも同一の者が所有し，Ａ土地は自用家屋の敷地として，Ｂ土地は左のように利用している１棟の建物の敷地として利用している。

A　（1）　Ａ土地は甲が営む店舗敷地として，Ｂ土地は甲の自宅敷地として利用されています。家屋は双方とも甲所有です。宅地の所有者が自らその宅地を利用している場合には，その利用状況が居住用あるいは事業用と分かれていても，その全体を１画地として認定します。

（2）　ＡおよびＢ土地双方ともに甲所有です。Ａ土地上には甲所有の自宅が，Ｂ土地上には乙所有の家屋が建っています。乙は，甲から土地を賃借して乙所有の家屋を所有しているため，乙は「借地権」を有しています。B土地は第三者の権利が付着している土地であり，自用地であるA土地とは区分してそれぞれ別途の画地として認定します。

(3)　AおよびB土地双方ともに甲所有です。A土地上は自用家屋（居宅）敷地として，B土地は甲所有のアパートが建てられており，第三者が借家人として入居しています。貸家部分には第三者の「借家権」が付着しており，自用地であるA土地とは区分してそれぞれ別途の画地として認定します。

解説

1　宅地の利用区分について

画地認定に際しては，宅地の上に存する権利による分類が重要な要素となります。第三者の権利が付着している場合，土地所有者の勝手な処分は許されず，土地利用に制限が課せられるからです。土地評価上も宅地の上に存する権利に応じて価額が異なるため，宅地の利用区分を確実に理解せねばなりません。

主な宅地の利用区分は以下のとおりです。

(1)　自用地

土地所有者が自己使用している更地や，土地所有者と建物所有者が同一で建物所有者が自己使用している場合の建物敷地（建物は居宅，店舗，工場等の用途を問わない）をいいます。

(2)　貸宅地

土地所有者が土地を第三者に賃貸し，建物所有者に借地権（借地借家法に基づく）が認められる場合の建物敷地をいいます。

(3)　貸家建付地

土地所有者と建物所有者は同一人ですが，建物を第三者に賃貸している場合の建物敷地をいいます（この場合，借家人には借家権が付着しています）。

2　借地借家法について

土地評価で自用地や貸宅地（あるいは借地権），貸家建付地等に分類し，原則としてそれぞれ別個に評価するのは，借地借家法で保護される借地権と借家権を強く認識するからです。借地権は，建物所有目的のための土地賃借権または地上権と定義され，建物所有者が自己名義の登記済み建物を所有していれば，第三者への対抗力を持ちます。

1991年にそれまでの「借地法」，「借家法」および「建物保護に関する法律」が統合整理され，現在の借地借家法に変更されました。借地権の契約期間は30年以上とされ，期限が過ぎても更新がなされることが多く，土地所有者が借地の返還を借地人に求めるには「正当事由」が必要となるなど，借地人の権利は強固です。東京などでは借地権（および借地上建物）が第三者間で売買される慣行のある地域もあり，立派な経済的権利といえます。

借家権は，借地借家法が適用される建物賃借権であり，同法には借家人の保護規定が定められています。

3　使用貸借について

土地所有者と建物所有者が異なるからといって，その土地が貸宅地とは断定できません。建物所有者の土地利用権限が借地権でなければ，貸宅地とはならないからです。実務的によく見受けられるのが，土地を無償，つまりただで建物所有者が借り受けている場面です。これを使用借権といいます。使用借権は，賃料の授受がないため，賃借権とはなりません。使用借権は土地評価では0です。土地部分は貸宅地ではなく自用地扱いとなります。

なお，建物の所有者が土地の固定資産税相当額程度以下の賃料を「地代」と称して，土地所有者に支払っている場合が多く見受けられますが，その場合正常な賃貸借とは認められず，使用貸借となってしまうことがあるので注意が必要です。

Q9 画地認定その3（貸宅地が複数ある場合等）

図表9－1のように貸宅地が複数ある場合の画地認定はどうなるのでしょうか？　逆に隣接する土地所有者複数から一体として土地を賃借し，建物を所有している場合の借地権を評価する場合はどのように判断するのでしょうか？

【図表9－1】

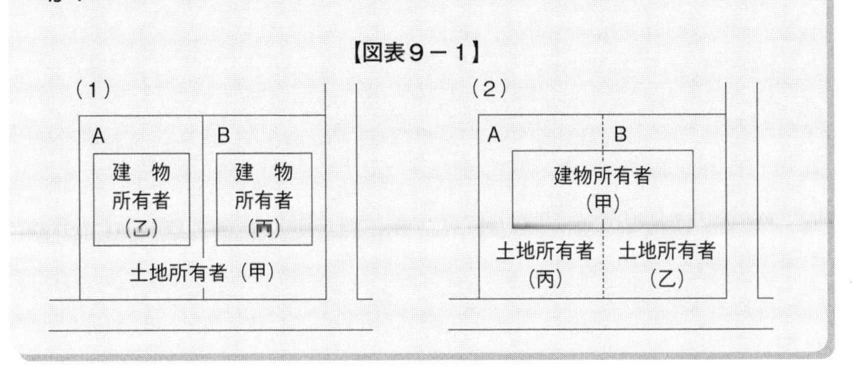

A　（1）　普通借地権または定期借地権等の目的となっている宅地を評価する場合において，貸付先が複数であるときには，同一人に貸し付けられている部分ごとに1画地認定します。したがって，AおよびBの2画地となります。

（2）　2以上の者から隣接している土地を借りて，これを一体として利用している場合には，その借主の普通借地権または定期借地権等の評価にあたっては，その全体を1画地と認定します。この場合，貸主側の貸宅地の評価にあたっては，各貸主の所有する部分ごとに区分して，それぞれを1画地の宅地として評価します。

解説

1　借地上に複数の建物がある場合（貸宅地）

同一宅地上に，借地権が複数存在し，その借地権が異なる者の権利となっている場合は，その貸宅地の利用単位はそれぞれ別個になっているほか，処分に際しても個々に行われると考えられるため，それぞれの部分を１画地と認定します。

２　裁決事例

貸し付けられている宅地の評価にあたって，借地権者が３棟の建物を建築し，それぞれ別の事業（ガソリンスタンド，パチンコ店およびボーリング場）の用に供していたとしても，その土地全体が一人の借地権者に貸し付けられており，また分割されることなく相続されていることから，その土地全体を１画地の宅地として評価することが相当であるとした裁決事例（国税不服審判所）があります（平成10年６月23日裁決）。

Q10　画地認定その4（貸家建付地）

被相続人所有土地1筆に貸家が複数存在する場合の画地認定はどうなりますか（図表10－1）？

（1）　独立した貸家（一戸建）が4棟建てられている場合

（2）　独立した2階建アパート（＝4戸から構成される）が3棟建てられている場合

【図表10－1】

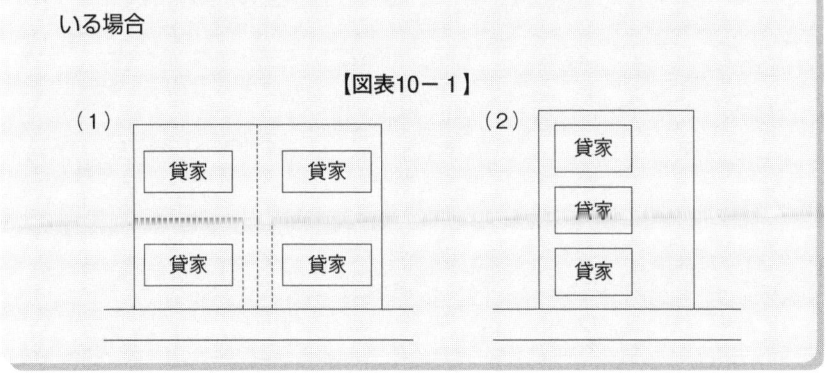

A　（1）　貸家建付地を評価する場合において，貸家が数棟あるときには，原則として，各棟の敷地ごとに1画地認定します。

（2）　原則として（1）と同じです。

法令・通達　建築基準法86①②，建築基準法施行令1①

解説

1　原　則

評価実務上，画地認定で判断に迷うのが，貸家建付地です。通達上，貸家が数棟存在する貸家建付地を評価する場合，「原則として」各棟の敷地ごとに1画地の敷地として評価することとされているからです。

貸家が独立した一戸建てで数棟ある場合，原則通り，各棟の敷地ごとに1画地認定をします。具体的な各棟単位の画地認定にあたっては，通路，さく等によって各貸家の利用範囲が区分されている場合はその区分されている範囲を各貸家の敷地と判定します。通路等共用部分がある場合は，各貸家の建築面積の当該土地に対する割合により按分します。

2　建築基準法上の敷地

建築基準法では，敷地とは「1つの建築物又は用途上不可分の関係にある2以上の建築物のある一団の土地」と規定されています。1敷地に1建築物のみしか建てられないというのが大原則です。ここでいう1敷地とは，建築確認申請上での敷地を指し，登記簿上の地番とは異なります。したがって，確認申請上は建物の棟ごと敷地を分けるのが一般的です。

用途上不可分の建築物とは，用途上分けると意味をなさないもので，母屋と離れ（炊事場や風呂等がないもの）や物置などのほか，工場と倉庫などが該当します。このような建築物をそれぞれの敷地ごとに分けるとすると，各敷地がそれぞれ道路に接していなければならなくなり，著しく不合理です。主たる建物のための従たる建物であれば用途上不可分であり，また従たる建物を単独で売買する（例えば母屋と切り離して離れだけを売却する）ことも考えにくいため，その土地を建築基準法でも1つの敷地として取り扱います。

逆に，用途上可分の建築物とは，分けても機能上支障がないもので，複数の住宅やマンションなどがそれに該当します。これらは建物ごとに売却することも可能であり，1つの敷地として認める必要性はないと判断されます。

したがって，同一敷地内にアパート3棟を建築している場合，各アパートそれぞれで敷地を分けて，建築確認申請をしている場合は，原則通り，各アパートの敷地ごとに1画地認定するのが妥当です。

3　一団地建築物設計制度

1敷地1建築物が原則であり，その例外である用途不可分も工場と倉庫など，極めて厳格に判断されます。しかし1つの土地に2以上の建築物を建築する場合に，原則しか認めないとすると，各建物がそれぞれ道路に接面しなければならず，土地の有効活用が図られません。そこで定められているのが一団地建築物設計制度です。

これは一定の土地の区域内における総合的設計による複数建築物について，容積率制限等の規制を同一敷地内にあるものとみなして一体的に適用するものです。具体的には特定行政庁がその建築物の構造および配置の状態に安全上支障がないと認めたときに，一団地認定がされます。この認定により，これらの建築物は同一の敷地内にあるものとみなされ，接道義務や建ぺい率・容積率等の条件が適用されます。

したがって，本事案のアパート3棟が一団地認定を受けて建築されている場合は，各棟ごとに敷地を分ける理由はなく，3棟が存する一団地を1画地認定するのが，合理的と判断されがちです。

しかしながら，一団地建築物設計制度により建てられていることが直ちに土地評価上の1画地認定とはなりません。一団地建築物設計制度の認定を受けた3棟の共同住宅が建築されている宅地に関して，①本件宅地は，本件宅地内の著しい高低差により分断された単独で利用可能な緑地（本件緑地）が存していること，②本件各共同住宅は，互いに連結された箇所がなく独立した建物で機能的にも独立していること及び③本件各共同住宅の賃貸に係る契約相互の関連もなく，本件各共同住宅の敷地全体を1画地とみるべき事情も認められないことなどから，本件宅地を本件各共同住宅3棟の各敷地および本件緑地の4つに区分し，それぞれを1画地の宅地として評価するのが相当であるとした事例があります（平成25年5月20日裁決）。

評価理論上は，大いに疑問が残りますが，複数建物が存する宅地全体を1画地と認定するか，個別に数画地と認定するかによって，後述する「地積規模の大きな宅地」適用の有無とも関連して，評価額に大きな差異が生じるため，注意が必要です。

4　難しい画地認定（不合理分割との関係）

上記以外でも実際の相続では様々な利用形態の土地に遭遇します。画一的な画地認定ルールでは判断に迷うケースはたくさんあります。**図表10－2**は同一敷地（1筆）に自用家屋（居宅）と貸家が存するケースです。自用地と貸家建付地はそれぞれ別途の画地として評価することが原則ですが，そもそも両者を明確に区分する境界があるわけでもなく，貸家建付地部分を無理に区分しても道路との接道部分は非常に狭小となってしまいます。

建築基準法では接道義務として道路に2m以上接していなければなりませんが，ほとんどの自治体では建築基準法とは別に建築条例などで細かいルールがあります（**図表10－3**）。具体的には接道義務を満たしていても路地状部分の幅員が2m以上なければ建物は建てられません。**図表10－4**のA地の場合，接面間口は2m以上ありますが，その途中で通路部分が2m未満となってしまいます。B地は路地状部分の長さが条例の規準を満たしません。共にアパートの建替えはできません。

都市部では老朽化した建物でこのような事例が少なくありません。現在では建物新築時に各種建築基準法令等の厳しい確認が入りますが，昔はチェックが甘かったためです。場合によっては増築扱いで建てられてしまうこともあったようです。

このように自用地と貸家建付地を区分してしまうと，評価上「不合理分割」に近い形になってしまう場合は，画地認定を慎重に判断する必要が生じます。

なお，建築基準法施行令の「1つの敷地」と認定されているものの，現状は自己利用の居宅および第三者が所有し利用している倉庫兼事務所の敷地の画地認定が争点となった事案で，本件居宅と本件倉庫兼事務所とは，外観上は別個独立の建物とみることが可能であることに加え，各建物が所有者も利用の目的も異なる2つの建物であることから密接不可分の建築物と評価することはできず，相続税法の概念で両者を一体の敷地として1画地認定することはできないとした判決があります（東京高裁平成20年2月21日判決，最高裁平成20年7月4日決定）。

【図表10－２】

＊居宅と隣地境界とのスペースは
約１ｍで貸家単独で接道義務を満たせない。

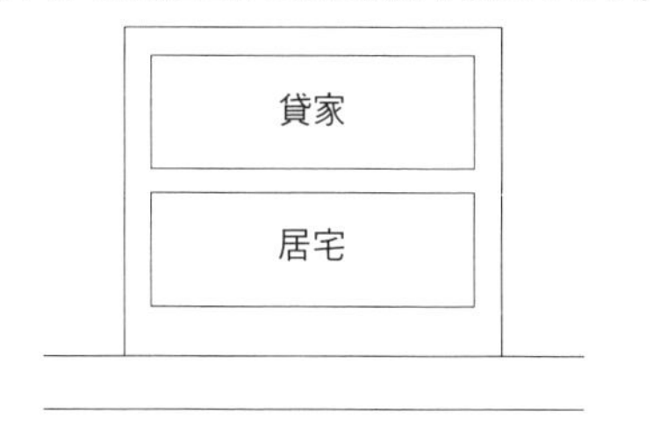

【図表10－３】

愛知県建築基準条例　第６条

路地状部分の長さ（L）	路地状部分の幅（a）
15m未満	２ｍ以上
15m以上25m未満	2.5m以上
25m以上	３ｍ以上

東京都建築安全条例　第３条

路地状部分の長さ（L）	路地状部分の幅（a）
20m以下のもの	２ｍ
20mを超えるもの	３ｍ以上

【図表10－４】

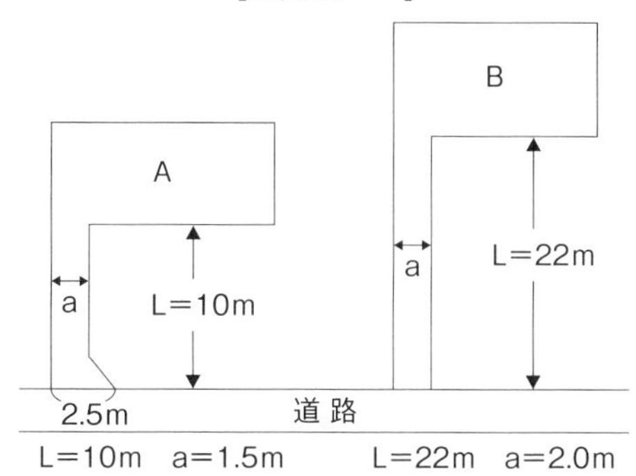

Q11 地 積

父が所有していた土地は住宅地図などで比較する限り，登記面積より実際の面積が大きいようです。相続税の評価上，実測する必要があるでしょうか？

A 実測面積と登記面積との間に大きな差が生じていない限り，必ずしも実測する必要はないと判断します。

（法令・通達） 評基通8

解説

1 原 則

土地の地積については，課税時期の実際の面積によることが原則です。しかしすべての土地について実測を要求しているわけではありません。実測するには多大な費用がかかります。実際の面積が著しく登記面積と異なり，課税上大きな弊害が生じない限り，課税当局が強く実測を要求することはないようです。

2 登記面積について

地積調査が行われていない地域では，登記されている公簿数量と実際の面積とが異なることが珍しくありません。地籍調査とは，国が主体となって行っている事業で，すべての土地について，その土地の所有者，地番，地目（土地の利用状況），境界，面積などを調査・測量し，その結果を地図等にまとめ，調査の成果は登記情報に反映されます。地籍調査は1951年から実施されていますが，2018年度末時点で，全国で52%（都市部25%）しか進んでいないのが現状です。

実務的には，登記面積で申告するケースが多いと思われますが，下記のケースに該当する場合は注意が必要です。

(1)　売主に確定測量してもらって，購入した土地

土地売買では売主側に実測してもらうことが一般的です。しかしその実測数値に基づいて登記数量を変更（＝地積更正といいます）していないことが少なくありません。

(2)　分筆後の残地

土地を分筆する際には実測をします。分筆されて残った土地（残地）の登記面積は，分筆される前の土地登記面積から，新たに分筆した土地の実測面積を控除した数値となることが一般的です。したがって，分筆を繰り返して最後に残った土地には元の一体土地自体の実際面積と登記面積の差額が凝縮されます。このような残地は実際の面積が登記面積と大きく異なることが珍しくありません。

3　山　林

山林では縄伸び（公簿面積より実測面積が大きいこと）や縄縮み（公簿面積が実測面積より小さいこと）が頻繁にあります。傾斜地が多く，高低差が大きい山林では，明治時代以降の旧土地台帳面積と実際の面積に大きな誤差があり，課税実務上も難しい問題となっています。

もともと山林は土地単価も安く，立木評価単価もここ数年大きく下がっているので，相続対象となる山林の評価額（土地および立木）がさほど大きくならない限り，実測が求められることはほとんどありません。しかし，広大な山林を所有している事例では，個別の対応が必要と思われます。

Q12 土地の評価方式

相続税等の土地評価は具体的にどのように行うのですか？

A 土地評価の方法は，宅地については路線価方式と倍率方式の２つがあります。宅地以外の土地に関しては宅地比準方式または倍率方式で行います。どちらの方式を利用するかは，各国税局単位で定める「財産評価基準書」に従います。

（法令・通達） 評基通11，13，21，21－２

解説

1　路線価方式

路線価方式とは，画地認定した宅地の面する路線に付された路線価を基とし，奥行価格補正等の各種補正率（画地調整率といいます）により計算した単価に，その宅地の地積を乗じて評価する方式をいいます。路線価方式は，市街地的形態を形成する地域で適用されるとされ，市街化区域および非線引き区域で用途地域の定めのある区域（一部）に路線価が敷設されていることが一般的です。

なお，路線価方式で土地を評価するには，採用する正面路線価の判定や，対象画地の各画地調整率の把握等をせねばならず，一定の知識を習得する必要があります。

2　倍率方式

倍率方式とは，市町村長（東京都23区内は東京都知事）が決定した固定資産税評価額に国税局長が一定の地域ごとにその地域の実情に即するように定める倍率を乗じて計算した金額によって評価する方式をいいます。こちらは対象土地の固定資産税評価額に，指定された倍率を乗ずるだけであり，特別に高度な知識を要しませんが，逆に固定資産税評価額が相続財産評価上，妥当か否かの判断をしなければならない場面もあります。

3　宅地比準方式

市街地農地や市街地周辺農地，市街地山林，市街地原野，一部の雑種地で採用され，宅地としての評価額から造成費等を控除し，一定の場合は補正率を乗じて求める方式です。

4　財産評価基準書

財産評価基準書は，相続税等の財産評価で必要な路線価，各評価割合（借地権割合，借家権割合），倍率，地区区分などのほか，造成費や立木単価などを記載したものです。各国税局単位で編纂され，各税務署に備え付けられています。国税庁ホームページからも閲覧できます。

スタッフへのアドバイス

路線価図の注意点

路線価は毎年7月1日にその年の1月1日時点の価格が公開されます（国税庁ホームページ等）。その年の前半に相続が発生し，当年の路線価が公開されていない段階で，相続財産評価額の試算と税額見込計算のため，とりあえず前年路線価を入れて試算することがよくあります。

相続税申告の依頼から申告書提出時期までが長期間にわたると，いったん申告ソフト等に入力した前年路線価を当年路線価に変更し忘れることが多いので注意が必要です。

また路線価図で用途地区を読み取る際，繁華街地区をビル街地区として，普通商業・併用住宅地区を高度商業地区と勘違いするケースも少なくありません。ひし形が繁華街，押しつぶしたようなひし形がビル街，また丸が普通商業・併用住宅，楕円が高度商業地区であり，それぞれ形が似ているからです。ただし，ビル街地区や高度商業地区は日本の大都市で高層ビルが林立するようなエリアにしか設定されません。地域の状況と各用途地区の名称を結びつけて考えればミスは防げます。

Q13 評価倍率表の確認

土地評価に際して，財産評価基準書のまず何を確認すべきですか？

A まず確認すべきは評価倍率表です。対象土地の基本的事項を確認せず，いきなり路線価図を見ると，間違った評価をしてしまうことがあるので注意が必要です。

解説

1 路線価方式か倍率方式か？

対象土地をどの評価方式で評価するかは，評価倍率表（一般の土地等用）を見て確認します。実際の評価倍率表を見てみます。**図表13－1A**は東京都23区内です。東京都23区内は全域が，宅地は路線価方式，農地，山林，原野は「比準」とあり，それぞれ市街地農地，市街地山林，市街地原野として宅地比準方式を採用することが記載されています。

図表13－1Bの愛知県豊田市を見てみます。青木町の市街化区域では，宅地が路線価方式，その他の地目は比準方式採用です。市街化調整区域は宅地欄に「1.0」とあり，倍率として1.0倍を固定資産税評価額に乗じて評価することを意味します。借地権割合は40％です。

次に農地欄を見ると，これは「1．農業振興地域内の農用地区域」と「2．上記以外の地域」に分かれています。1の田では「純25」と記載されています。農地は市街地農地のほか，市街地周辺農地，中間農地，純農地があり，「純」は純農地を示し，固定資産税評価額に25倍を乗じて評価することを意味します。2の畑では「中53」とあり，同様に中間農地のことで固定資産税評価額に53倍を乗じて評価します。

曙町では，「土橋土地区画整理事業施行区域内」として，宅地欄には「個別」の文字が見えます。これは当該地域が土地区画整理事業施行中であり，評価対象土地の所在および土地区画整理事業進捗状況に応じて，個別に評価方式を所轄税務署と協議するという意味です。

2　いきなり路線価図を見てはいけない理由

評価対象土地が市街化区域の真ん中であり，明らかに路線価方式を採用することがわかっている場合は問題ありませんが，評価対象土地の存する場所が市街化区域と調整区域の境目である場合は要注意です。市街化と調整の境目が道路であることは少なくありませんが，その場合，路線価図を見ると調整区域に存する土地であっても，あたかも路線価で評価しなければならないかのように錯覚することがあるからです。

まずは対象土地が都市計画法上どのような地域に存し，評価倍率表で路線価方式か倍率方式かどちらの評価方式を採用するかの確認が必要です。

【図表13－１】

倍率表　A

音順	町（丁目）又は大字名	適用地域名	借地権割合	固定資産税評価額に乗ずる倍率等						
				宅地	田	畑	山林	原野	牧場	池沼
			%	倍	倍	倍	倍	倍	倍	倍
	都区内全域	全域	—	路線	比準	比準	比準	比準	—	—

倍率表

愛知県豊田市　B

音順	町（丁目）又は大字名	適用地域名	借地権割合	固定資産税評価額に乗ずる倍率等						
				宅地	田	畑	山林	原野	牧場	池沼
あ			%	倍	倍	倍	倍	倍	倍	倍
	青木町	市街化区域	—	路線	市比準	市比準	市比準	市比準		
		市街化調整区域								
		1　農業振興地域内の農用地区域		—	純25	純40	—	—		
		2　上記以外の地域	40	1.0	中35	中53	中176	—		
	曙町	土橋土地区画整理事業施行区域内		個別	個	個	個	個		
		上記以外の地域	—	路線	市比準	市比準	市比準	市比準		

Q14 路線価図の確認

路線価図を基に土地を評価したいのですが，どのような事項を読み取ればよいでしょうか？

A 路線価図では，路線価（1㎡当たり単価：千円単位），借地権割合と地区区分およびその適用範囲を読み取ります。

法令・通達　評基通14

解説

1　路線価と借地権割合

路線価図で「100Ｅ」と記載されている場合，この路線価は1㎡当たり100千円＝10万円であることを示しています。100の後ろのＥは借地権割合です。借地権割合はＡ～Ｇまであり，それぞれの割合は**図表14－1**のとおりです。Ｅは借地権割合50％を意味します。借地権割合は，借地権の評価だけでなく，貸宅地や貸家建付地の評価にも利用します。

なお，借地権割合は住宅地よりも商業地，商業地の中では繁華性が優るほど高くなる傾向があり，90％であるＡは，東京・銀座など一部の商業地にしか見ることができません。

2　用途地区区分とその適用範囲

路線価を取り囲むように楕円，円，あるいはひし形等の印が記載されていることがあります。これは用途地区区分を意味します（それぞれ図表14－1）。その印が白抜き，黒塗り，あるいは斜線入りであるのはその用途地区区分の適用される範囲を示しています。

先ほどの「100Ｅ」は無印ですから，道路沿い全域が「普通住宅地区」であることを示します。

【図表14－１】

【路線価図上の地区表示記号】

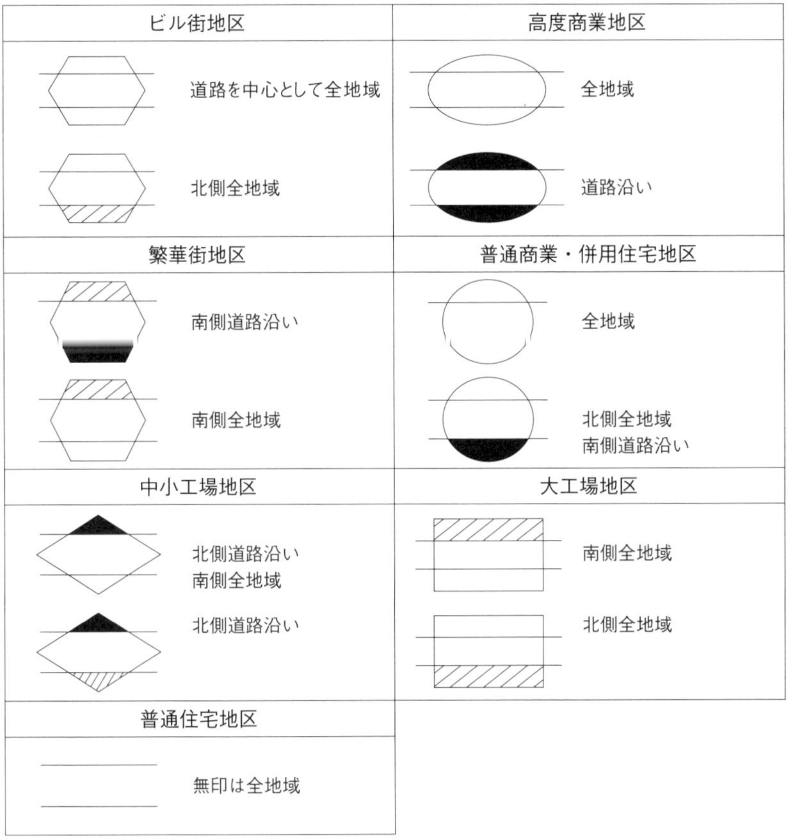

ビル街地区	高度商業地区
道路を中心として全地域	全地域
北側全地域	道路沿い

繁華街地区	普通商業・併用住宅地区
南側道路沿い	全地域
南側全地域	北側全地域 南側道路沿い

中小工場地区	大工場地区
北側道路沿い 南側全地域	南側全地域
北側道路沿い	北側全地域

普通住宅地区
無印は全地域

【借地権割合】

A	B	C	D	E	F	G
90%	80%	70%	60%	50%	40%	30%

【例】　←── 100E ──→　普通住宅地区で，路線価100千円，借地権割合は50％を意味する。

3　地区区分について

地区区分についての明確な定義はありませんが，固定資産税評価上の用途地区区分を参考にすると概ね以下のように整理されます。

(1)　ビル街地区

大都市内の容積率の高い地区（主として都市計画法に定める商業地域で概ね容積率700％以上の地域）にあって，銀行，商社等の高層（主として８階建て以上）あるいは超高層の大型オフィスビル，商業施設が街区を形成し，かつ敷地規模が大きい地区。東京，横浜，大阪等大都市しかありません。

(2)　高度商業地区

大都市にあっては都心または副都心，地方都市にあっては都心地域，小都市にあっては中心地域等容積率の高い地区（都市計画法に定める商業地域内で概ね容積率が600％以上の地域）にあって，中高層（主として６階建て以上）の百貨店，専門店舗，金融機関等が連たんする高度小売商業地区，あるいは中高層の事務所が連たんする高度業務地区

(3)　繁華街地区

都市およびこれに準ずる市街地的形態を有する町村において各種小売店舗が連たんする著名な商業地あるいは飲食店舗，レジャー施設等が多い歓楽街など，人通りの多い繁華性の高い中心的な商業地区をいい，主として容積率の高い地区にあるが，高度商業地区と異なり比較的狭い幅員の街路に中層以下の平均的に小さい規模の建物が連たんしている地区

(4)　普通商業地区

都市計画法で定める商業地域（概ね容積率が600％未満），近隣商業地域内，あるいは第１種住居地域，第２種住居地域，準住居地域，準工業地域内の幹線道路（国県道等）沿いに中低層（主として５階建て以下）の店舗，事務所等が

連たんする商業地区で，高度商業地区，繁華街と比較して資本投下量が少ない地区

(5)　併用住宅地区

商業地区の周辺部（主として都市計画法で定める近隣商業地域内）あるいは第1種住居地域，第2種住居地域，準住居地域，準工業地域内の幹線道路（国県道等）沿いにあって住宅が混在するが，小規模の店舗，事務所（低層利用の建物が多い）が多い地区

(6)　普通住宅地区

主として都市計画法で定める第1種低層住居専用地域，第2種低層住居専用地域，第1種中高層住居専用地域，第2種中高層住居専用地域，第1種住居地域，第2種住居地域，準住居地域および準工業地域内にあって，主として居住用家屋が連続している地区

(7)　中小工場地区

主として都市計画法で定める準工業地域，工業地域，工業専用地域内で敷地規模が9,000㎡程度までの工場，倉庫，流通センター，研究開発施設等が集中している地区

(8)　大工場地区

主として都市計画法で定める準工業地域，工業地域，工業専用地域内で，敷地規模が9,000㎡を超える工場，倉庫，流通センター，研究開発施設等が集中（3画地以上）している地区，あるいは単独で3ha以上の敷地規模のある画地によって形成される地区。工業団地，流通業務団地等においては，1画地の平均規模が9,000㎡以上の団地は大工場に該当する。

4　路線価について

路線価は，宅地の価額が概ね同一と認められる一連の宅地が面している路線（不特定多数の者の通行の用に供されている道路）ごとに設定するとされ（路線価設定のことを課税当局は路線価敷設といいます），通常，路節（交差点と交差点との間）単位で敷設されます。

路線価は，路線に接する宅地で次に掲げるすべての事項に該当するものについて，地価公示価格等を基として国税局長がその路線ごとに評定した1㎡当たりの価額と規定されています。

（1）　その路線のほぼ中央部にあること。

（2）　その一連の宅地に共通している地勢にあること。

（3）　その路線だけに接していること。

（4）　路線に面している宅地の標準的な間口距離および奥行距離を有する長方形または正方形のものであること。

評価実務上，この「標準的な間口距離および奥行距離」とは，画地調整率（奥行価格補正率および間口狭小補正率，奥行長大補正率）がいずれも1.00であるものが該当します。

5　特定路線価

路線価地域内において，路線価の設定されていない道路のみに接している宅地を評価する必要がある場合には，当該道路に，この宅地を評価するための路線価を納税義務者からの申出等に基づき設定することができることとされています。これを特定路線価といいます（**図表14－2**）。

特定路線価は，建築基準法上の道路等にのみ設定が可能です。引込状道路（私道）に数画地が接面するようなミニ分譲開発団地などが主な対象となります。

具体的には，「特定路線価設定申出書」に，特定路線価の設定を必要とする理由（相続税または贈与税申告のために限る）および評価する土地等および特定路線価を設定する道路の所在地，状況等を記載し，所定の添付資料と共に，納税地を管轄する「評価専門官が配置されている」税務署に提出します。

この特定路線価は，特定路線価を設定しようとする道路に接続する路線およびその道路の付近の路線に設定されている路線価を基に，その道路の状況，地区区分等を総合勘案して，税務署長が設定します。

【図表14－２】

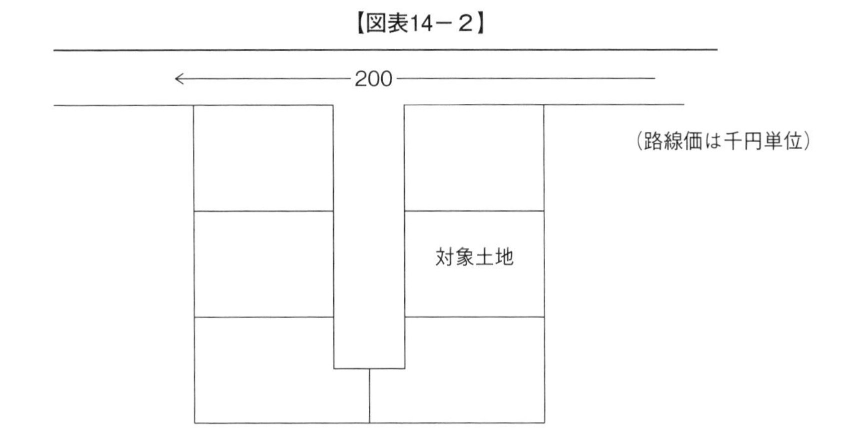

第2章
路線価方式と画地調整

Q15 間口・奥行の決定

評価対象土地の間口・奥行はどのように計測すればよいのですか？

A まず間口距離を決定し，その後奥行距離を決定します。主な間口距離の計測方法は**図表15－1**のとおりです。

不整形地の奥行距離は，「想定整形地の奥行距離」を限度に，「地積÷決定間口」で決定します。

【図表15－1】

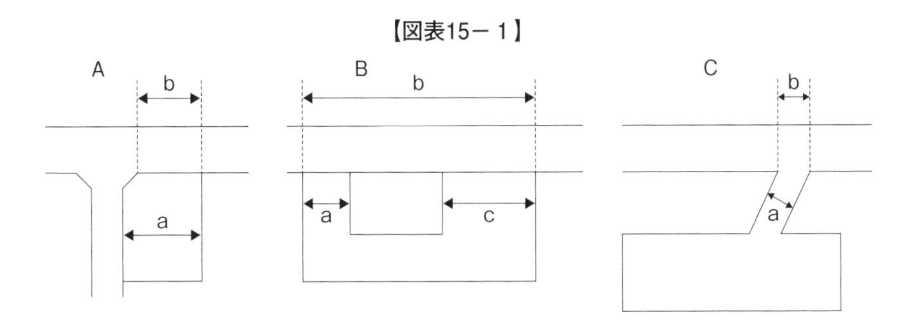

解説

1 画地調整率

土地の価値は，その土地の間口や奥行，形状，街路接面態様（角地や二方路画地等）などによって同じ路線に面している場合であっても差異が生じます。

土地評価でもこのような土地の個性に応じて，路線価を補正することとされ，これらの補正率は評価通達の付表として一定の率が定められています。これを画地調整率といい，付表１：奥行価格補正率表，付表２：側方路線影響加算率表，付表３：二方路線影響加算率表，付表４：地積区分表，付表５：不整形地補正率表，付表６：間口狭小補正率表，付表７：奥行長大補正率表，付表８：がけ地補正率表，付表９：特別警戒区域補正率表が整理されています。

これら画地調整を行うためには，まず評価対象地の間口，奥行，想定整形地を確定せねばなりません。

２　間口の決定その１

まず決定すべきは間口です。整形地であれば，道路に接面する部分の距離が間口となります。しかし土地は整形地ばかりではありません。間口の具体的な計測方法は図表15－１のとおりです。Ａの場合はａ，Ｂの場合はａ＋ｃによります。Ｃの場合はｂによりますが，ａによっても差し支えありません。

Ａの場合，隅切がなかったとした間口距離を採用するのは，隅切は街路との接続部分（交差点）の視認性を高め，交通事故等の発生を抑制するため奨励や行政指導されて行われるものであり，土地の価値を損ねるものにはならないからです。したがって，側道部分が私道であり，この私道部分を評価する際には，隅切で広がった部分は間口距離に含めません。

またＣの場合，基本的に間口は接道部分の距離となりますが，その場合，路地状部分の幅員より大きな数値となります。建築基準法では原則幅員４ｍ以上の道路に２ｍ以上接道していなければ建物建築が認められませんが，条例等で路地状部分の幅員にも条件が課せられます。以上の観点でａを間口と認定する方が合理的です。

３　間口の決定その２（想定整形地の活用）

土地に接面する道路が屈曲している場合（**図表15－２**）は，まず対象土地を取り囲む形で接面間口に沿って整形地を設定します。これを「想定整形地」

といいます。A地ではbを接面間口として想定整形地を取るケースと，cを接面間口として想定整形地を取るケースとが考えられますが，想定整形地の間口が短い方を採用します。そしてその不整形地に係る想定整形地の間口に相当する距離と，屈折路に実際に面している距離とのいずれか短い距離となります。

このことから，Aの場合にはa（<「b＋c」）が，Bの場合には「b＋c」（<a）がそれぞれ間口距離となります。

【図表15－2】

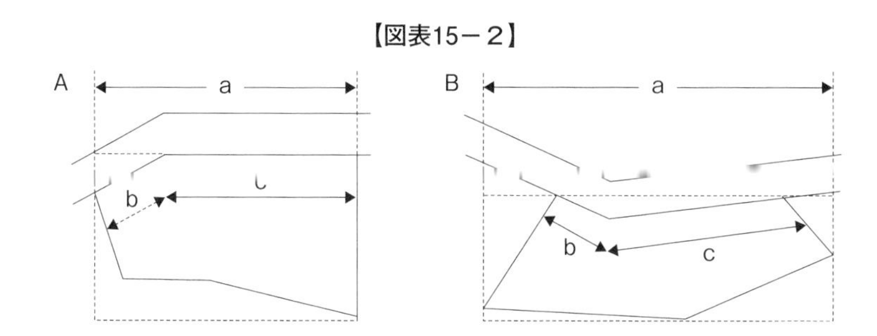

4　奥行距離の決定

整形地では，正面路線に対して垂線を伸ばして奥行距離を計測します。奥行距離が一定でない不整形な土地に関しては，不整形地に設定した想定整形地の奥行距離を限度として，その土地の地積を決定間口距離で除して得られた距離（計算上の奥行）を採用します（**図表15－3**）。

（1）　A（三角形地）は地積500㎡，間口は20m，想定整形地の奥行は50mです。

計算上の奥行（500㎡÷20m＝25m）≦想定整形地の奥行（50m）

∴　25m

（2）　B（路地状部分を有する画地）は地積190㎡，間口は5m，想定整形地の奥行は15mです。

計算上の奥行（190㎡÷5m＝38m）≧想定整形地の奥行（15m）

∴　15m

（3）　C（台形地）は地積300㎡，間口は20m，想定整形地の奥行は20mです。

【図表15－３】

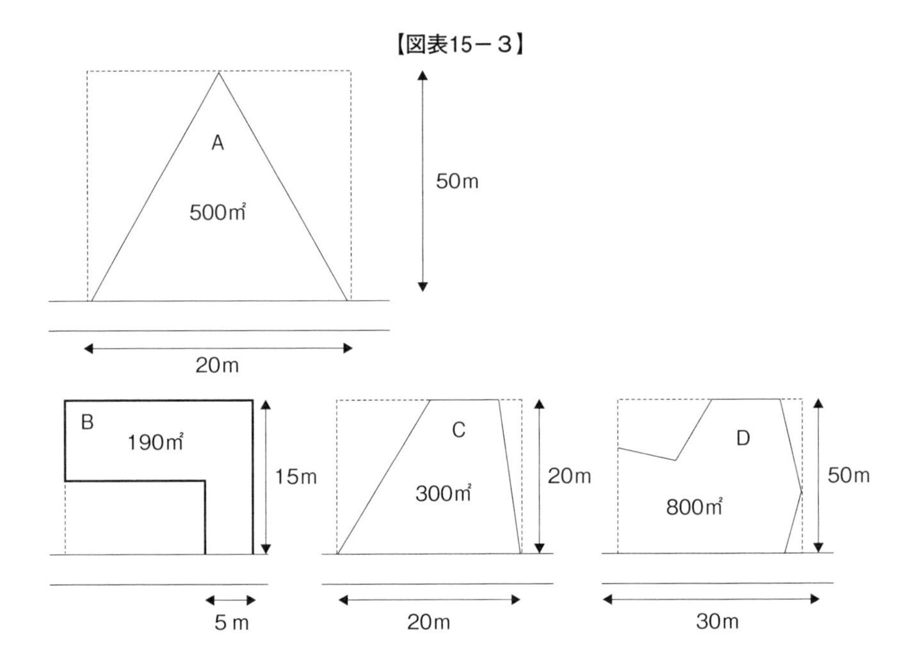

計算上の奥行（300㎡÷20m＝15m）≦想定整形地の奥行（20m）

∴　15m

（４）　D（不整形地）は地積800㎡，間口は30m，想定整形地の奥行は50mです。

計算上の奥行（800㎡÷30m＝26.7m）≦想定整形地の奥行（50m）

∴　26.7m

このように計算上の奥行で奥行距離を決定するため，AやDのように実際の土地形状から見た奥行よりも土地評価上の奥行は短めとなることが多くなり，奥行価格補正があまり効かない点を問題視する向きもあります。

5　奥行価格補正率

一般的に土地はその用途に応じて標準的な画地規模が認められます。地積を前提に間口・奥行を整理すると標準的な奥行が定まります。奥行がこれ以下であってもこれ以上であっても，使い勝手が悪くなります。そこで土地評価では奥行が短くなることによる補正（奥行短小）と奥行が長くなることによる補正（奥行逓減）を併せて奥行価格補正率として適用することとしています（**図表15－4**）。

【図表15－4】奥行価格補正率表

付表1

地区区分 奥行距離（m）	ビル街地区	高度商業地区	繁華街地区	普通商業・併用住宅地区	普通住宅地区	中小工場地区	大工場地区
4 未満	0.80	0.00	0.00	0.90	0.90	0.85	0.85
4 以上　6 未満		0.92	0.92	0.92	0.92	0.90	0.90
6 〃　8 〃	0.84	0.94	0.95	0.95	0.95	0.93	0.93
8 〃　10 〃	0.88	0.96	0.97	0.97	0.97	0.95	0.95
10 〃　12 〃	0.90	0.98	0.99	0.99	1.00	0.96	0.96
12 〃　14 〃	0.91	0.99	1.00	1.00		0.97	0.97
14 〃　16 〃	0.92	1.00				0.98	0.98
16 〃　20 〃	0.93					0.99	0.99
20 〃　24 〃	0.94					1.00	1.00
24 〃　28 〃	0.95				0.97		
28 〃　32 〃	0.96		0.98		0.95		
32 〃　36 〃	0.97		0.96	0.97	0.93		
36 〃　40 〃	0.98		0.94	0.95	0.92		
40 〃　44 〃	0.99		0.92	0.93	0.91		
44 〃　48 〃	1.00		0.90	0.91	0.90		
48 〃　52 〃		0.99	0.88	0.89	0.89		
52 〃　56 〃		0.98	0.87	0.88	0.88		
56 〃　60 〃		0.97	0.86	0.87	0.87		
60 〃　64 〃		0.96	0.85	0.86	0.86	0.99	
64 〃　68 〃		0.95	0.84	0.85	0.85	0.98	
68 〃　72 〃		0.94	0.83	0.84	0.84	0.97	
72 〃　76 〃		0.93	0.82	0.83	0.83	0.96	
76 〃　80 〃		0.92	0.81	0.82			
80 〃　84 〃		0.90	0.80	0.81	0.82	0.93	
84 〃　88 〃		0.88		0.80			
88 〃　92 〃		0.86			0.81	0.90	
92 〃　96 〃	0.99	0.84					
96 〃　100 〃	0.97	0.82					
100 〃	0.95	0.80			0.80		

Q16 正面路線の判定

2路線に面する以下のような土地（図表16－1）はどちらが正面路線になるのでしょうか？　路線価の高い方を正面路線と判定してよいですか？

【図表16－1】

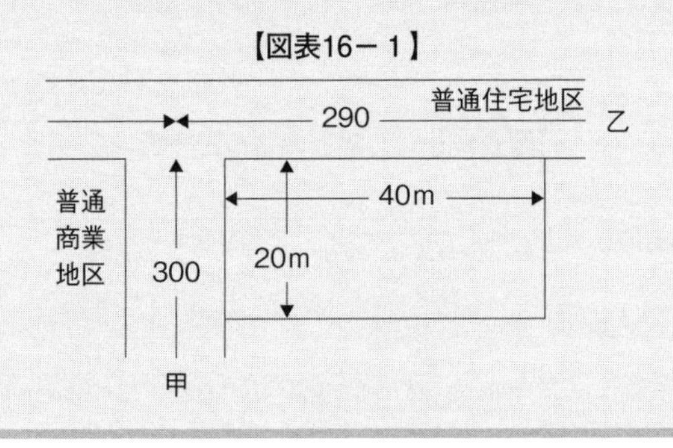

A 単純に路線価が高い方が正面となるわけではありません。路線価にその宅地の奥行に応じた奥行価格補正率を乗じた価格の高い方が正面路線となります。

（法令・通達）　評基通16

解説

1　重要な正面路線の決定

2つの異なる路線に面している宅地の評価では，まず正面路線を決定しなければなりません。その宅地の属する地区は正面路線に記載されている地区で判定され，側方路線影響加算率・二方路線影響加算率および不整形補正率や間口狭小補正率・奥行長大補正率はすべて正面路線の地区で適用される率を用いることになるからです。申告上，正面路線の判定ミスは大きな評価誤りとなりかねません。

図表16－1では甲路線は普通商業・併用住宅地区の300千円，乙路線は普通住宅地区の290千円です。

甲路線から見た奥行は40mであり，普通商業・併用住宅地区では奥行価格補正率は0.94，乙路線から見た奥行は20mであり，普通住宅地区では奥行価格補正率は1.00です。

甲路線価計算価格：300千円　×　0.94　＝282千円

乙路線価計算価格：290千円　×　1.00　＝290千円

となり，乙路線価計算価格の方が高くなり，乙が正面路線と判定され，対象土地の画地計算はすべて普通住宅地区のものが適用されます。

なお，地区の異なる２以上の路線に接する宅地の場合には，正面路線は，それぞれの路線の路線価に各路線の地区に適用される奥行価格補正率を乗じて計算した金額を基に判定することに注意が必要です。この場合，路線価に奥行価格補正率を乗じて計算した金額が同額となる場合には，原則として，路線に接する距離の長い方の路線が正面路線となります。

２　２つの異なる路線に面するものの著しく影響の度合いが少ない場合

図表16－２のように間口が狭小で接道義務を満たさないなど正面路線の影響を受ける度合いが著しく低い立地条件にある宅地については，その宅地が影響を受ける度合いが最も高いと認められる路線を正面路線として差し支えないことになっています。実務的には建築基準法上の接道義務を満たさない（接面間口２m未満）場合や，建築基準条例の路地状部分条件を充足していない場合，あるいは接面道路との高低差が著しく単純に正面路線を適用すると評価上支障が生ずる場合などが当てはまります。

なお，図表16－２のような帯状部分を有する土地は，帯状部分（乙）とその他の部分（甲）に分けて評価した価額の合計額により評価し，不整形地としての評価は行いません。

【図表16－２】

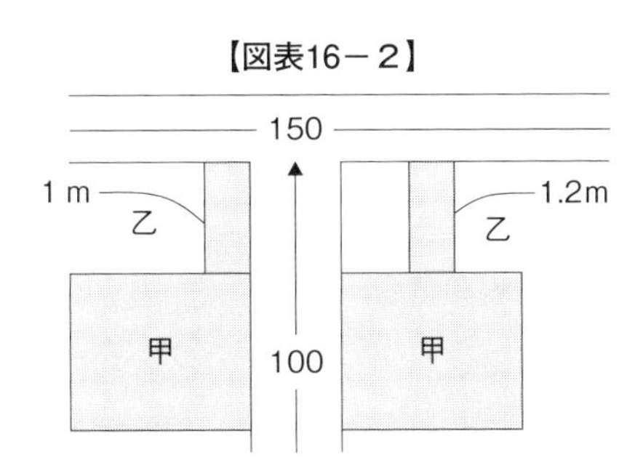

Q 17 側方路線影響加算等

図表17－１のような角地の評価額はどのように計算するのでしょうか。

【図表17－１】

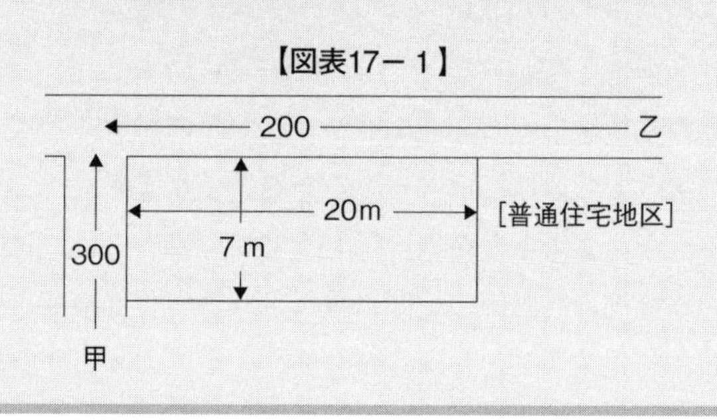

A 正面と側方に路線がある場合の宅地の評価額は，以下のような手順で求めます。

1 正面路線の判定

（１） 甲路線：300千円 × 1.00（奥行20m） ＝ 300千円

（２） 乙路線：200千円 × 0.95（奥行７m） ＝ 190千円

（３） （１）＞（２） ∴甲路線が正面路線となる。

2 側方路線価を加算

正面路線価　側方路線価×側方路線影響加算率

300千円 ＋ （190千円×0.03） ＝ 305,700円

3 評価額の決定

上記２の単価　地積

305,700円 × 140㎡ ＝ 42,798,000円

法令・通達　評基通16，17，建築基準法53

解説

1 角地の効用

角地とは２つの道路が交差するその接点に位置する画地であり，一方にしか道路に面しない中間画地よりも好まれます。住宅系であれば日照，通風に優り，

2方面を道路に囲まれることにより開放感があります。商業系でも角地は交差点に面し，建物が2方向に面し，よく目立つことから顧客の誘引力に優れ，広告宣伝効果も高いものがあります。ランドマークと称されるビルの多くは角地などに立地しています。不動産市場でも角地は中間画地より高額で取引されることがほとんどです。

角地で一定の条件を満たすものは建築基準法上「指定角地」と呼ばれ，建ぺい率を加算でき，土地の有効活用が図られ，価値が増します。一般的には住宅系よりも商業収益性が重視される商業系で増価割合は大きくなります。相続税評価でも，**図表17－2**を確認すると，側方路線影響加算率は普通住宅地区で0.03，普通商業・併用住宅地区で0.08，高度商業地区および繁華街地区で0.10です。

【図表17－2】側方路線影響加算率表

付表2

地区区分	加算率	
	角地の場合	準角地の場合
ビル街地区	0.07	0.03
高度商業地区 繁華街地区	0.10	0.05
普通商業・併用住宅地区	0.08	0.04
普通住宅地区 中小工場地区	0.03	0.02
大工場地区	0.02	0.01

準角地は1系統の連続した同一道路の屈曲部の内側に存し，結果として2方向で道路と接道している場合の画地です。日照・通風等の効用は角地と変わりませんが，交差点に位置するのではないため，商業的な効用は角地ほど高くはありません。したがって準角地の側方路線影響加算率は角地より低く抑えられ，各地区共に角地の加算率のほぼ半分程度となっています。

2　側方加算について

普通住宅地区では角地の側方加算率は0.03ですが，直接３％を加算するのではなく，側方の路線価から計算して加算するので，正面路線価の３％を超えることはありません。かつては側方加算率は角地で0.05でしたが，2007年から現行の0.03に縮小されました（商業系も縮小）。不動産市場では角地の効用は，側方道路の幅員や構造・連続性によって左右され，角地であっても大きな増価にはならないこともあり，時価との逆転現象を防ぐ狙いがあったようです。

実務的には２つの路線の用途が異なる場合に注意が必要です。特に２つの路線が高度商業地区と普通商業・併用住宅地区，あるいは普通商業・併用住宅地区と普通住宅地区のように，側方加算率に格差がある際には，正面路線の決定により，対象土地の評価額は大きく変化します。

次に**図表17－３**のような準角地の評価例を記載します。準角地も正面路線の判定を最初に行います。

	路線価		奥行価格補正率		
甲路線：	400千円	×	1.00（30m）	＝	400千円
乙路線：	350千円	×	1.00（20m）	＝	350千円

甲路線≧乙路線であるため，甲路線が正面路線と判定されます。

	正面路線計算単価		側方路線単価		奥行価格補正率		加算率		
評価単価：	400千円	＋	（350千円	×	0.98	×	0.03）	＝	410,290円
評価額　：	410,290円			×	600㎡		＝		246,174,000円

【図表17－３】

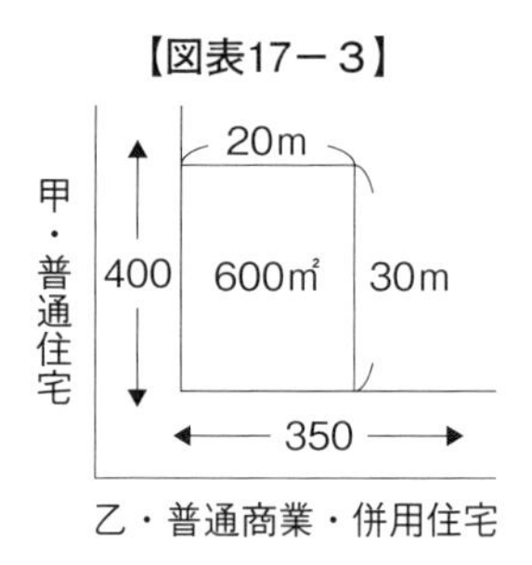

ここで注意すべきは正面路線が決定（地区が決定）した後は，奥行価格補正率はすべて正面路線の地区区分に従って，補正率が適用されることです。正面路線の判定で採用した奥行価格補正率1.00は，乙の属する普通商業・併用住宅地区で奥行30mで適用される率でした。正面路線が甲路線となった後は，甲の属する普通住宅地区で奥行30

mで適用される0.98に変更されます。

基本的に１つの画地に適用されるのは１つの地区区分であり，正面路線の判定で奥行価格補正率を利用するのは単に地区区分を決定するだけの行為であり，評価ではないと理解する必要があります。

３　二方路線影響加算について

正面と背後の２方向で道路に面する画地は住宅地では開放感に優り，商業地では自動車の出入りのしやすさ等により価値が上昇します。土地評価でも側方路線影響加算と同様に加算対象となります。加算率は準角地の側方加算率と同等あるいは若干大きめの率となっています（**図表17－４**）。

【図表17－４】二方路線影響加算率表

付表３

地区区分	加算率
ビル街地区	0.03
高度商業地区 繁華街地区	0.07
普通商業・併用住宅地区	0.05
普通住宅地区 中小工場地区 大工場地区	0.02

Q18 間口狭小・奥行長大補正

図表18－１のように道路に対して細長い土地はどのように評価するのですか？

【図表18－１】

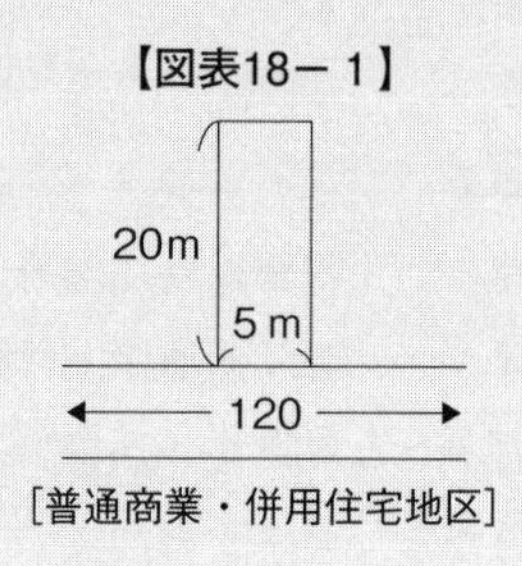

［普通商業・併用住宅地区］

A 間口狭小補正率と奥行長大補正率を勘案して評価します。具体的には以下のとおりです。

1　正面路線計算単価

路線価		奥行20mに対応する奥行価格補正率		
120千円	×	1.00	＝	120,000円

2　間口狭小補正率

間口５ｍに対応する間口狭小補正率：0.97

3　奥行長大補正率

奥行距離20ｍ÷間口距離５ｍ　＝　４

奥行／間口＝4.0に対応する奥行長大補正率：0.98

4　１㎡当たり単価

路線価			間口狭小補正率		奥行長大補正率			
120,000円	×	（	0.97	×	0.98	）	＝	114,072円

5　評価額

114,072円　×　100㎡　＝　11,407,200円

法令・通達　評基通20－４

解説

1　間口狭小補正率

土地は間口が狭くなると日照・通風に難が生じるほか，車両出入りに支障が出るなどの土地の利用勝手が低下します。そのため土地評価では**図表18－2**のとおり間口狭小補正率を定めています。普通住宅地区では間口８ｍ未満から補正率が生じるのに対し，繁華街地区では４ｍ未満でなければ補正をすることができません。繁華街は飲食店街なども含まれるため，小規模な画地が多いことを勘案したためです。他方で大工場地区では間口28ｍ未満から補正をするようになっています。大工場は数千㎡以上の画地で，間口が100ｍ程度を標準的なものとして把握しているため，28ｍ未満の間口から補正を要すると判断しています。

【図表18－２】間口狭小補正率表

付表６

地区区分 / 間口距離（ｍ）	ビル街地区	高度商業地区	繁華街地区	普通商業・併用住宅地区	普通住宅地区	中小工場地区	大工場地区
４ 未満	－	0.85	0.90	0.90	0.90	0.80	0.80
４ 以上　６ 未満	－	0.94	1.00	0.97	0.94	0.85	0.85
６　〃　８　〃	－	0.97		1.00	0.97	0.90	0.90
８　〃　10　〃	0.95	1.00			1.00	0.95	0.95
10　〃　16　〃	0.97					1.00	0.97
16　〃　22　〃	0.98						0.98
22　〃　28　〃	0.99						0.99
28　〃	1.00						1.00

他方で商業系などでは間口が大きい画地は収益性などが向上し，増価が発生します。都心部の百貨店や大型商業施設は道路との接面部分が広い方が，視認性に優り，顧客への広告効果が大きく，誘導しやすいからです。ただし，間口狭小補正率はあくまで間口が狭い画地を減額補正するのみで，間口が広いことによる増額補正はしないこととなっています。

2　奥行長大補正率

画地調整率の中で，その意義が理解されにくいのが奥行長大補正率です。奥行価格補正率と混同しやすいためですが，そもそも奥行価格補正は奥行自体が単に長いこと，あるいは短いことによる補正であるのに対して，奥行長大補正は奥行の間口に対する割合を勘案して補正するものです。土地はその用途（商業系や住宅系）に応じて標準的な画地規模があり，またその画地規模に応じた標準的な間口と奥行があります。

間口の割に奥行が長い土地は，利用効率が低下し，その分土地価格は低下します。そのため土地評価でも**図表18－3**に定める補正率を適用します。本事案でも対象土地の奥行は20mですから，奥行価格補正は働きません。したがって奥行長大補正がなければ単に間口狭小補正のみの適用となってしまいます。このように奥行長大補正率は間口狭小補正率とペアで適用となることが多く，2つの補正率が組み合わさって画地の実情に応じた補正をしていると考えられます。

【図表18－3】奥行長大補正率表

付表7

地区区分 / 奥行距離/間口距離	ビル街地区	高度商業地区 繁華街地区 普通商業・併用住宅地区	普通住宅地区	中小工場地区	大工場地区
2以上　3未満	1.00	1.00	0.98	1.00	1.00
3 〃　4 〃		0.99	0.96	0.99	
4 〃　5 〃		0.98	0.94	0.98	
5 〃　6 〃		0.96	0.92	0.96	
6 〃　7 〃		0.94	0.90	0.94	
7 〃　8 〃		0.92		0.92	
8 〃		0.90		0.90	

Q19 不整形地の評価

図表19－1のような形状が劣る画地はどのように評価するのですか？

【図表19－1】

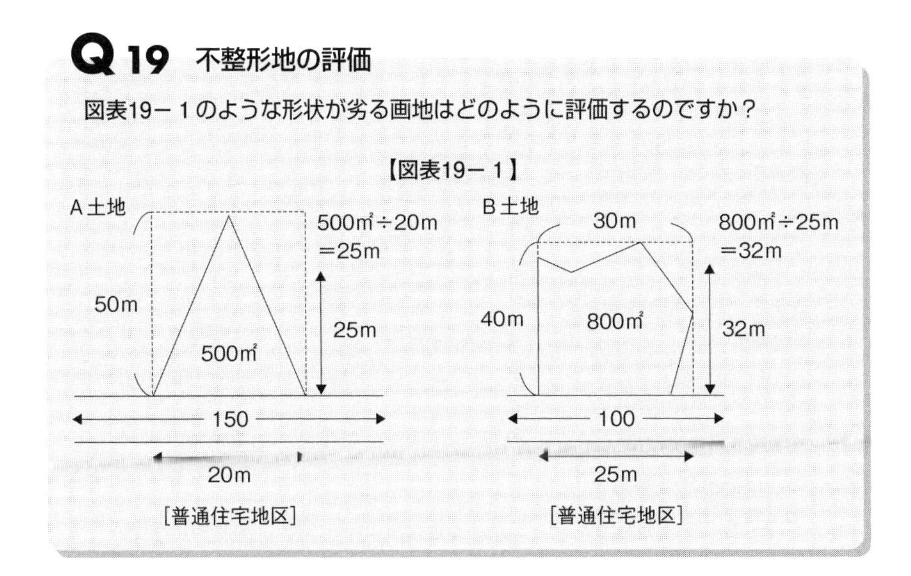

A　最もオーソドックスな想定整形地を使用した手法を説明します。対象土地を取り囲む形で想定整形地を作成し，想定整形地の地積から対象土地地積を控除した部分（かげ地）を求め，かげ地面積を想定整形地の地積で割り戻して，かげ地割合を求めます。かげ地割合によって対象土地の不整形補正率を抽出し，評価に採用します。具体的には以下のとおりです。

● A土地

1　正面路線計算単価

路線価		奥行価格補正率		
150千円	×	0.99（25m）	=	148,500円

2　不整形補正率の査定

（1）　想定整形地の地積　20m（間口）×50m（奥行）＝1,000㎡

（2）　かげ地割合の査定

（想定整形地の地積　－　対象土地の地積）÷想定整形地の地積

＝（1,000㎡－500㎡）÷1,000㎡＝50％

（3）　不整形補正率の査定：地積区分B　かげ地割合50％　∴0.82

3　1㎡当たり単価

148,500円　×0.82　=121,770円

4　評価額

121,770円　×　500㎡　=　60,885,000円

●Ｂ土地

1　正面路線計算単価

路線価　　　　奥行価格補正率

100千円　×　0.96（32m）　=　96,000円

2　不整形地補正率の査定

（1）　想定整形地の地積　30m（間口）×40m（奥行）=1,200㎡

（2）　かげ地割合の査定

（想定整形地の地積　−　対象土地の地積）÷想定整形地の地積

=（1,200㎡−800㎡）÷1,200㎡=33.3%

（3）　不整形地補正率の査定：地積区分C　かげ地割合33%　∴0.96

3　1㎡当たり単価

96,000円　×　0.96　=92,160円

4　評価額

92,160円　×　800㎡　=　73,728,000円

（法令・通達）　評基通20

解説

1　不整形地補正率の求め方

不整形地補正率は，対象土地の属する地区および対象土地の地積を付表4：地積区分表（**図表19－2**）で照らし合わせて，A，BおよびCのどの区分に該当するかを確認し，対象土地を取り囲む形の整形地（想定整形地）を作成した上で，「かげ地」割合を算出し，そのかげ地割合と該当する区分（A～C）によって付表5：不整形地補正率表（**図表19－3**）に定める補正率を抽出します。

地積区分表により地積区分が3段階に分かれているのは，不整形であること

【図表19－２】地積区分表

付表４

地区区分＼地積区分	A	B	C
高度商業地区	1,000㎡未満	1,000㎡以上 1,500㎡未満	1,500㎡以上
繁華街地区	450㎡未満	450㎡以上 700㎡未満	700㎡以上
普通商業・併用住宅地区	650㎡未満	650㎡以上 1,000㎡未満	1,000㎡以上
普通住宅地区	500㎡未満	500㎡以上 750㎡未満	750㎡以上
中小工場地区	3,500㎡未満	3,500㎡以上 5,000㎡未満	5,000㎡以上

【図表19－３】不整形地補正率表

付表５

かげ地割合＼地区区分・地積区分	ビル街地区，高度商業地区 繁華街地区，普通商業・併用住宅地区，中小工場地区			普通住宅地区		
	A	B	C	A	B	C
10%以上	0.99	0.99	1.00	0.98	0.99	0.99
15%以上	0.98	0.99	0.99	0.96	0.98	0.99
20%以上	0.97	0.98	0.99	0.94	0.97	0.98
25%以上	0.96	0.98	0.99	0.92	0.95	0.97
30%以上	0.94	0.97	0.98	0.90	0.93	0.96
35%以上	0.92	0.95	0.98	0.88	0.91	0.94
40%以上	0.90	0.93	0.97	0.85	0.88	0.92
45%以上	0.87	0.91	0.95	0.82	0.85	0.90
50%以上	0.84	0.89	0.93	0.79	0.82	0.87
55%以上	0.80	0.87	0.90	0.75	0.78	0.83
60%以上	0.76	0.84	0.86	0.70	0.73	0.78
65%以上	0.70	0.75	0.80	0.60	0.65	0.70

による土地の減価割合は単純に形状の度合いだけで決まるものではなく，対象土地の面積が大きく関係しているためです。例えば，地積が大きい土地では形状が劣っても，標準的規模の建物建築にさほどの支障をきたすわけではありません。地積が小さい土地になると多少形状がいびつとなるだけで建てられる建物面積は大きな制約が生じます。建物は基本的には長方形などの整形状のものでなければ建築費が著しく増加するからです。

かげ地割合を採用している理由は，対象土地を取り囲む想定整形地が対象土地の地積に応じた最も近似の整形地であり，想定整形地から対象土地を控除した部分（かげ地）が利用できない土地（死に地）になると考えているためです。ただし，土地の形状によってはかげ地割合では実際の「死に地」部分を勘案できないこともあります。実務的には想定整形地を作成するのは特別な技術を要せず，簡易に不整形度合いを示す方法であるためといえるでしょう。

2　不整形地補正率と時価について

一般に形状の劣る土地は不動産市場では評価が下がります。特に地積が小さく形状がいびつになればなるほどその価値は大きく減少します。標準的な土地価格の半値以下であることは珍しいことではありません。一方，想定整形地を使用したかげ地割合は，さほど大きなものとならないことが多く，「見た目」の不整形による不動産市場での減額割合よりはるかに小さい率に留まりがちです。

付表５：不整形地補正率表では普通商業・併用住宅地区で650㎡未満（Ａ区分）に該当する「かげ地割合」50％以上55％未満の画地は，補正率0.84，普通住宅地区で500㎡未満（Ａ区分）に該当する同50％以上55％未満の画地は，補正率0.79に留まります。

このような形状が著しく劣る画地の場合，土地評価上の画地調整では減額しきることができず，不動産市場での時価と逆転現象が起きていないか確認する必要があります。

Q20 無道路地の評価

父（被相続人）の所有する土地は周囲を第三者所有土地で囲まれ，どの道路にも面していません。最寄りの道路までは直線距離で20mあります（図表20－１）。このような土地は当然，建物の建築にも制限がかかり，道路に面する土地に比べて安価にしか売却できないと聞きます。土地評価ではどのように評価されるのでしょうか？

【図表20－１】

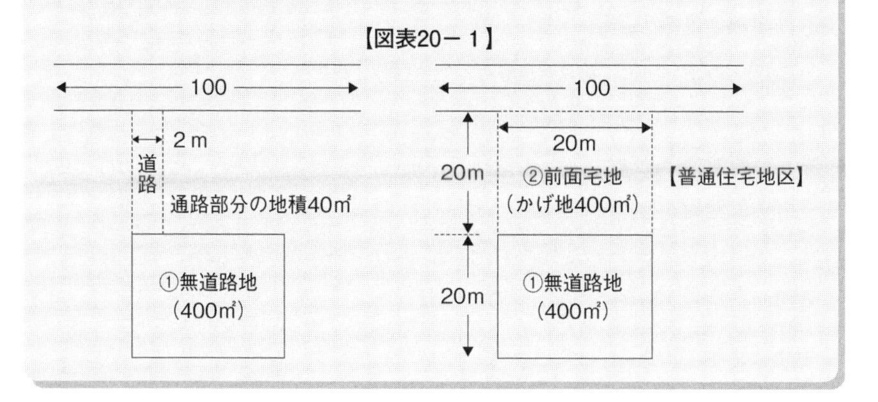

A 道路にまったく面していない土地を無道路地といいます。無道路地の評価は，対象土地（無道路地）と最寄道路との間に介在する土地（前面宅地といいます）を一体として，想定整形地を作成し，対象土地の不整形補正等をした価額から，最寄道路までの接道義務を満たす最小限度の通路確保（通路開設費用）を控除して求めることとされています。

ただし，土地が他人の土地に囲まれていても，その他人の土地に通行の用に供する権利を設定している場合は，無道路地になりません。

図表20－１の場合，次のとおり評価します。

１　無道路地（①部分）の奥行価格補正後の価格

（１）　無道路地（①部分）と前面宅地（②部分）を合わせた一体土地の奥行価格補正後の価額

路線価　　　奥行価格補正率　　　地積
100千円　×　0.92（奥行40m）　×　800㎡　=　73,600,000円

（２）　前面宅地（②部分）の奥行価格補正後の価額

路線価　　　奥行価格補正率　　　地積
100千円　×　1.00（奥行20m）　×　400㎡　=　40,000,000円

（３）（１）の価額から（２）の価額を控除して求めた無道路地（①部分）の奥行価格補正後の価額

73,600,000円　－　40,000,000円　＝33,600,000円

２　不整形地補正（または間口狭小・奥行長大補正）

（１）　不整形地補正率

不整形地補正率0.79（普通住宅地区　地積区分Ａ　かげ地割合50％）

（２）　間口狭小補正率・奥行長大補正率（通路部分があるものとして）

間口狭小補正率0.90（間口距離２m）

奥行長大補正率0.90（間口距離２m・奥行距離40m，奥行／間口＝20）

（３）　判定

①　不整形地補正率×間口狭小補正率＝0.71（＝0.79×0.90）

②　間口狭小補正率×奥行長大補正率＝0.81（＝0.90×0.90）

③　①≦②　　∴0.71

３　無道路地の不整形地補正後の価額

奥行補正後の価額　不整形地補正率
33,600,000円　×　0.71　=　23,856,000円

４　通路部分の価額（通路開設費用相当額）

通路部分の価額は，対象土地と最寄道路とを接続する最短部分で，さらに通路幅員は建築基準法等で定める最低基準として計算します。なお，通路開設費用相当額は，上記３　無道路地の不整形地補正後の価額の40％を限度とします。

（１）　通路部分の価額

路線価　　通路部分の地積
100千円　×　40㎡　=　4,000,000円

（2）　限度額

23,856,000円　×　40％　＝　9,542,400円

（3）　判定

（1）　≦　（2）　∴　4,000,000円

5　無道路地の評価額

無道路地の不整形地補正後の価額		通路部分の価額		
23,856,000円	－	4,000,000円	＝	19,856,000円

法令・通達　民法210，評基通20－3

解説

1　無道路地評価

無道路地は，その土地が直接道路に面しておらず，周囲を取り囲む第三者所有地を通行しなければ，道路等に到達することができません。当然，そのままでは宅地等の利用は不可であり，周囲の土地のいずれかから通行権を確保して初めてその土地の利用が可能となります。

一般の不動産市場では無道路地は通常の土地価格の半値以下といわれることが多いものの，個々の無道路地の価値は，最寄道路までの距離，通路開設実現の可能性およびその費用並びに開設するまでの期間などを総合的に勘案して決定されます。

なお，最寄道路は単なる公道ではなく，建築基準法上の道路でなければ，たとえ通路を確保しても建物の建築が認められない点に注意する必要があります。つまり最寄道路は，単に対象土地から最も近いという位置条件だけで判定されるわけではありません。

土地評価では，無道路地である対象土地から最寄道路までの部分（前面宅地）を含めて，対象土地の不整形補正を行い，通路部分の開設費用を控除して求めることとされており，一見合理的に見えます。

しかしながら，現実の不動産市場では，通路部分あるいは通行権の確保が必ずしも可能かどうかは不確定であり，さらにその開設に必要な費用および時間

も未知数であることから，土地評価上の評価方式では無道路地の時価を適切に評価されないとする批判も少なくありません。

2　囲繞地（いにょうち）通行権

土地評価で上記のような評価方式を採用するのは，民法に定める「囲繞地通行権」の考えに基づくためです。民法210条１項では，「他の土地に囲まれて公道に通じない土地の所有者は，公道に至るため，その土地を囲んでいる他の土地を通行することができる」と規定しています。囲繞地通行権に関しては多くの裁判例がありますが，その内容は人の通行は認めているものの，車両の通行まで認定しているかどうかは判断が分かれ，さらに建築基準法上の条件まで考慮されているかどうかも様々です。基本的には囲繞地通行権は文字通り囲まれた土地を通行する権利であり，その範囲は諸事情を総合的に判断して決定されるべきであり，建築基準法令の接道義務を満たす幅員まで当然に認められるものではないと解されています（最高裁昭和37年３月15日判決その他)。

3　通路部分の間口

通路部分の想定にあたっては，評価通達では「建築基準法その他の法令において規定されている建築物を建築するために必要な道路に接すべき最小限の間口距離」を考慮することになっていますが，これは単に建築基準法上の接道義務（２ｍ）以外に各都道府県が定める建築安全条例を考慮する意味と解されます（Q10参照)。

したがって最寄道路までの距離が長い場合には単に通路幅員は２ｍでは不足することがあるので注意が必要です。

4　無道路地に該当するかどうかの判定

対象土地が公道に接面していないからといって，安易に無道路地と判定してはいけません。物理的に無道路地であっても通行権を確保して公道への出入りができる状況になっているときは無道路地とはなりません。通行権確保のため，無道路地と公道の間の一定部分を賃貸借することが一般的です。

また無道路地であるかどうかの判断は，単に公道への接続状況の確認では不十分です。無道路地は建築基準法上の道路に面するか否かによって判断されるからです。建築基準法上の「位置指定道路」にのみ接面する画地を無道路地であるとして主張した請求人の主張を排除した以下の裁決事例があります（平成15年5月21日裁決）。

本件では，道路とは広く一般公衆の通行の用に供されている物的施設をいい，それには法律上公物としての性質を認めて特殊の法的規制を加えた公道と，その開設，維持，管理等について若干の保護，助成等のための規制を設けられた私道，あるいは何らの規制を設けられていない私道が存在すると定義。建築基準法に規定する位置指定道路は道路交通法に規定する「一般交通の用に供するその他の場所」に該当し，各種の規制を受けるとともに，敷地である土地について所有権の移転，抵当権の設定・移転のほかは，一般の交通を阻害するような方法で私権を行使することはできないとし，本件土地は位置指定道路に間口距離4.2mで接しているから，評価通達に定める無道路地に該当しないとしました。

また無道路地の評価の際，実際に利用している路線（公道）が2つある場合は，道路開設費用の価額の低い方の路線が利用通路であると解するのが相当であるとした事例もあります（平成18年5月8日裁決）。

5　位置指定道路の確認

建築基準法上の位置指定道路（建築基準法42条1項5号）かどうかの確認は，市役所等の建築関係部局で行います。その際，位置指定道路の範囲に注意が必要です。位置指定道路は，公道から引込み道路を設置して戸建分譲などを建築する「ミニ分譲」開発でよく見られます。ミニ分譲を含め，戸建住宅団地の開発に際しては，自治体の開発指導要綱に従って行われます。引込み道路を位置指定道路として認定してもらうためには，指導要綱に定める道路設置基準に準拠しなければなりません。**図表20－2**は，ある市のミニ分譲団地ですが，当該市の開発指導要綱では開発区域面積1,000㎡未満の場合，引込み道路幅員は４ｍ以上であれば良いのですが，その道路延長は35ｍ以下でなければならないとされています。

図表20－２で位置指定道路は25番２の部分だけです。その延長上にある「道路」部分25番９と25番10は位置指定道路の扱いを受けていません。現地に行ってみると道路は25番２から25番９・25番10まで一体として使われています。

このミニ分譲は開発区域1,000㎡未満であるため，引込み道路は35ｍまで設置し，その奥側である25番９・25番10は「路地状部分」として接道義務を満たしているのです。このような事例の場合，奥側の土地は現行建築基準法令等の規制では，建物の建替えが認められないこともあります。市役所等で確認する際には，位置指定道路が具体的にどこまで認定されているかの確認を怠ってはなりません。できれば開発指導要綱なども取り寄せるべきでしょう。

【図表20－２】

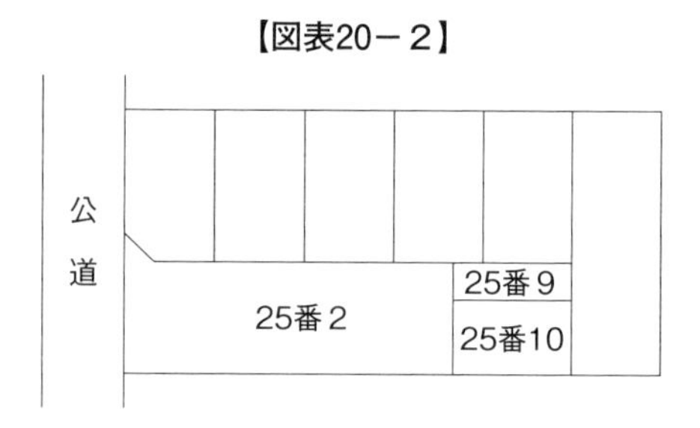

Q21 がけ地等の評価

父（被相続人）は図表21－1のようながけ地部分を有する宅地を所有していました。どのように評価しますか？

【図表21－1】

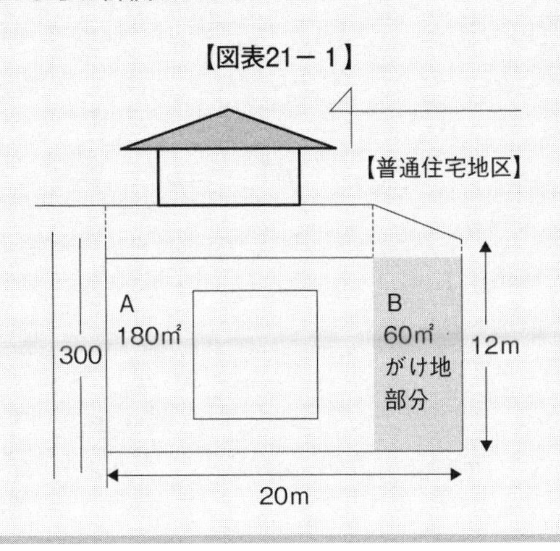

A　がけ地等を有する宅地とは，平坦部分とがけ地部分等が一体となっている宅地であり，例えば，ヒナ段式に造成された住宅団地に見られるような，擁壁部分（人工擁壁と自然擁壁とを問わない）を有する宅地です。このような宅地のがけ部分等は，採光，通風等による平坦宅地部分への効用増に寄与すると認められるものの通常の用途に供することができないため，全体を通常の用途に供することができる宅地に比し減価があると認められますので，がけ地補正率表によるがけ地補正を行うとされています。

このように，がけ地補正率が適用されるがけ地等を有する宅地とは，平坦部分とがけ地部分等が一体となっている宅地をいい，平坦部分である宅地とそれ以外の部分（山林，雑種地等）を別の評価単位として評価すべき場合はこれに該当しません。

がけ地等で通常の用途に供することができないと認められる部分を有する宅地の価額は，その宅地のうちに存するがけ地等ががけ地等でないとした場合の価額に，その宅地の総地積に対するがけ地部分等通常の用途に供することができないと認められる部分の地積の割合に応じて付表８「がけ地補正率表」（**図表21－２**）に定める補正率を乗じて計算した価額によって評価します。図表21－１の場合，以下のように評価します。

(計算例)

１　がけ地割合の査定（総地積に対するがけ地部分の割合）

がけ地の地積（B）÷総地積（A＋B）＝60㎡÷（180㎡＋60㎡）＝0.25

２　がけ地補正率の査定

がけ地の方位：南斜面

がけ地補正率：0.92

３　評価額

路線価		奥行価格補正率		がけ地補正率		地積	
300千円	×	1.00（奥行20m）	×	0.92	×	240㎡	＝66,240,000円

【図表21－２】がけ地補正率表

付表８

がけ地の方位 ／ がけ地地積/総地積	南	東	西	北
0.10　以上　0.20　未満	0.96	0.95	0.94	0.93
0.20　以上　0.30　未満	0.92	0.91	0.90	0.88
0.30　以上　0.40　未満	0.88	0.87	0.86	0.83
0.40　以上　0.50　未満	0.85	0.84	0.82	0.78
0.50　以上　0.60　未満	0.82	0.81	0.78	0.73
0.60　以上　0.70　未満	0.79	0.77	0.74	0.68
0.70　以上　0.80　未満	0.76	0.74	0.70	0.63
0.80　以上　0.90　未満	0.73	0.70	0.66	0.58
0.90　以上	0.70	0.65	0.60	0.53

（法令・通達）　評基通20－５

解説

1　がけ地

がけ地とは，急傾斜地その他で通常の用途に供することができないと認められる部分をいいます。近年，全国的に「ゲリラ豪雨」などが多発し，一定規模のがけ地等は「土砂災害防止法」に基づく「土砂災害警戒区域」や「土砂災害特別警戒区域」あるいは「急傾斜地の崩壊による災害の防止に関する法律」による「急傾斜崩壊危険区域」が定められることがあり，不動産市場ではその災害発生の危険性やその程度を重視して取引価格が形成されます。土地評価では単に傾斜地であることによる宅地としての利用制限と，傾斜地の方位を勘案して，傾斜地を将来，宅地転用した際の潜在価値のみでがけ地補正率を定めているようです。

具体的には付表8：がけ地補正率表で定めるとおり，がけ地地積の総地積に対する割合と，傾斜方位の2つを基に，対象土地に適用される補正率を求めます。補正率表に記載されている「南方位」とは，北から南に下がっていく傾斜地のことです。4方位のうち，南方位が最も減額割合が小さいですが，これは将来，がけ地部分を宅地転用した際，北から南に下って段々に平地を設置することができ，日照・通風に優るためです。逆に北方位は冬季に日照条件が劣るため，宅地開発には不向きとされており，補正率の減額割合も大きくなっています。

2　方位が南東などの場合

がけ地の傾斜方位が南東，南西，北東，北西などの場合は以下のような修正を行います。

（計算例：方位が南東でがけ地割合が25%の場合）

がけ地割合0.25の場合の南方位のがけ地補正率：0.92

がけ地割合0.25の場合の東方位のがけ地補正率：0.91

（0.92＋0.91）÷ 2　＝　0.91（小数点以下第2位未満切捨て）

3　がけ地等が２方向にある場合（図表21－３）

２方向以上にがけ地を有する宅地のがけ地補正率は，評価対象地の総地積に対するがけ地部分の全地積の割合に応ずる各方位別のがけ地補正率を求め，それぞれのがけ地補正率を方位別のがけ地の地積で加重平均して求めます。

（計算例）

（１）　総地積に対するがけ地部分の割合

西方位のがけ地　南方位のがけ地　全体地積

（　100㎡　＋　100㎡　）÷　400㎡　＝0.50

（２）　方位別のがけ地補正率

がけ地割合0.50の場合の西方位のがけ地補正率　0.78

がけ地割合0.50の場合の南方位のがけ地補正率　0.82

（３）　加重平均によるがけ地補正率

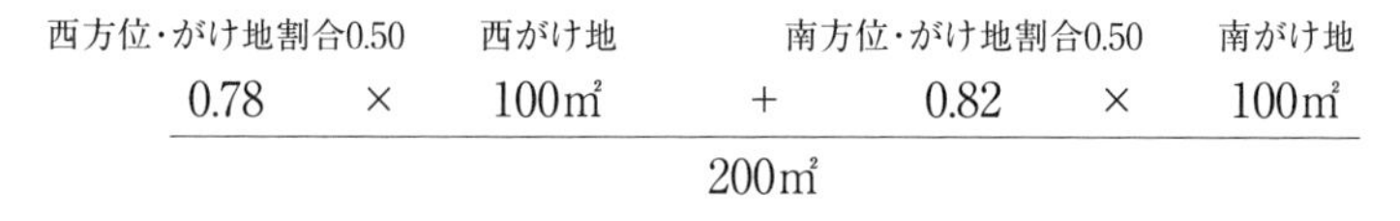

＝　0.80

【図表21－３】

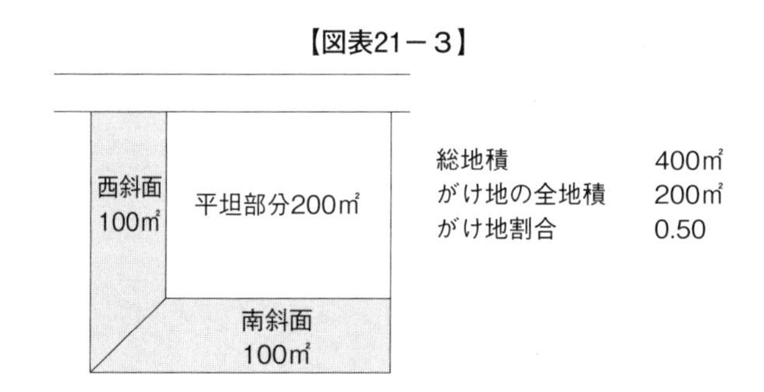

4　がけ地条例

がけ地は傾斜地だけが有効利用できないわけではありません。一定条件のがけ地に関しては，多くの自治体で「がけ地条例（通称）」を定め，がけ地に接する平地に対しても建物等の建築制限を設けています。例えば「東京都建築安全条例」では以下のとおり定めています。

●第６条２項（**図表21－４参照**）

高さ２メートルを超えるがけの下端からの水平距離ががけ高の２倍以内のところに建築物を建築し，又は建築敷地を造成する場合は，高さ２メートルを超える擁壁を設けなければならない。ただし，次の各号のいずれかに該当する場合は，この限りでない。

一　斜面のこう配が30度以下のもの又は堅固な地盤を切って斜面とするもの若しくは特殊な構法によるもので安全上支障がない場合。

二　がけ上に建築物を建築する場合において，がけ又は既設の擁壁に構造耐力上支障がないとき。

三　がけ下に建築物を建築する場合において，その主要構造部が鉄筋コンクリート造若しくは鉄骨鉄筋コンクリート造であるか，又は建築物の位置が，がけより相当の距離にあり，がけの崩壊に対して安全であるとき。

【図表21－４】

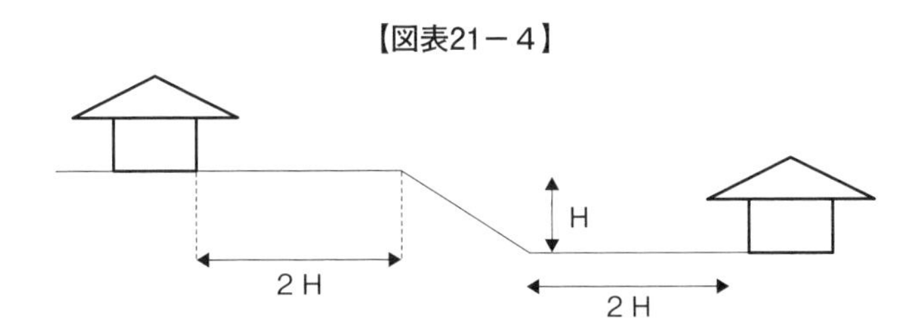

５　裁決事例

傾斜度が30度を超える土地であり，その形状等により宅地開発する場合には多額の造成費を要すると見込まれ，仮に宅地に転用したとしても十分な地積を確保することができず，宅地としての客観的交換価値があると認めることはできないため，評価通達に定める方式ではなく，個別評価が相当であるとした事例があります（平成14年３月27日裁決）。

Q22 土砂災害特別警戒区域

父の所有する宅地は，その背後が傾斜地（山林）であり，昔から土砂災害の危険性が指摘されており，最近，その宅地が土砂災害特別警戒区域に指定されました（図表22－1）。父に相続が発生した場合はどのように評価するのですか？

【図表22－1】

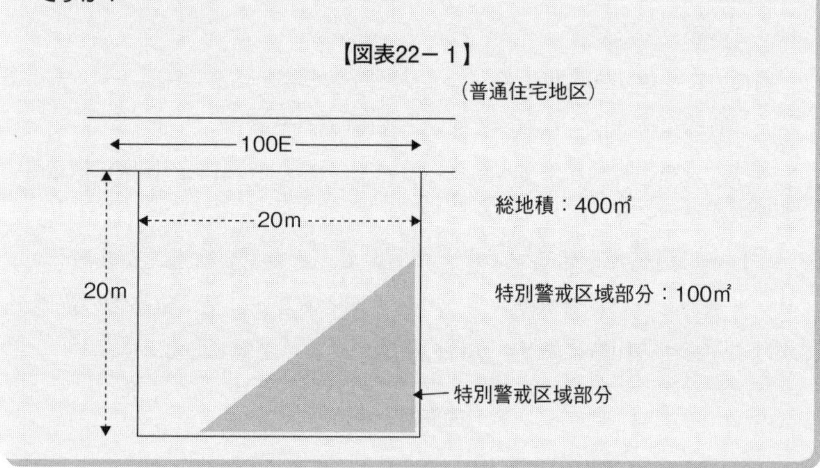

A 2018年の西日本豪雨や2019年の台風19号など全国的に土砂災害が増える中で，土砂災害防止法で規定する土砂災害警戒区域（通称：イエローゾーン）や土砂災害特別警戒区域（通称：レッドゾーン）の指定範囲が急速に広まっています。それに伴い，相続税土地評価でも，評価対象土地がレッドゾーンに存する場合は一定の減額補正が受けられるようになりました。

その背景として，2014年８月に発生した広島市安佐北区などの土砂災害後，国土交通省が土砂災害防止法に基づく基礎調査を進めてきた結果，作業工程は順調に推移し，2020年３月までに目標としていた全国約67万か所の調査が完了したことがあります。

具体的には，レッドゾーンを有する宅地の価額については，その宅地のうちのレッドゾーン部分がないものとした場合の価額に，その宅地の総地積に対するレッドゾーンとなる部分の地積の割合に応じて，付表９「特別警戒区域補正率表」（**図表22－２**）に定める補正率を乗じて計算した価額によって評価します。図表22－１の場合，以下のように評価します。

【図表22－２】　特別警戒区域補正率表

特別警戒区域の地積 / 総地積	補正率
0.1以上	0.90
0.40以上	0.80
0.70以上	0.70

（計算例）

１　レッドゾーン割合の査定（総地積に対するレッドゾーン部分の割合）

100㎡　÷　400㎡　＝　0.25

２　評価額

路線価		奥行価格補正率		特別警戒区域補正率		地積		
100千円	×	1.00（奥行20m）	×	0.90	×	400㎡	＝	36,000,000円

法令・通達　評基通20－６，土砂災害防止法

解説

１　土砂災害防止法

土砂災害防止法では，都道府県知事は，以下の区域を指定することができると規定され，近年，全国的に指定件数が増加しています。特にレッドゾーンでは下記の規制が課せられることから，一定の減価が生ずるものと判断され，新たに評価方法が定められました。尚，イエローゾーンに対しては特に補正はされません。

（１）　土砂災害警戒区域（通称：イエローゾーン）（土砂災害防止法施行令２条）

急傾斜地の崩壊，土石流および地滑りの発生する可能性の高い一定の範囲内の区域。

（2） 土砂災害特別警戒区域（通称：レッドゾーン）（土砂災害防止法施行令３条）

上記の急傾斜の崩壊に伴う土石等の移動等により住民の生命または身体に著しい危害が生ずるおそれのある一定の区域。

レッドゾーンでは以下のような規制がかけられます。

① 特定開発行為に対する許可制

住宅地分譲や医療施設など災害時要援護者施設の建築のための開発行為については，安全確保のための技術基準に従っているものと都道府県知事が判断した場合に限って許可されます。

② 建築物の構造の規制

建築物の構造が土砂災害を防止・軽減するための基準を満たすことが必要になります。

③ 建築物の移転等の勧告および支援措置

著しい危害が生ずるおそれのある建築物の所有者等に対し，特別警戒区域から安全な区域に移転する等の措置について都道府県知事が勧告することができることになっています。

④ 宅地建物取引における措置

宅地建物取引業者は，特別の開発行為において，都道府県知事の許可を受けなければ当該宅地の広告，売買契約の締結が行えません。

２ がけ地がある場合

レッドゾーンは，基本的には地勢が傾斜する地域に指定される場合が多く，**Q21**のがけ地補正率の適用がある場合には，特別警戒区域補正率表により求めた補正率にがけ地補正率を乗じて得た数値を特別警戒区域補正率とします（ただし，その最小値は0.50）。

図表22－３の場合，以下のように評価します。

（計算例）

１ レッドゾーン割合の査定（総地積に対するレッドゾーン部分の割合）

300㎡ ÷ 400㎡ ＝ 0.75

【図表22－３】

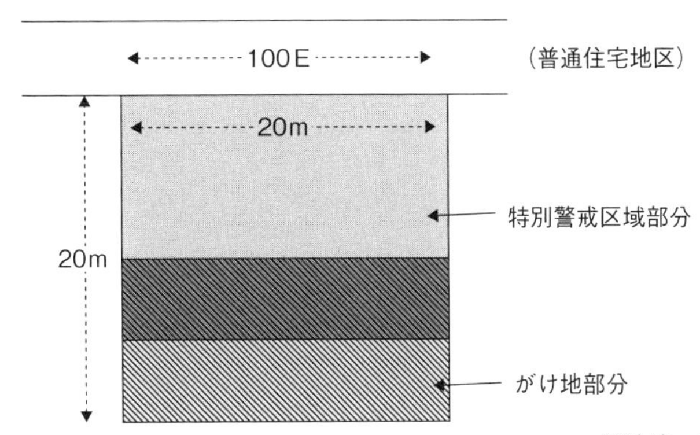

２　総地積に対するがけ地部分の割合

200㎡　÷　400㎡　＝　0.50

３　特別警戒区域補正率

特別警戒区域 補正率表の補正率		南方位の がけ地補正率		本事案の特別警戒 区域補正率
0.70	×	0.82	＝	0.57（小数点以下第２位未満切捨て）

４　評価額

路線価		奥行価格補正率		特別警戒区域補正率		地積		
100千円	×	1.00（奥行20m）	×	0.57	×	400㎡	＝	22,800,000円

第3章
倍率方式

Q23 倍率方式

対象土地（宅地：更地）の所在地を国税庁ホームページで確認したところ，対象土地の近隣には路線価は記載されておらず，評価倍率表の宅地欄は「1.1」と記載されていました。このような土地はどのように評価しますか？
　ちなみに課税時期の固定資産税評価額は120万円でした。

A 対象土地は倍率方式を適用します。具体的には課税時期の固定資産税評価額に倍率（本件では1.1倍）を乗じて，評価します。したがって，事例の宅地評価額は120万円×1.1倍＝132万円となります。

法令・通達　評基通21，21－2，地方税法342，343，349

解説

1　倍率方式

倍率方式とは，固定資産税評価額に国税局長が一定の地域ごとにその地域の実情に即するように定める倍率を乗じて計算した金額によって評価する方式です。倍率は，地価事情の類似する地域ごとに，その地域にある宅地の売買実例価額，公示価格，不動産鑑定士等による鑑定評価額，精通者意見価格等を基として国税局長が決定しています。倍率方式は，路線価方式が採用される地域以外で用いられます。具体的には市街化調整区域，非線引き区域（の多く），都市計画区域外のほか，一部の市街化区域も該当します。

2 倍 率

倍率の表示区分は，町丁表示の地域では町や丁単位，大字小字（おおあざこあざ）表示の地域では大字単位となっているのがほとんどです。同じ大字でも幹線道路沿いと背後のように明らかに地価水準や地価の価格形成要因が異なる場合は，「国道○○号線沿い」と「上記以外の地域」などと区分されます。路線価方式と比較するとおおざっぱな感がありますが，相続・贈与税の発生する事例が少ないエリアにも路線価敷設を拡大するのは徴税コストが掛かり過ぎることや，画地条件による土地価格補正は固定資産税評価額に織り込まれていることなどにより広く普及しています。

町や大字単位で倍率が区分されることに対して争った下級審の事例では，大字単位に評価倍率を定める方法は，歴史的に自然的条件によってまとまった地域であり，特段の事情がない限り，合理的な評価方法として認められるとした事例（東京高裁平成７年12月18日判決），１つの町に属する山林全体について同一の倍率を付する場合であっても，そのことが直ちに不合理であるとはいえないとした事例（東京高裁平成23年２月16日判決）があります。

3 固定資産税

固定資産税は，固定資産（土地，家屋等）に対し，その固定資産所在の市町村において課税されます。固定資産税の課税団体は市町村（ただし，東京都23区内にあっては東京都）であり，毎年１月１日（賦課期日）現在の固定資産の所有者等（所有者のほか，質権または100年を超える地上権の目的である土地についてはその質権者または地上権者）が納税義務者となります。

固定資産税の特色は，課税団体である市町村が土地および家屋を独自に評価し，毎年度の課税標準を定めていることです。この土地および家屋の評価額を固定資産税評価額といい，土地等の所有者（納税義務者）に毎年４月以降，固定資産税課税明細が送付されてきます。固定資産税課税明細を見れば，納税義務者が所有する土地の課税地目，地積，評価額，課税標準などを把握することができるようになっています。郵送されてくる固定資産税課税明細のほか，市役所等で固定資産評価証明や名寄帳も取得できます（その名称は自治体によって若干異なります）。

4　固定資産税評価

1つの市町村内に所在する土地および家屋は膨大な数に上ります。固定資産税は課税行政上，市町村自らが評価をしなければなりませんが，毎年すべての土地および家屋の評価を行うことは事務量および費用の観点からかなり困難です。そこで評価と課税の事務の簡素化，合理化さらに税収を安定させるために，固定資産税では3年ごとに土地および家屋の評価業務をすることとされ，これを「評価替え」といいます。平成以降，評価替えは平成3年，6年，9年と3の倍数単位で実施されています。直近では平成27年度評価替え，30年度評価替えとなり，次回は令和3年度評価替えです。評価替えの年度のことを基準年度といい，その翌年は第2年度，翌々年は第3年度となります。基準年度に存在する土地および家屋の課税標準となる価格については，基準年度の価格を3年間据え置くこととします。したがって，第2年度および第3年度の土地および家屋の価格は，基準年度の価格と同額となります。

5　土地の固定資産税評価額

Q2で記載したとおり，宅地に関して固定資産税評価額は地価公示の7割程度と規定されています。相続税評価額は地価公示の8割程度とされていますので，単純に固定資産税評価額と相続税評価額の割合を地価公示ベースで比較すると7：8，つまり相続税評価額は固定資産税評価額の8／7倍（=1.14倍）となります。評価倍率表で宅地欄を確認すると，1.1倍や1.2倍が多いことに気づきますが，その理由はこの割合のためです。

また相続税の路線価は毎年1月1日時点の価格を7月1日に公開していますが，固定資産税の土地価格は基準年度の年の1月1日現在（令和3年度評価替えであれば，令和３年１月１日）の価格ではなく，その前年の１月１日の価格（令和３年度評価替えであれば，令和２年１月１日）となっています。土地評価の基準となる日のことを価格調査基準日といいます。価格調査基準日が前年１月１日となっているのは市町村内の土地すべてを評価しなければならないため，評価作業に要する時間を確保するためです。

Q24 時点修正

固定資産税評価額が３年ごとの評価替えであるのならば，例えば2020年（令和２年）が課税時期である倍率方式の宅地は2018年度（平成30年度＝基準年度）の固定資産税評価額に，2020年度の評価倍率表に定める倍率を乗じてもよいでしょうか？

A 市町村の評価状況により異なります。市町村によっては，毎年土地の評価額を下落修正（時点修正）させているところがあります。時点修正をしている市町村の場合，2020年度の土地固定資産税評価額は基準年度である2018年度より低くなっていることがあります。

解説

1 時点修正

固定資産税評価額が地価公示の７割水準であるのは，評価替えは３年ごとであり，３年間で30％以上地価が下落しなければ，固定資産税評価額が地価公示価格より上回ることはないという趣旨によるものでした。

しかしながら，バブル経済崩壊以降，地価下落があまりに大きかったため，３年ごとの評価替えでは第２年度および第３年度で時価との逆転現象が生じる危険性が生じました。そこで当時の自治省は，３年ごとの評価替え方式を維持しつつも，毎年，簡易な手法による評価額切下げ（時点修正といいます）方式を採用し，土地に関しては事実上毎年，価格の見直しが可能となりました。

具体的には時点修正は評価替えの年度では価格基準日である1月1日から7月1日までの半年間の地価変動率を単に評価額に乗じることで求めます。第2年度以降はさらに前年7月1日から1年間の地価変動率を反映させます。時点修正はあくまで地価が下落しているときに固定資産税評価額を切り下げるものですから，地価が上昇している場合は，そのまま基準年度の価格等が据え置かれます。

この時点修正はすべての市町村で採用されているわけではありませんが，大都市圏では一般的に行われています。したがって，土地評価にあたっては，課税時期に発行された固定資産税課税明細等を確実に把握する方が無難といえます。

なお，時点修正は家屋には実施されず，土地の中でも，宅地および宅地比準土地（宅地に準じて評価される土地）に限られます。

スタッフへのアドバイス

固定資産税情報を活用しよう

多くの自治体で，土地固定資産税評価のための路線価等をホームページで公開しています。自治体ホームページに掲載されていない場合は，一般財団法人資産評価システム研究センターのホームページ「全国地価マップ」で知りたい自治体の固定資産税路線価等（その他の宅地評価法エリアの場合は標準宅地単価）を確認することができます（ただし公開されている路線価等は若干古い場合がある)。

路線価エリアが限定されている相続税路線価と異なり，比較的広範囲に固定資産税路線価が敷設されています。相続税評価で「近傍の標準宅地1㎡当たり単価」は，原則として，この路線価等（時点修正等勘案後）から拾い出すことになります（正面路線の判定等は市役所等で要確認)。

Q25 固定資産税課税明細の見方（画地認定）

倍率方式を採用する宅地の評価方法で質問です。本件土地は６筆の宅地から構成され，その宅地上には居宅と作業所（第三者に賃貸中）が建っています。倍率は「1.2倍」です。各筆の固定資産税評価額に1.2倍を乗じて相続税評価額としてよいでしょうか？

A 第１章で記載したように，倍率地区であっても宅地の評価単位である画地認定が必要です。居宅敷地は自用地，作業所（賃貸中）は貸家建付地となるからです。

解説

1 倍率方式における画地認定

宅地は原則として画地認定が必要です。倍率方式は固定資産税評価額に倍率を乗じるだけだからと安易に考えてはいけません。画地認定をしなければ，本件事案のように自用地と貸家建付地との区分ができません。また「小規模宅地の課税価格の特例」適用を受ける場合でも，画地認定をしなければ適用面積を把握することができません。

他方で倍率方式が適用される地域では，一般的に市街地形態となっておらず，また公図も旧土地台帳図面を引き継いだものなど，土地の位置・形状等があいまいなものが少なくなく，現地で筆の特定をすることが難しい場合があります。そのような場合，固定資産税課税明細などを確認し，固定資産税を課税する側（課税権者）が各土地をどのように把握しているかチェックすると役立ちます。

図表25－１で１～３番は「小規模住宅用地」，「一般住宅用地」と記載され，４～６番は「非住宅用地」となっています。筆界確定と実測をしなければ，誰も正確なことはわかりませんが，少なくとも固定資産税課税上は，１～３番土地は居宅敷地，４～６番は作業所敷地と認定しています。

【図表25－1】令和2年度　土地・家屋課税明細

納税義務者　○○　○○　様　　　　○○○　市

区分	物件の所在地	登記地目・現況地目		地積（㎡）	評価額（円）
土地	○○町1番	宅地	宅地（住宅用地）	100	2,000,000
			小規模住宅用地	(50)	
			一般住宅用地	(50)	
土地	○○町2番	宅地	宅地（住宅用地）	200	4,000,000
			小規模住宅用地	(100)	
			一般住宅用地	(100)	
土地	○○町3番	宅地	宅地（住宅用地）	100	2,000,000
			小規模住宅用地	(50)	
			一般住宅用地	(50)	
土地	○○町4番	宅地	宅地（非住宅用地）	100	2,000,000
土地	○○町5番	宅地	宅地（非住宅用地）	50	1,000,000
土地	○○町6番	宅地	宅地（非住宅用地）	1[illegible]0	[illegible]

2　住宅用地と非住宅用地

地方税法では，専ら人の居住の用に供する家屋の敷地等を住宅用地と認定し，固定資産税（および都市計画税）の課税標準を軽減する特例があります。住宅用地は，専用住宅または併用住宅（店舗併用住宅等）の敷地の全部ではなく，法令によりその範囲を定めています。専用住宅であれば，家屋の床面積の10倍までが住宅用地の上限とされ，そのうち，200㎡までの部分は小規模住宅用地，200㎡を超える部分は一般住宅用地と認定されます。床面積の10倍を超える部分あるいはそもそも住宅用地ではない宅地は，非住宅用地の扱いを受けます。固定資産税の住宅用地に関する扱いは**図表25－2**のとおりです。

居宅敷地に関して市町村は，固定資産税の課税実務上，住宅用地の判定をする必要があり，居宅敷地と作業所敷地を明確に区分することとされます（ただし，作業所等が小規模な場合は，居宅の附属建物扱いとなり，全体が住宅用地となっている場合もあります）。

【図表25－2】土地固定資産税等の税額計算

1．固定資産税および都市計画税には「住宅用地の課税標準の特例」があります。
2．課税標準の特例について

	固定資産税特例率	都市計画税特例率
小規模住宅地	1／6	1／3
一般住宅用地	1／3	2／3
非住宅用地	なし	なし

3．上記の特例率は前述した「画地」単位で与えられます。
4．基本的に家屋の延床面積の10倍までの地積が住宅用地扱いになります（＝床面積の10倍限度規定）。ただし，店舗併用住宅および駐車場のような場合，自治体によっては別途の計算をするところがあります。
5．小規模住宅用地は住居の数ごとに200㎡を与えられます。なお，別荘は住居になりません。農家住宅およびその敷地内でよく見受けられる「離れ」を独立した一戸の住居とみなすか否かは自治体によって運用指針が異なりますが，概ね当該離れに専用の台所，トイレ，風呂等が存在するか否かによって判断します。
6．具体的な例：（専用住宅１戸：延床面積100㎡，地積300㎡の場合）
上記規定により200㎡が小規模住宅用地，100㎡は一般住宅用地となります。
7．問題は併用住宅あるいは店舗併用共同住宅等の場合です。
この場合当たり前のようにすべての土地が住宅用地となるわけではありません。
居住部分の割合に応じて，住宅用地となる率が定められます。

家屋	居住部分の割合	適用される率
地上階数５以上かつ耐火構造建築物	１／４以上１／２未満	0.5
	１／２以上３／４未満	0.75
	３／４以上	1.0
上記以外	１／４以上１／２未満	0.5
	１／２以上	1.0

例１）　店舗併用住宅（１階店舗150㎡，２階居宅100㎡，計250㎡，地積500㎡の場合）
上記適用率から，小規模住宅用地200㎡，一般住宅用地50㎡，非住宅用地250㎡となります。

例２）　地上階数５階，耐火構造の共同住宅（１階店舗100㎡，２階事務所100㎡，３～５階居宅（各50㎡専有部分計６戸）各階100㎡，地積500㎡の場合）
上記適用率から，小規模住宅用地375㎡，非住宅用地125㎡となります。

Q26 固定資産税評価額が付されていない場合(固定資産税上の路線価)

倍率方式が適用される地域に存する宅地ですが，3月まで学校用地として無償で貸し出しており，その後，返還されたため，課税時期（9月）時点で，固定資産税評価額は記載されていません。このような場合どのように対処すればいいですか？

A　近傍から対象土地と物理的状況類似である同一課税地目の土地の固定資産税評価額を基に，対象土地の固定資産税評価額を求め，これに倍率を乗じることになります。

解説

1　固定資産税評価額が付されていない場合

倍率方式により評価する土地について，課税時期において，固定資産税評価額が付されていない場合および地目の変更等により現況に応じた固定資産税評価額が付されていない場合には，その土地の現況に応じ，状況が類似する付近の土地の固定資産税評価額を基とし，付近の土地とその土地との位置，形状等の条件差を考慮して，その土地の固定資産税評価額に相当する額を算出し，その額に評価倍率を乗じて評価します。

ただし，相続税等の申告書の提出期限までに，その土地に新たに固定資産税評価額が付された場合には，その付された価額を基として評価します。

地方税法上，固定資産税は，固定資産の所有者（公共団体等）による非課税（人的非課税）とその固定資産の用途（公益性や政策目的）による非課税（物的非課税）が定められています。人的非課税である土地が相続税等の対象となることは稀でしょうが，物的非課税である土地が相続税課税対象となることはしばしばあります。

またその年1月1日時点では非課税扱いであったものの，その後公有地払下げや，用途変換により通常の宅地と何ら変わらない状況のものも少なくありません。このような土地は固定資産税課税明細や名寄帳を見ても固定資産税評価額が付されておらず，そのままでは土地評価はできません。対象土地が宅地である場合は，その土地が存する近隣地域内で，対象土地と画地条件が類似する宅地の固定資産税評価額を市役所等で確認し，その額に倍率を乗じて，対象土地を評価します。

2　固定資産税上の土地評価方式

近傍類似の土地評価額を知るためには，まず固定資産税の土地評価の仕組みを知る必要があります。固定資産税評価では，宅地（および宅地比準土地）は地方税法に定める固定資産評価基準によって評価され，具体的には以下の２つの評価方法に大別されます。

(1)　市街地宅地評価法（路線価式評価法）

市街地宅地評価法とは，街路ごとに，当該街路に沿接する標準的な宅地の１㎡当たりの価格を表す路線価を付設し，この路線価に基づいて所定の「画地計算法」を適用し，各筆の評点数を求めることによって路線額を算定するものです。土地の評価単位は「画地」をもって行うのが一般的です。相続税等の土地評価でいうところの路線価方式とほぼ同じ仕組みです。

(2)　その他の宅地評価法（標準宅地比準方式）

その他の宅地評価法とは，当該市町村内の宅地の沿接する道路の状況，公共施設の接近の状況，家屋の過密度その他宅地の利用状況が概ね類似していると思われる地区を区分し，これらの地区ごとに選定した標準的な宅地の評点数に基づいて所定の「宅地の比準表」を適用し，各筆の評点数を求める方法です(同一状況類似地区内で同一単価を与えていることもあります)。

この評価方法は，田，畑および山林の評価方法と同じもので，別名「標準宅地比準方式」とも呼ばれています。

実際上は多くの市町村において従来からの大字や小字により地区区分がなさ

れてきており（大字・字コード管理），現実の土地利用状況・地価水準から勘案した場合，問題を有することもあります。なお，その他の評価法では，「簡易な画地計算」をしている場合とまったくしていない場合があります。画地計算をしていない場合では，たとえその土地が角地であっても無道路地であっても，筆が宅地であればすべて同一の単価が設定されることになります。

3　近傍類似価格の求め方

（1）　市街地宅地評価法地区の場合

固定資産税土地評価上，各市町村は「路線価」を持っています。これは固定資産税評価の路線価であり，相続税路線価とは異なります。現在，総務省は市町村に対し，固定資産税土地評価上，市街地宅地評価法の適用範囲拡大を推奨しています。相続税路線価と異なる点は，たとえ市街化調整区域や非線引き区域であっても，固定資産税路線価が存在することです。固定資産税路線価が敷設されている地域は，相続税路線価地域よりもかなり広範囲となっていることに注意が必要です。

倍率方式で土地評価を行う際には，対象土地の前面道路に固定資産税路線価が敷設されているか確認すべきです。固定資産税路線価は市町村の税務課（資産税課）で閲覧することができるほか，最近ではホームページで固定資産税路線価を公開している市町村も増えています。

対象土地の前面「路線価」を基に，土地評価上の画地調整を施せば，対象土地の近傍類似固定資産税評価額を算出できます。これに倍率を乗ずれば相続税評価額となります。

（2）　その他の評価法地区の場合

その他の評価法地区は，ひとまとまりの地域を状況類似地区ととらえ，同一状況類似地区内の宅地は１つの標準宅地（固定資産税評価上の鑑定地）の鑑定価格から比準して各宅地の評価額を算出しています。その他の評価法では，奥行や形状などに評点をつけて補正を行う場合（簡易な画地計算あり）と，同一状況類似地区内の宅地はすべて同じ単価を付する場合（画地計算なし）に分けられます。

したがって，対象土地の属する状況類似地区でどのように評価されているか市役所等でヒアリングをし，適宜対処する必要があります。基本的には状況類似地区内の鑑定価格を基本に，対象土地の画地条件に即した画地調整を施して求めた価格に倍率を乗じて，相続税評価額とすることになります。

（3） 近傍類似価格証明

固定資産税評価額等が付されていない宅地の場合，市役所等の税務課に「近傍類似価格証明」を申請すれば，対象土地の近傍類似価格を証明してくれます。しかしながらこの近傍類似価格は，あくまで対象土地の属する地域の「標準価格」を示すものであり，対象土地の実情に応じた価格ではないことに留意する必要があります。

登録免許税の税額算定時にも，近傍類似価格は使用されますが，その価格の妥当性について紛争になることがしばしばあります。いくつかの裁決事例を紹介しておきます。

① 固定資産課税台帳に登録された価格のない土地に係る登録免許税の課税標準の額の算定について，本件土地と近傍類似宅地の形状は大きく異なることから，本件土地が有する特殊事情について所要の調整を行った上，本件土地の登録免許税の課税標準の額および登録免許税の額を認定するのが相当であるとした事例（平成15年３月24日裁決）。

② 登録免許税における土地の課税標準の額は，本件土地と間口，奥行，形状および接道状況が類似する土地が存在しない本事案にあっては，本件土地が接面する道路の固定資産税路線価を基として，固定資産評価基準に定める不整形の補正率等を適用して本件土地の価額を算定することが妥当であるとした事例（平成16年５月20日裁決）。

Q27 対象土地が無道路地である場合（固定資産税評価）

倍率方式が適用される地域に存する宅地を評価する場合，無道路地など画地条件の悪い土地では，路線価方式と同様にこれらの事情を勘案して評価するのでしょうか？

A 対象土地の固定資産税評価額がどのように算出されているかによって異なります。固定資産税評価額に画地条件が反映されている場合は，対象土地の固定資産税評価額に倍率を乗じて土地評価額とします。画地条件が反映されていない場合は，何らかの補正を施すべきです。

解説

1　原　則

倍率方式の場合，固定資産税評価額に所定の倍率を乗じて相続税評価額とします。対象土地が無道路地等である場合，固定資産税評価額自体に無道路地等であることの補正がされている場合は，単純に倍率を乗じて評価額を算定し，特に重ねての補正はしないこととされています。

しかしながらQ26で記載したとおり，固定資産税評価額の決定プロセスを確認しなければ，その妥当性は判定できません。確かに市街地宅地評価法により求められている場合，あるいはその他の評価法であっても無道路地としての補正がされている場合は，固定資産税評価額自体が無道路地評価額となっているので，土地評価では単に固定資産税評価額に倍率を乗ずることで何ら支障はありません。

問題は固定資産税評価額に無道路地としての補正がなされていない場合です。このような場合，仮に倍率方式であっても何らかの調整を図らなければ，時価との逆転現象が生じて，課税公平感に欠けることとなります。

2　固定資産税評価情報の確認

対象土地が無道路地等著しく画地条件の劣る土地である場合，無道路地等の補正が施されているかどうかの確認は欠かせません。簡単な確認方法は以下のとおりです。まず対象土地の近傍類似価格情報を入手します。市役所等に出かけ，対象土地の属する地域が市街地宅地評価法適用地区であれば対象土地の前面道路に敷設されている固定資産税路線価をチェックします。その他の評価法適用地区であれば，対象不動産と同一状況類似地区内の標準宅地の鑑定価格（地価公示の７割水準ベース）をチェックします。

次に対象土地の固定資産税評価額の１㎡当たり単価を算出します。この１㎡当たり単価が固定資産税路線価等と比較して割安であれば，無道路地としての評価がされている可能性が大です。ほとんど変わらない単価であれば無道路地補正はされていないはずです。市役所等の税務課で評価事情をヒアリングすれば事実確認はかなり把握できます。実際の相続税申告の際，倍率方式で固定資産税評価額に納税者側が独自に補正を施すと，国税当局はその理由を質してくることは間違いありませんので，事実確認を綿密に行い，事案によっては市役所等で入手した情報を持参して税務署等で事前協議することが望ましいと思われます。

3　倍率方式を安易に考えない

税理士を含め，納税者側にとって倍率方式は比較的，容易な評価方法といえます。固定資産税評価額を入手し，評価倍率表で倍率を抽出して，掛け算をするだけで済むからです。しかしながら今後はこれまであまり関心が持たれなかった倍率方式の土地評価やその評価額が大きくクローズアップされるものと判断されます。

倍率方式適用地区ではそもそも評価単価が低い場合がほとんどであったので，相続税納税者の占める割合が少なかったことと，また納税者が相続した土地の中でも，より評価単価が高い路線価方式の評価額に関心が強かったこともあります。固定資産税の土地評価は，役所の実務担当者や不動産鑑定士など一部しか仕組みがわからない「ブラックボックス」状態でした。相続税増税をきっかけに倍率方式の適用者が増えていけば，納税者側から固定資産税評価額算定プロセスにも注目が集まることは確実であり，税理士としてぜひとも押さえておきたいポイントになりそうです。

Q28 固定資産税の課税地目と現況が異なっている場合

私の父（被相続人）は，所有していた市街化調整区域内農地（倍率方式適用地域）を宅地転用して居宅を建てた直後に相続が発生しました。1月1日時点では建物建築中であったので，固定資産税の課税地目は雑種地となっています。どのように評価しますか？

A 課税時期（相続発生時）にはすでに建物敷地であったことから，課税時期の地目は宅地となります。市役所等で宅地としての固定資産税評価額を求め，これに倍率を乗じて土地評価額とします。

解説

1　地目が変わった場合

固定資産税の課税地目は，毎年，賦課期日である１月１日の現況を基に判定されます。お尋ねの土地は，農地転用後，建築途上であり，賦課期日において完全な建物敷地とは判断できないため雑種地とされたようです。ただし，課税時期には居宅が完成していたわけですから，課税時期の地目は宅地となります。したがって宅地としての固定資産税評価額を収集し，これに倍率を乗じて宅地としての土地評価額を求めることになります。

なお，相続税申告期限が翌年の場合，対象土地に関して翌年１月１日時点の固定資産税評価額は宅地となるため，翌年の固定資産税評価額を採用して申告することも可能です。ただし，翌年が固定資産税評価替えである場合や毎年の時点修正が行われている場合は，地価の変動部分を勘案して前年分の固定資産税評価額を算定することになります。

2　農地転用に注意

実務的には被相続人が農地転用許可を取得し，宅地に転換する中途の段階で課税時期を迎える場合，その土地の評価手法が問題となることがあります。対象土地が市街化区域にある場合は，市街地農地となり宅地比準方式を採用するのであまり問題となることはありませんが，市街化調整区域や都市計画区域外の場合，農地から宅地に転換する各段階で評価は大きく変わっていきます（農地の評価は第７章参照）。

市街化調整区域内農地の場合，農地法および都市計画法により農地の宅地転用は厳しく制限されていますが，農家自身およびその子息等が自己の居住用家屋を建築する場合には，特別に農地転用が認められることがあります。これを「分家住宅」などといいます。分家住宅等の建築途上で相続が発生した場合は，対象土地の課税時期の物理的状況および法律的状況を確実に把握することが求められます。

（例） 市街化調整区域内農地

		農地転用許可済み	建築途上	家屋完成
評価上の分類：	農地 ⇒	市街地農地 ⇒	雑種地（宅地） ⇒	宅地

第4章
個別事情による宅地評価

Q29 1画地の宅地が容積率の異なる2以上の地域にわたる場合の趣旨

1画地の宅地が容積率の異なる2以上の地域にわたる場合には，評価の特例が受けられるそうですが，どのような趣旨に基づくものですか？

A 容積率は，敷地面積に対する建物の延床面積の割合をいいます。容積率が大きいほど，建物の階数を高く設定でき，建築可能な床面積が増えるため，土地の有効利用を図ることができます。土地の高度利用が可能であるほど地価は高くなるのが一般的であり，路線価方式が用いられている地域では，容積率の多寡も路線価自体に反映されています。ところが，容積率は都市計画法によって面的に指定されるのに対し，路線価は道路および路節単位で敷設されているため，必ずしも容積率の相違を路線区分に的確に反映できない場合があります。したがって，容積率の異なる2以上の地域にわたる土地で一定の条件を満たすものに関しては，容積率の減額部分に対応した減額補正を認めることとしたものです。

法令・通達　評基通20－7

解説

1　容積率補正の意味

図表29－1Aでは土地全体が容積率400％の指定を受けるため，この土地上

に建てられる建物の限度床面積は1,200㎡（＝300㎡×400％）です。他方でＢでは，容積率400％の指定を受けるのは土地全体300㎡のうち180㎡で，残りの120㎡は容積率200％です。したがってＢ地に建てられる建物の限度面積は960㎡（＝180㎡×400％＋120㎡×200％）となり，本件土地に対する割合は320％（＝960㎡÷300㎡）に留まります。このように容積率の異なる２以上の地域にわたる場合は，対象土地に適用される容積率をそれぞれ加重平均して求めることとされ，対象土地に係る実質的な容積率を「実効容積率」といいます。

不動産市場では当然実効容積率の高い方が好まれるのはいうまでもありません。ＡＢは実効容積率が異なるにもかかわらず，同一評価額となるのは評価のバランス上，問題があるとしてＢに関しては減額補正をします。

【図表29－１】

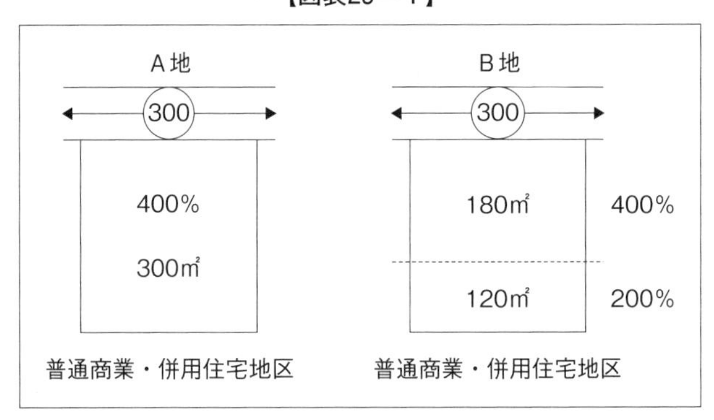

２　計算式

容積率の異なる２以上の地域にわたる宅地の価額は，奥行価格補正等の画地調整を施して評価した価額から，その価額に**図表29－２**の算式により計算した割合を乗じて計算した金額を控除した価額によって評価します。この場合に適用する「容積率が価額に及ぼす影響度」は，図表29－２下段のとおりです。

図表29－１Ｂ地では次のような式で求められます。

【図表29－２】

（容積率の異なる２以上の地域にわたる宅地の評価）

$$\left\{ \frac{\text{容積率の異なる部分の各部分に適用される容積率にその各部分の地積を乗じて計算した数値の合計}}{\text{正面路線に接する部分の容積率} \times \text{宅地の総地積}} \right\} \times \text{容積率が価額に及ぼす影響度}$$

○容積率が価額に及ぼす影響度

地区区分	影響度
高度商業地区，繁華街地区	0.8
普通商業・併用住宅地区	0.5
普通住宅地区	0.1

（注）上記算式により計算した割合は，小数点以下第３位未満を四捨五入して求める。

（1）　減額割合

{1 －（400％×180㎡＋200％×120㎡）÷（400％×300㎡）}　×0.5＝0.10

（2）　評価額（奥行価格補正率：1.00とします）

①　減額補正前：　300千円×300㎡　＝90,000,000円

②　減額補正後：　90,000,000円　－（90,000,000円×0.1）＝81,000,000円

３　影響度

影響度は高度商業地区，繁華街地区で0.8，普通商業・併用住宅地区で0.5であるのに対して，普通住宅地区はわずかに0.1です。これは不動産市場で容積率の格差が商業地域で大きく反映されるのに対して，住宅地域では容積率による価格差がさほど生じないからです。商業地域等では容積率100％単位を「一種」いくらという感覚で地価を決めることがあり，400％地域ならば１種50万円で200万円などと売買交渉されます。住宅地域ではマンション用地を除けば，容積率限度一杯まで居宅を建築することが多くはありません。

なお，商業地区の１つであるビル街地区に影響度がないのは，ビル街地区として指定されている路線は全国的に東京，大阪中心部などわずかであり，そのほとんどが容積率が一定の街区単位で敷設されているためです。

４　指定容積率と基準容積率

容積率には，都市計画にあわせて指定されるもの（指定容積率）と建築基準法独自に対象土地の前面道路幅員から制限されるもの（基準容積率）とがあり，実際に適用される容積率は，これらのうちいずれか小さい方となります。なお，基準容積率の計算方法は以下のとおりです。

対象土地の前面道路（２つ以上ある場合は，その幅員の最大のもの）の幅員が12m未満の場合には，その前面道路幅員mの数値に法定乗数（住居系用途地域＝４／10，その他の地域＝６／10）を乗じたものと指定容積率を比較し，いずれか小さい方となります。

したがって，商業地域で幅員６mの場合の基準容積率は360％（＝６×６／10）となり，たとえ指定容積率が400％でも360％に制限されます。第１種住居地域で幅員４mの場合の基準容積率は160％（＝４×４／10）であり，指定容積率が200％であっても160％に制限されます。

容積率による減額補正の計算式に適用する容積率もいずれか小さい方です。なお，厳密には基準容積率は，他に容積率の制限を緩和する特例や，特定道路との関係による容積率の制限の緩和などがありますが，財産評価基本通達ではこれらは考慮外とされます。

Q30 容積率による減額補正をしない場合

図表30－1のように容積率が異なる地域で路線価が異なっている場合もあれば，容積率が異なっても路線価が同一の場合もあります。それぞれどのように評価しますか？

【図表30－1】

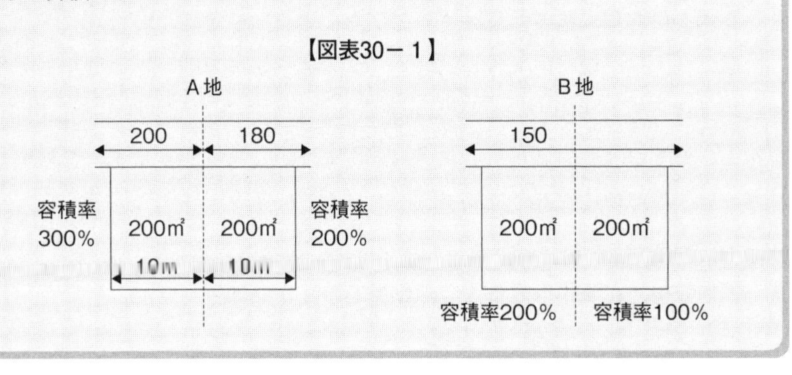

A ①容積率が分かれる箇所で路線価が異なっている場合は，路線価自体に容積率格差が含まれているはずです。したがって，対象土地の間口距離に応じて正面路線価を調整し，その調整した路線価を対象土地に適用する正面路線価と判定します。②１画地の正面路線に接する部分の容積率が２以上であるが，その正面路線に接する部分の容積率と異なる容積率の部分がない（容積率格差が路線価に反映されていない）場合には，容積率の格差による減額調整を行いません。

解説

1　路線価に容積率格差が反映されている場合（A地）

（1）　調整正面路線価

対象土地の間口距離に応じて正面路線価を調整します。路線価200千円に接する部分の間口距離が10m，路線価180千円に接する部分は同じく10mです。

（200千円×10m＋180千円×10m）÷（10m＋10m）＝　190千円

（2） 評価額

正面路線価		奥行価格補正率		地積		
190千円	×	1.00（20m）	×	400㎡	=	76,000,000円

2　路線価に容積率格差が反映されていない場合（B地）

容積率は土地の価格に大きな影響を与える価格形成要因の１つですが，住宅地域のように容積率限度まで建物を建てることがほとんどないような場合は，容積率の格差が地価の価格形成にさほど関係ないこともあります。したがって，B地では正面路線価を基に通常通りの評価を行います。

3　容積率格差が価格形成に大きな影響を与えない地域

以下のような地域が該当します。

（1） 普通商業地区で周辺の建物が高度利用されていない地域

指定容積率は400％であるが，周辺の状況は低層建物がほとんどで，せいぜい３階建てが散見される程度の商業地域で将来的な発展見込も少ない地域では，容積率が300％でも地価に与える影響は軽微です。

（2） 普通住宅地区で標準的使用が一戸建住宅や低層アパートである地域

戸建住宅や低層アパートでは容積率限度枠を使い切るような建築設計はほとんどなく，容積率は100～200％であれば地価形成要因の格差はほとんど生じません。

容積率が150％の部分と100％の部分とがあるので，容積率による減額補正をした評価に対して，本件土地の正面路線に面する宅地の大部分は容積率100％の地域にあり，正面路線価は容積率100％を基に定められていると認められるから，減価調整する宅地に当たらないとした事例があります（平成17年６月21日裁決）。

4　容積率格差が価格形成に大きな影響を与える地域

以下のような地域は，通常，容積率格差が地価に大きな影響を与えるので注意が必要です。

(1)　高度商業地区・繁華街地区あるいは普通商業地区であっても，高層建物が連たんする地域

土地の高度利用が図られている地域では容積率が大きいほど，地価が高くなる傾向が鮮明です。

(2)　普通住宅地区であっても，マンション建築が進行している地域

マンションデベロッパーが用地を仕入れるに際しては，容積率を重視します。容積率が大きいほど，延床面積が拡大し，販売戸数を増やせるからです。

スタッフへのアドバイス

宅地建物取引士

資産税に詳しくなりたい人は，ぜひ，「宅地建物取引士（宅建）」試験を受験することをお勧めします。

試験の問題は，「宅建業法」，「不動産に関する行政法規（法令上の制限）」，「民法・借地借家法（権利関係）」，「不動産に関する税金その他」の４分野から出題されます。特に法令上の制限と権利関係を勉強すれば，相続税申告上の不動産を評価するのに，有用な基本的知識を得ることができます。本書記載の第４章～第６章は，宅建知識があると理解が早いです。

試験は毎年１回，10月の第３日曜日に行われています。資産税を得意とする税理士の多くは，宅建試験に合格しています。

Q31 余剰容積率の移転がある場合（空中権）

Ａ土地は余剰容積率をＢ土地に売却し，Ｂ土地所有者は新たに床面積3,000㎡の建物を建てます（図表31－１）。このような土地の評価はどのようにしますか？

【図表31－１】

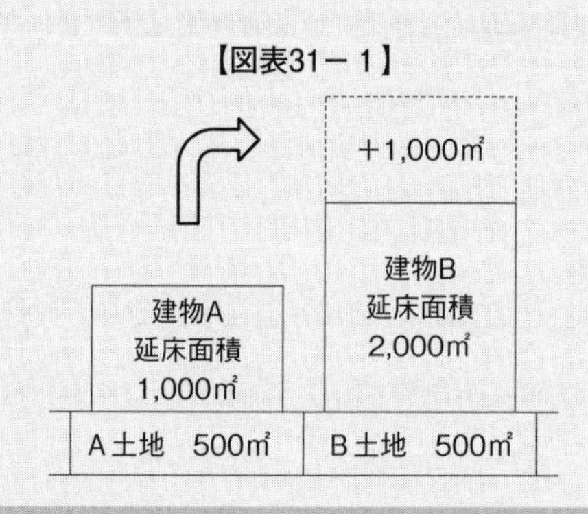

A 余剰容積率を移転したＡ土地は，一定の算式により通常の評価額から減額補正し，余剰容積率を受け取ったＢ土地は，一定の算式により通常の評価額に増額補正します。

（法令・通達）評基通23，23－２，建築基準法52

解説

1　空中権

都市計画法上の用途地域等では容積率が指定されており，都市計画により土地に建築することのできる建築物の床面積の最高限度を定めていますが，すべての土地上で容積率限度ぎりぎりまで建物を建てているわけではありません。他方で建築技術の発展や都心部の土地高度利用促進に伴い，一定のまとまりのある土地などでは指定された容積率以上の建物を建築するニーズが高まります。そのためある土地の基準容積率と実際に利用している容積率の差額である余剰容積率（余剰容積分）を他の土地に売買するケースがあります。これを空中権売買といいます。

空中権売買は，特定街区制度，地区計画制度や総合的設計による一団地認定など特定の場合に建築関係法令で認められるものです。有名な具体例としては，東京駅とその周辺のビル街が挙げられます。現在，東京都千代田区の一部が「大手町・丸の内・有楽町地区特例容積率適用地区」として指定され，東京駅の駅舎敷地で未使用となっている容積率を，その周辺の新築ビル（東京ビル，新丸の内ビル，丸の内パークビル，八重洲側の南北グラントウキョウビル等）に移転して，本来の容積率以上の高層ビル化を実現しています。

空中権の具体的な権利移転方法としては，以下のようなものがあります。

（1）　地役権

余剰容積の移転を受けた側の土地を要役地（ようえきち），移転した側の土地を承役地（しょうえきち）として，要役地のために承役地の容積率等を制限する地役権を設定するものです。地役権は，特定の土地の利用のために他人の土地を利用する権利で，民法上の物権の一種です。空中権移転にとって最も合理的な方法といわれています。

（2）　区分地上権

区分地上権は，他人の所有する土地の地下または地上について上下の範囲を定めて，地下鉄道や送電線などの工作物を所有するために設定される地上権です。余剰容積の移転を受ける側が，移転する側の土地について区分地上権を設定する方法です。

（3）　賃借権

余剰容積を賃貸借する場合に利用される方法です。

2　余剰容積率を移転している宅地（A土地）の評価方法

A　×（1　－　B／C）

A＝余剰容積率を移転している宅地の通常の評価額

B＝区分地上権の設定等に当たり収受した対価の額
C＝区分地上権の設定等の直前における余剰容積率を移転している宅地の通常の取引価額に相当する金額

図表31－1でA土地の通常の評価額を10億円（通常の取引価額15億円），B土地の通常の評価額を20億円（通常の取引価額30億円），区分地上権の設定対価を5億円とした場合，A土地の評価額は以下のとおりです。

10億円×（1－5億円／15億円）＝6.67億円

3　余剰容積率の移転を受けている宅地（B土地）の評価方法

D　×（1＋E／F）

D＝余剰容積率の移転を受けている宅地の通常の評価額
E＝区分地上権の設定等に当たり支払った対価の額
F＝区分地上権の設定等の直前における余剰容積率の移転を受けている宅地の通常の取引価額に相当する金額

B土地の評価額は以下のとおりです。

20億円×（1＋5億円／30億円）＝23.33億円

なお，余剰容積率を有する宅地に設定された区分地上権等は，独立した財産として評価はせず，余剰容積率の移転を受けている宅地の価額に含めて評価することとされています。

4　留意事項

空中権の移転を受けた土地上には，全国的に有名なビル等が建てられていることが多く，実務上，土地評価をする場面はほとんどないと思われますが，空中権を移転している土地は珍しくありません。相続等で土地評価をする場合は，対象土地の隣地あるいは近接地で高層建物が建っていないかどうかの確認，また登記事項証明書の乙区欄で地役権や区分地上権の設定等がないか確認すべきでしょう。これらの登記記載事項は見慣れない用語が使用されていることが多く，場合によっては専門家のアドバイスを受けた方が無難です。

Q32 私　道

被相続人は，6戸から構成されるミニ分譲地の私道部分に共有持分（6分の1）を有していました（図表32－1）。私道はどのように評価しますか？

【図表32－1】

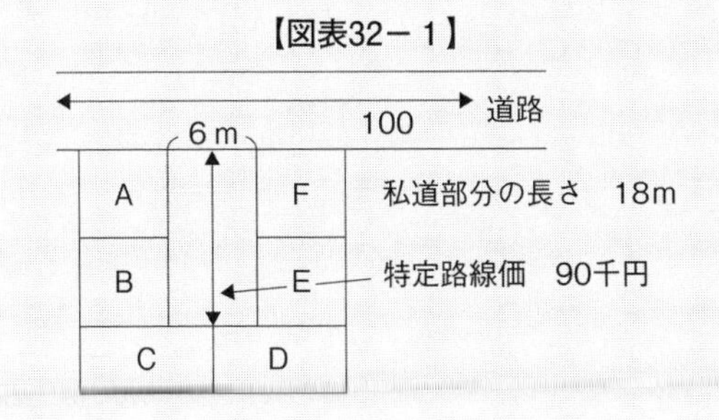

A　私道の用に供されている宅地の価額は，通常の土地評価額の100分の30に相当する価額によって評価します。ただし私道が不特定多数の者の通行の用に供されているときは，その私道の価額は0です。

図表32－1では，以下のとおり計算します。

正面路線価		奥行価格補正率		間口狭小補正率		奥行長大補正率
100千円	×	1.00（18m）	×	0.97（6m）	×	0.96（奥行／間口＝3）

補正率		地積		持分		
×0.3	×	108㎡	×	1／6	＝	502,848円

ただし，当該私道に納税者等からの申請によって特定路線価が敷設された場合には，特定路線価に100分の30を乗じた価額と上記価額を比較して低い方の価額を採用します。事案で特定路線価が90千円と通知を受けた場合は，

特定路線価		補正率		地積		持分		
90千円	×	0.3	×	108㎡	×	1／6	＝	486,000円

となり，特定路線価から求めた486,000円が当該私道の評価額となります。

法令・通達　評基通24

解説

1　私道の意義

【図表32－2】

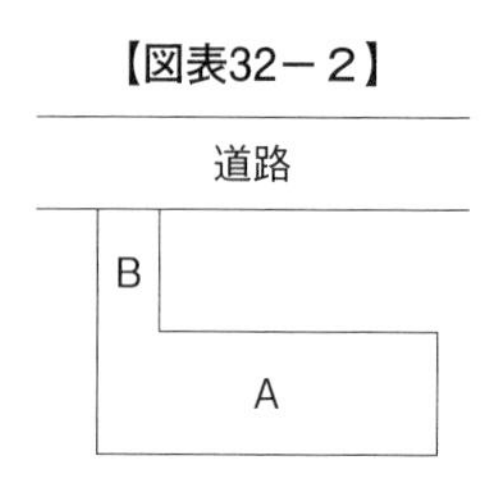

私道とは，公道に対する用語であり，一般的には私人が所有している道路と解されます。私道はミニ分譲開発の際に設置される引込み道路や，複数の土地所有者が公道に至るまでの区間を通路として利用することで形成されるものがほとんどです。したがって，**図表32－2**でＢ部分のように，宅地Ａへの通路として専用利用している路地状部分は単なる敷地内通路と解され，私道として評価することはせず，隣接する宅地Ａとともに１画地の宅地として評価します。

2　不特定多数の者の通行の用に供されている場合

上記にかかわらず，私道が不特定多数の者の通行の用に供されているときは，その私道の価額は０です。

「不特定多数の者の通行の用に供されている」例として国税庁は，次のようなものを示しています（**図表32－３**）。

（１）　公道から公道へ通り抜けできる私道（Ａ）

（２）　行き止まりの私道であるが，その私道を通行して不特定多数の者が地域等の集会所，地域センターおよび公園などの公共施設や商店街等に出入りしている場合などにおけるその私道（Ｂ）

（３）　私道の一部に公共バスの転回場や停留所が設けられており，不特定多数の者が利用している場合などのその私道（Ｃ）

不特定多数の者の通行の用に供されている私道に関しては，確かに私人の所有権は残ってはいるものの，実際に第三者の通行に利用され（公共公益性），また私道の廃止等は事実上制限されること（処分困難性）等を考慮したものです。したがって，評価０となる私道に関しては，必ずしも建築基準法上の道路である必要はなく，道路幅員が２ｍ未満であっても認められます。

【図表32－3】

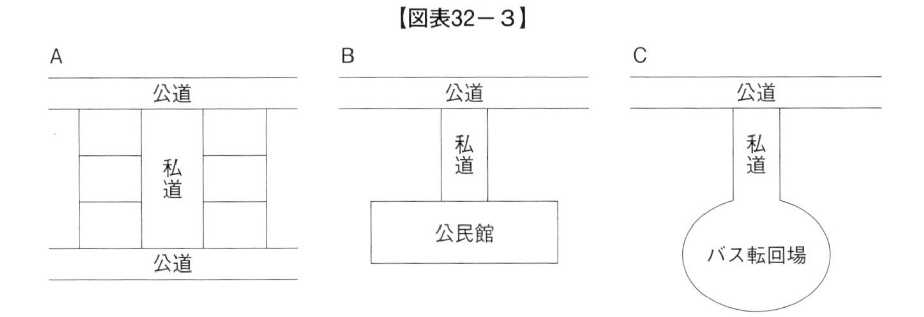

3　私道が倍率地区にある場合

専ら特定の者の通行の用に供されている宅地（私道）の価額は，その宅地が私道でないものとして評価した価額の30％相当額で評価します。

この場合，私道の固定資産税評価額が私道であることを考慮して付されている場合には，その宅地が私道でないものとした場合の固定資産税評価額に倍率を乗じて評価した価額の30％相当額で評価します。固定資産税評価額が私道として評価されているにもかかわらず，わざわざ私道ではないものとした場合の固定資産税評価額に置き換えるのは，市町村によって微妙に私道評価の考えが異なるからです。

例えば行き止まり状私道であっても建築基準法上の位置指定道路となっているなど一定の条件を満たせば，固定資産税評価上は非課税となり，評価額0としている市町村も少なくありません。固定資産税は，市町村税であり，基本的な評価は地方税法に定める固定資産評価基準によって行われますが，細かい事項は各市町村が独自に定める土地評価要領などによって規定されます。したがって，固定資産税評価額をそのまま採用すると自治体間により相続税評価額が異なり，課税上の衡平を失するからです。

なお，その私道が不特定多数の者の通行の用に供されているときは，評価0となります。

4 裁決事例

私道（位置指定道路）の評価に関して，不動産鑑定士による鑑定評価額では0円であるものの，評価通達に定める評価額が適正であるとした事例があります。この事例では，土地の大部分は一方が行き止まりのいわゆる袋小路状態であり，専ら本件土地に隣接する土地上の居宅およびアパートの居住者という特定の者の通行の用に供されている事実関係があり，評価対象地の地目は公衆用道路であるとしても，道路交通法による位置指定道路（その維持管理は原則として所有者に任され，処分権が所有権に属し，抵当権の設定等も可能）であり，不特定多数の者の通行の用に供されていない部分の評価額は0円とはならないとしました（平成23年6月7日裁決）。

5 私道に接面する宅地評価

図表32－1で私道部分に特定路線価90千円が敷設された場合，B，C，DおよびE土地の価額は特定路線価により評価しなければなりませんが，A土地やF土地の価額の評価にあたっては，この特定路線価に基づく側方路線影響加算を行う必要はありません。AおよびF土地は正面路線価を100千円として中間画地として評価します。

Q33 土地区画整理事業施行中の宅地

土地区画整理事業施行区域内に土地を所有しており，現在，区画整理事業が進行中です。以下の時点で課税時期を迎えた場合，それぞれどのように評価するのですか？

① 仮換地（かりかんち）指定前
② 仮換地指定後（＝仮換地使用収益開始）
③ 仮換地指定後（ただし，仮換地の使用収益開始決定前および造成工事着手前）

A 土地区画整理事業施行区域内の土地評価は，区画整理事業の進捗状況に応じて異なります。

① 仮換地指定前の場合，従前の宅地（従前地）を評価します。
② 仮換地が指定され，同時に仮換地の使用収益も開始されている場合は，仮換地を評価します。
③ 仮換地は指定されたものの，まだ仮換地の使用収益が開始決定されておらず，さらに造成工事着手前の場合は，従前地を評価します。

（法令・通達）　評基通24－2，土地区画整理法99

解説

1　土地区画整理事業

土地区画整理事業は，区画整然とした良質な宅地供給を目的に，道路・公園等の整備を含めた市街地開発事業の1つです。多くの場合，土地区画整理組合を設立し，組合が施行者となって，換地計画を定め，それに従って区画整理工事を実施，区画整理が一定以上進展した段階で仮換地を指定（使用収益を開始）し，最後に換地処分を行い事業が結了します。したがって施行区域内の土地に関して，時間的流れを示すと以下のとおりとなります。

従前地➡仮換地指定➡工事進行➡使用収益開始決定（＝仮換地の指定の効力発生日）➡換地処分（本換地）

（1） 仮換地指定の効力

従前地の権限に基づき使用し，または収益することができる者は，仮換地の指定の効力発生の日から換地処分の公告がある日まで，仮換地について使用または収益をすることができますが，従前地は，使用または収益をすることができません。

仮換地について権限に基づき使用し，または収益することができる者は，仮換地の指定の効力発生の日（仮換地について使用または収益を開始することができる日を別に定めた場合には，その日）から換地処分の公告がある日まで，当該仮換地を使用または収益することができません。

〔例〕

所有者	従前地	仮換地
甲	A地	B地
乙	C地	なし
丙（保留地取得者）	なし	D地（保留地）

仮換地の指定の効力発生日から換地処分の公告がある日までの間は，各土地所有者は以下のとおりの権利関係となります。

甲：所有権はA地にあり，A地を売買し，A地に抵当権を設定できる。
　　使用収益権はB地にあり，B地上に建物を建築できる。

乙：所有権はC地にあり，C地を売買し，C地に抵当権を設定できる。
　　使用収益権はどこにもない。

丙：使用収益権はD地にある。抵当権をD地に設定することはできない。D地を第三者へ譲渡することは一般的には禁止されている（施行者の承認を必要とすることが多い）。

（2） 換地処分公告の効果（公告があった日の翌日）

① 換地計画で定められた換地は，換地処分の公告があった日の翌日において従前の宅地とみなされます。

② 換地計画で定められた清算金が確定します。

③　保留地は施行者に帰属します。

２　区画整理事業各段階の土地評価

（1）　仮換地指定前

土地区画整理事業が開始されても，仮換地指定前であれば，従前地の土地所有者は従前地しか使用収益していませんから，当然，従前地を評価します。

（2）　仮換地指定後

通常は仮換地指定と仮換地の使用収益開始決定は同時に行われます。土地区画整理施行区域が広大である場合，仮換地指定は施行区域内一斉ではなく，ほぼ物理的な区画整理事業が完了されたエリアから順次指定されていくことが一般的です。仮換地指定後は，仮換地を評価することになります。

ただし，エリアによっては造成工事が一部未了のままとなっていることもあります。仮換地の造成工事が施工中で，当該工事が完了するまでの期間が１年を超えると見込まれる場合の仮換地の価額に相当する価額は，その仮換地について造成工事が完了したものとして，本文の定めにより評価した価額の100分の95に相当する金額によって評価します。

（3）　仮換地の指定はされているものの使用収益開始決定および造成工事もされていない場合

通常は仮換地指定と使用収益開始決定は同時ですが，区画整理事業によってはまず仮換地を指定し，その後，造成工事が進捗した後，別に使用収益開始決定をすることがあります。近年の土地区画整理事業では事業期間が長期化する傾向が強く，やむを得ず２段階になっている側面があるようです。このような場合，仮換地が指定されても，その仮換地を使用できるわけではないため，土地評価では従前地を評価することになります。

3　留意事項

(1)　個別評価

国税局は，土地区画整理事業施行区域内を「個別評価」地区に指定します。したがって，申告実務上は，所轄税務署に個別評価申請書を提出し，通知を受けた個別評価額に基づき評価額を算出します。個別評価とは，税務署内部では土地区画整理地域内の路線価等を管理していて，納税者等からの申出に対して，個別に評価額を示す方式を意味します。路線価は換地処分後あるいは，換地処分前であっても区画整理事業がほぼ完了したと認められる段階で公開されます。

(2)　清算金

土地区画整理事業では，換地計画で換地を定めるときは，換地と従前地の位置，地積，土質，水利，利用状況，環境等が照応するように定めなければならない（換地照応の原則）とされています。しかしすべての土地を均衡に照応させることは不可能であり，どうしても過不足が生じます。その過不足は金銭により清算するものとし，換地計画でその額を定めることになっています。換地処分の公告により，個々の地権者の清算金が確定します。

評価実務上，換地処分の公告により徴収または交付を受ける清算金のうち，課税時期において確定している額は仮換地の評価額から控除し，または加算することになっています。多くの土地区画整理事業では換地処分をする一定時期以前から各地権者に清算金予定額を通知しています。

土地区画整理事業施行区域内の土地を評価するに際しては，対象土地の物理的状況の把握はもちろん，当該土地区画整理事業の概要，施行区域面積，課税時期の工事進捗状況，清算金の予定等を市役所等や区画整理組合で把握しなければなりません。なお，土地区画整理組合事務所では原則，権利関係者以外に個別情報を提供しないので，相続人等の協力を得る必要があります。

なお，被相続人死亡後に発生した仮換地に伴う余剰金請求権は，遺族の一時所得とされ，相続税法に定める相続財産ではないとされた事例があります（名古屋地裁平成４年９月16日判決）。

Q34　セットバックを要する土地

父（被相続人）が所有していた宅地は，前面道路幅員２ｍしかありません。このような宅地はどのように評価しますか？

A　対象土地の前面道路が建築基準法42条に定める２項道路に該当する場合，道路に面する一定範囲を将来，セットバックしなければならず，当該部分は通常の土地評価額から70％相当額を控除できます。

（法令・通達）　評基通24－６，建築基準法42②

解説

１　建築基準法42条２項道路

建築基準法では，建物を建てようとする敷地が，原則として幅員４ｍ以上の道路に接面していなければ建物建築が認められません。建築基準法第３章（都市計画区域内の規定，通称「集団規定」）の規定が適用される際，すでに建物が建ち並んでいる幅員４ｍ未満の道路で，特定行政庁が指定したものを通称「２項道路」といいますが，２項道路に面する宅地は，セットバックを条件に建物建築が認められます。その場合，道路の中心線から水平距離２ｍの線をその道路の境界線（**図表34－１Ａ**）とみなします。ただし，中心線から２ｍ未満で，一方ががけ地，川，線路敷地等である場合は，川等の拡幅が困難であるため，がけ地等から４ｍの線が道路の境界線とみなされます（同Ｂ）。

したがって，対象土地上に建物を建替え等する際には，道路との境界線とみなされる部分までセットバック（敷地後退）し，道路敷地として提供することになります。

２　減額される額

セットバック部分を有する宅地の価額は，その宅地について道路敷地として提供する必要がないものとした場合の価額から，その価額に次の算式により計

【図表34－１】

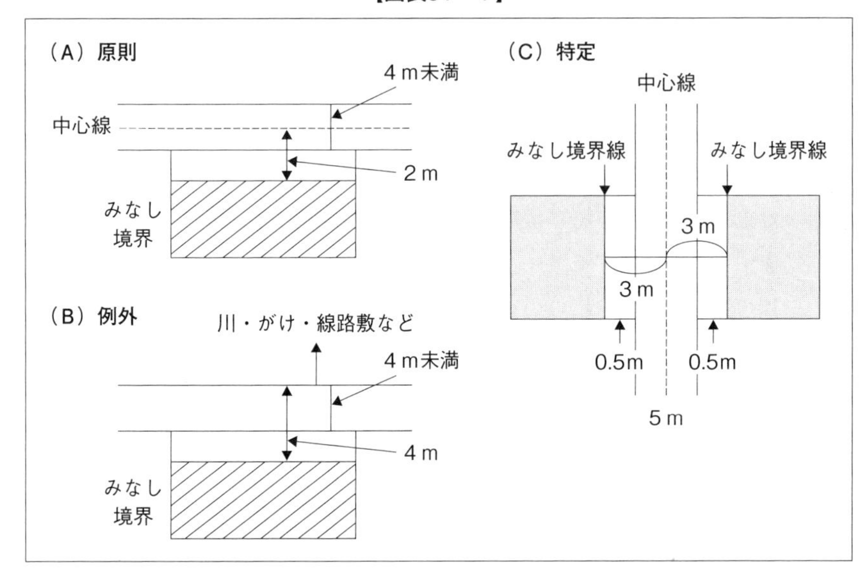

算した割合を乗じて計算した金額を控除した価額によって評価します。

セットバックを有する宅地の価額

$$=\text{その土地の通常の土地評価額(A)} - \text{A} \times \left(\frac{\text{セットバック面積}}{\text{その土地の全体地積}} \right) \times 0.7$$

3　例　外

セットバック部分は通常，セットバック後の幅員が4ｍとなるように計算されますが，例外があります。

（1）　42条３項道路

やむを得ない場合は，道路の中心線から２ｍ未満1.35ｍ以上の範囲において，一方ががけ地等である場合は，４ｍ未満2.7ｍ以上の範囲において，緩和されることがあります。

(2)　特定行政庁指定区域で６ｍ未満の道（同Ｃ）

道路幅員が６ｍと指定された区域内にあって特定行政庁の指定があったものは幅員が６ｍ未満であっても道路とみなされます。この場合には現況道路の中心線から水平距離３ｍ（特定行政庁が周囲の状況により避難および通行の安全上支障がないと認める場合は２ｍ）ずつ両側に後退した線が道路境界線とみなされます。

４　留意事項

評価実務上は，対象土地の前面道路が２項道路に該当するか，２項道路に該当する場合，セットバック面積がいくらなのかを確認する必要があります。２項道路かどうかは市役所等の建築指導課等で確認します。自治体によっては，２項道路の指定は，現実に建物の新築・再築等の申請があって初めてなされることもあり，調査時期に２項道路の指定がなされていなくとも，建替え等を前提に２項道路扱いを受けるかどうかが重要です。またセットバック距離に関しては，通常，現況（現地実測値）が優先されますが，詳細な道路位置図を管理している自治体では，認定幅員値を採用することもできます。

Q35 すでにセットバックされている部分の評価

私の所有地は２項道路に面しているため，居宅を建替えする際に，道路とのみなし境界線までセットバックしました。なお，セットバック部分は特に居宅敷地と分筆はしておらず，道路との間は未舗装の空き地のような状態です。このような部分はどのように評価しますか？　また，市役所からは分筆すれば道路敷地としてアスファルト舗装をしてくれるとの打診があります。分筆し，舗装をした場合は評価が変わりますか？

A　単にセットバックして空き地状態になっている場合は，単なる私道部分とみなされ，その部分は通常の土地評価額から70％相当額が控除されます。セットバック部分に舗装が施され，外観上，公道と同一視されるのであれば，「不特定多数の通行の用に供される」状況となり，その部分は０評価となります。

法令・通達　評基通24－６

解説

１　セットバック部分

セットバックしている部分が分筆されておらず，外観上，道路とは別の空地状況である場合は，私道とみなされ，セットバック部分に関しては通常の土地評価額から70％相当額を控除した額が評価額となります。セットバック部分は，建築基準法上の道路扱いを受けるものの，土地所有権はそのまま残っているため，私道と同一視されるためです。

外観上道路として一体化（アスファルト舗装等）しており，人や自動車の通行の用に供されている場合は，公衆用道路として評価不要となります。

２　留意事項

セットバック済み敷地の場合，セットバック部分が道路と一体化していると外観上，公道境界との区別がつかない場合があります。対象土地が分筆されておらず，近隣の土地がそろってセットバックしていると，よほど注意をしない限り，現場確認のみでセットバックをしている事実を把握することは困難です。幅員が４ｍある場合は，その道路が元々４ｍであったのかどうか相続人にヒアリングしたり，市役所等で２項道路確認をすべきです。

なお，東京には，山手線外周部を中心に木造住宅密集地域，通称「モクミツ」地域が広範に分布しています。東京で大地震が発生した場合，モクミツ地域において，建物の倒壊や同時多発的な火災により大規模な市街地火災が発生するおそれがあり，多くの都民の生命と安全が脅かされ，緊急活動や物流などの東京の都市機能に大きな支障を与えかねません。東日本大震災以降，モクミツ地域では行政がセットバックを推進し，その部分は積極的に舗装等も行い，地域の不燃化対策を強化する予定です。このような地域は東京以外に横浜市等大都市に多く，近隣一帯のセットバック化が完了すれば，もはや外観上，セットバックの有無は区別できません。

倍率地区の場合，注意すべきはセットバック部分の固定資産税評価額です。単にセットバックしただけでは課税対象ですが，多くの自治体で分筆したセットバック部分は固定資産税を非課税としています。その場合の評価はQ34に準拠します。

スタッフへのアドバイス

相続未登記土地

所有者不明土地問題が大きくクローズアップされています。所有者不明土地の面積合計が九州と同じ程度であるとも報道されました。実際は単に相続登記が済んでいない土地を含んでいるため，ややオーバーな表現であるようです。ただし，実務では先代から相続登記未了の土地をどこまで相続財産として計上するのか，判断に苦しむことがあります。被相続人（相続人を含む）が明らかに相続登記未了土地を「所有の意思」を持って占有していた場合は，当然，相続財産に含むべきですが，被相続人の完全所有とするのか共有とするのかは難しい選択です。先代相続関係者の現状や固定資産税の課税状況などを勘案して，決定していくのが妥当です。

Q36 赤道（あかみち）が含まれている土地

評価対象土地には，敷地中央に赤道が含まれています（図表36－1）。このような土地はどのように評価しますか？

【図表36－1】

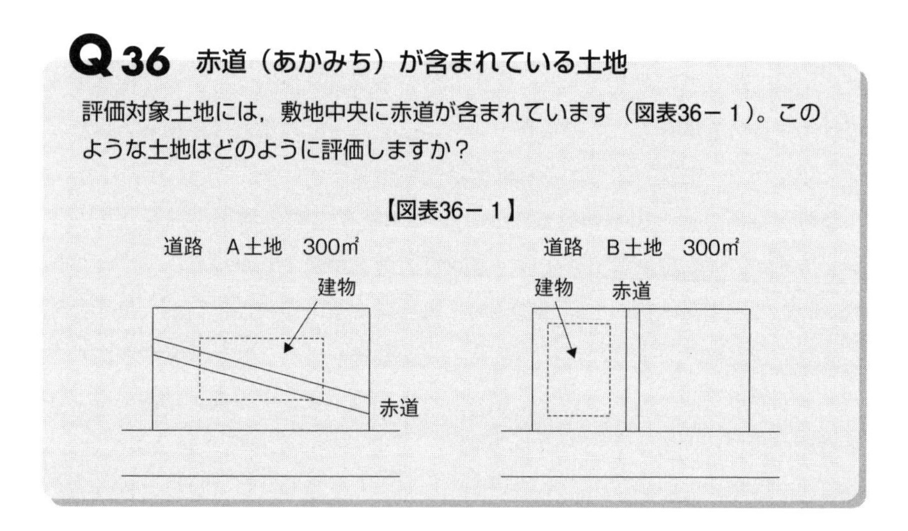

A 赤道を含む一体画地の利用状況および赤道の払下げが可能かどうか等総合的に判断します。

解説

1　赤道等

赤道等は，もともと通路や水路として使用されていた国有地であり，時間の経過と共に宅地に取り込まれて現況が消失してしまったものです。赤道部分を占有している者は，無償で利用していることがほとんどであり，国との間に賃貸借契約を交わしているケースは稀です。旧土地台帳附属図面には，赤や青の色が塗られて表示されていたことから，赤道，赤線，青線などと呼ばれています。地域によっては，里道などとも称されます。法律的には法定外公共物と位置付けられ，2000年に施行された地方分権一括法により，機能を有している法定外公共物は，すでに市町村に無償で譲渡が行われています。機能を喪失したものは旧法定外公共物と呼ばれ，現在，国の管理下にあり，財務局等において境界確定・売払いを行っています（**図表36－2**）。

したがって，対象土地の赤道が市町村あるいは国のどちらで管理している土

【図表36－２】

法定外公共物：里道・水路（ため池・湖沼を含む）

機能を有しているもの	機能を喪失しているもの
平成16年度末までに市町村に譲与	平成17年度以降
⇒自治事務として市町村が管理	⇒国（財務局・財務事務所）が直接管理
宅地造成地の中に里道や水路があっても，勝手に埋立や付替をすることはできません。まず市町村役場に相談してください。	「機能を喪失した里道・水路」と「隣接するあなたの土地」との境界を確定したい場合や一体で利活用したい場合には手続きが必要です。まず財務局・財務事務所に相談してください。

（東北財務局ホームページより）

地なのか，まず市役所等で確認することになります。確認の結果，機能を有せず，市町村が管理していない土地ならば，払下げが可能な旧法定外公共物と判断されます。払下げや境界確定の相談は財務省の地方出先機関である財務局等が受け付けています。

２　一体として評価する場合

赤道が旧法定外公共物に該当し，払下げ等が容易である場合あるいは，赤道の上に建物が建っており，対象土地の中に赤道が取り込まれる状況で利用されている場合は，赤道を含む一体土地として評価するのが合理的と判断されます。

具体的には２つの評価方法が考えられます。

(1)　赤道の払下げ金額を把握する方法

対象土地の評価額　＝　一体画地の土地評価額　－　払下げ金額（の80％）

（2） 一体画地の評価額を求めた金額から赤道の面積相当分を控除する方法

$$\text{対象土地の評価額} = \text{一体画地の土地評価額} \times \frac{\text{対象土地の地積}}{\text{一体画地の地積}}$$

3 区分して評価する場合

赤道が法定外公共物（市町村が管理するもの）に該当する場合あるいは，土地利用状況から赤道を含んで一体利用しているとは必ずしも判断できない場合は，赤道で区分される土地をそれぞれ別個の画地として評価するのが合理的と判断されます。

4 留意事項

赤道を含む土地を評価する場合は，個々の状況により判断が必要です。実情に応じて所轄税務署との事前調整も検討すべきでしょう。なお，水路等の機能を有している法定外公共物や，市町村所有の水路等で周囲の土地と一体で利用されているケースとして，以下の場合があります。これらは赤道とは異なりますので注意してください。

（1） 土地利用者が水路等の占用許可を取得して水路を暗渠化（あんきょか）して水路を含む一体土地を利用している場合

（2） 土地利用者が水路等の付替えを申請し，水路等の場所を対象土地の端部に移動している場合

5 裁決事例

里道により区分された3筆の土地をそれぞれ1画地として評価していた案件に対して，本件一体利用土地（＝里道を含む3筆）は，借地権者が貸家の敷地として里道を含み一体で利用しているところ，①里道の廃止も比較的容易であり，その廃止に支障がないと認められること，および②本件一体利用土地の利用を継続するためには里道を廃止する必要がありその廃止に費用が伴うものであることからすると，本件一体利用土地の全体を1評価単位として評価した価

額から，里道の購入価額を控除して評価するのが合理的であると認められるとともに，当該里道の購入価額が地価公示価格水準の価額であり，路線価が地価公示価格の80％相当額となることからすれば，財産評価基準による評価額と同一水準となるように実際の購入価額の80％相当額を里道の購入価額とすることが相当であるとした事例があります（平成19年３月28日裁決）。

類似事例として，旧水路により，分断されている２つの土地についてその利用状況等（物理的および法的）から１つの評価単位として取り扱うのが相当であるとしたもの（平成28年12月７日採決）があります。

Q37　都市計画道路予定地

評価対象土地の前面道路は将来，都市計画道路として拡幅予定であり，現在の道路境界から10mほどの部分が都市計画道路予定地となっています（図表37－１）。このような土地はどのように評価しますか？

【図表37－１】

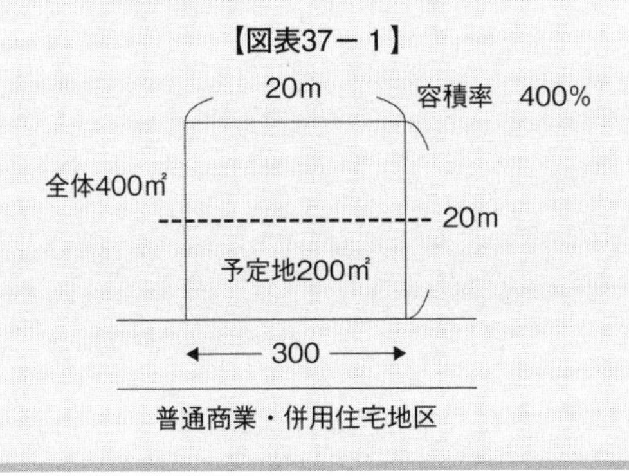

A

都市計画道路予定地面積の対象土地全体地積に対する割合と，対象土地が属する地区および容積率によって補正割合を求め，通常の土地評価額（都市計画道路予定地の区域内となる部分が都市計画道路予定地の区域内となる部分でないものとした場合の価額）に当該補正割合を乗じて評価します。

（法令・通達）　評基通24－７，都市計画法53

解説

1　都市計画道路予定地

都市計画道路予定地は，都市計画により指定され，将来道路用地として買収される土地ですが，実際に道路事業がいつ行われるかは未定です。したがって，道路用地として買収されるまでの期間が長期にわたり，その間ずっと土地の利用制限を受けます。

都市計画法では以下のように規定されています。

建築物の建築は原則として知事の許可が必要，ただし，階数２以下であり地階を有しないもの，および主要構造物が木造，鉄骨造，コンクリートブロック造その他これらに類する構造であるもので容易に移転，除去できる場合は原則として許可されます。

2　補正率表

都市計画道路予定地による利用制限は，２階建て程度の戸建住宅しか建てられない地域であれば，影響はそれほど大きくありません。逆に商業地域で容積率600％といった高層の建物が建てられる地域であれば，２階建てまでしか建てられないという利用制限は大きなものになります。したがって，補正率表では，地区区分が商業系ほど，また容積率が大きいほど，減価率が大きくなるように規定されています（**図表37－２**）。

都市計画道路予定地として有名なのは虎ノ門ヒルズで話題を集めた，通称

【図表37－２】

地区区分／容積率／地積割合	ビル街地区，高度商業地区			繁華街地区，普通商業・併用住宅地区			普通住宅地区，中小工場地区，大工場地区	
	600％未満	600％以上700％未満	700％以上	300％未満	300％以上400％未満	400％以上	200％未満	200％以上
30％未満	0.91	0.88	0.85	0.97	0.94	0.91	0.99	0.97
30％以上60％未満	0.82	0.76	0.70	0.94	0.88	0.82	0.98	0.94
60％以上	0.70	0.60	0.50	0.90	0.80	0.70	0.97	0.90

「マッカーサー道路」（東京・環状２号線のうち，虎ノ門から新橋区間）です。周囲の土地には中高層ビルが建ち並ぶ中，この予定地上のみは長らく事業化できず，低層の店舗がひしめく状況が続き，土地の高度利用が遅れていました。都市計画法による土地利用制限が課せられていたからです。現在は，新時代を象徴するストリートとして魅力的な街並みを形成しています。

高度商業地では都市計画道路予定地であることによる減価がいかに大きいものかがよくわかります。

３　評価算式（図表37－１）

具体的な事例を検証します。

（１）　通常の土地評価額：

正面路線価		奥行価格補正率		地積	
300千円	×	1.00（20m）	×	400㎡	＝120,000,000円

（２）　補正率の判定：

地区区分　普通商業・併用住宅地区

地積割合　200㎡／400㎡　＝　50％

容積率　400％　　∴補正率0.82

（３）　評価額

120,000,000円　×　0.82　＝　98,400,000円

４　予定地面積の概測

都市計画道路予定地の確認は，市役所等の都市計画課等に赴き，都市計画図を閲覧します。多くの市町村ではホームページで都市計画図を公開しています。対象土地に都市計画道路予定地が含まれている場合は，都市計画課等で詳細図面の閲覧を求めます。ただし，都市計画道路ラインはあくまで予定地であるため，実測に基づくものではなく，「絵」に過ぎません。したがって対象土地にかかる都市計画道路予定地面積は，詳細図面から縮尺に従って図上概測することになります。申告上，予定地面積を証明するため詳細図を入手し，概測数値

を記載しておくとよいでしょう。

5　都市計画事業認可後の土地

都市計画道路事業とは，都市施設として都市計画決定した道路（街路）のうち，事業者が事業認可を取得し，事業を実施することです。事業認可とは，都市計画法の規定に基づき，認可権者（国土交通大臣または都道府県知事）が事業者（市町村等）からの認可申請に対して与える行政処分のことで，事業認可がなされると，事業の障害となる土地の形質変更や建物の建築等について制限が働くことや事業地内の土地建物の先買い権が付与されるなど法的効果が発生します。

したがって，事業認可がされると道路部分（拡幅・新設）の境界確定，実測，用地買収などが順次行われていきます。しかし近年，自治体の財政状況悪化および国の補助金削減等により，事業認可がされているにもかかわらず，長期間にわたり，事業が滞るケースが増加しているようです。対象土地の置かれている状況が都市計画道路予定地とほぼ同一視されるため，予定地としての減額補正をして差し支えないことになります。

ただし，予定地としての減額補正は，用地買収がされる時期が不透明であることが前提条件です。対象土地が課税時期時点ですでに公共用地として買収されることが確実であり，さらに予定対価の額が明らかである場合は，上記の都市計画道路予定地として減額補正することはできません。

Q38 都市計画公園予定地

評価対象土地はそのすべてが，都市計画公園予定地となっています。このような場合も減額補正が可能ですか？

A 都市計画公園も都市計画道路と同じく，都市計画法に定める都市計画施設に該当するため，都市計画道路と同様の減額補正を施して良いものと判断されます。

ただし，路線価または倍率等が，都市計画公園予定地であることを考慮して付されている場合には，原則として減額補正はできません。

解説

1　都市計画施設

都市計画施設とは，都市計画において定められた都市施設をいい，都市施設は以下のものが該当します（都市計画法11条）。道路という線沿いを帯状に指定される都市計画道路予定地に対して，都市計画公園予定地と都市計画緑地予定地は比較的広範囲に指定されます。

- 道路，都市高速鉄道，駐車場，自動車ターミナルその他の交通施設
- 公園，緑地，広場，墓園その他公共空地
- 水道，電気供給施設，ガス供給施設，下水道，汚物処理場，ごみ焼却場その他の供給施設または処理施設

（以下，略）

2　留意事項

都市計画公園予定地はたとえ市街化区域に指定されていても，事実上開発を抑制され，上水道等の供給施設すら整備されていないことがあります。このような場合でも国税局・税務署は，都市計画公園予定地の要素を路線価に織り込み済みであると主張することがありますが，上水道の引込みが不可あるいは多

額の費用が見込まれる土地はそもそも宅地転用ができません。不動産鑑定評価上，将来的に宅地に転換すると予測される土地を宅地見込地といいますが，上水道等の生活インフラが整わない土地は宅地見込地にもならないことがあります。このような土地を評価することは極めて稀でしょうが，適正な時価との観点から慎重に判断した上で評価を行う必要があります。

Q39 利用価値の著しく低下している土地

評価対象土地は，接面道路より１m以上地盤が低く，大雨の時には道路から雨水が流れ込む状況です。このような土地は売却時にも安値しかつかないといわれています。土地評価では何か減額特例が受けられますか？

A 土地の利用価値が付近にある他の宅地の利用状況からみて，著しく低下していると認められるものの価額は，その宅地について利用価値が低下していないものとして評価した場合の価額から，利用価値が低下していると認められる部分の面積に対応する価額に10％を乗じて計算した金額を控除した価額によって評価することができます。算式で示せば以下のとおりとなります。

$$通常の土地評価額（A）-A\times\frac{利用価値の低下している部分の面積}{全体地積}\times 10\%$$

ただし，路線価または倍率等が，利用価値の著しく低下している状況を考慮して付されている場合には，原則としてこのような減額はできません。

法令・通達　建築基準法56の２

解説

１　利用価値の著しく低下している状況

国税庁は，利用価値の著しく低下している状況の例示を以下のとおりとしています。

（１）　道路より高い位置にある宅地または低い位置にある宅地で，その付近に

ある宅地に比べて著しく高低差のあるもの

（2）　地盤に甚だしい凹凸のある宅地

（3）　震動の甚だしい宅地

（4）　上記（1）～（3）以外の宅地で，騒音，日照阻害，臭気，いみ等により，その取引金額に影響を受けると認められるもの

（5）　宅地比準方式によって評価する農地または山林について，その農地または山林を宅地に転用する場合において，造成費用を投下してもなお宅地としての利用価値が著しく低下していると認められる部分を有するもの

2　道路との高低差

図表39－1では，A宅地は道路との高低差が等高ですが，B宅地は道路から低い位置にあります。**図表39－2**は，逆にA宅地は道路より高い位置にあるのに対して，B宅地は道路との高低差は等高です。これらの場合，道路に敷設されている同一の路線価で評価するとA宅地とB宅地の評価バランスを失することになります。したがって，道路との高低差により利用価値が著しく低下している部分に関して，通常の土地評価額の10％相当額を控除します。

ただし，道路との高低差があればいつでも10％の評価減が認められるわけではありません。概念的には，近隣の標準的な宅地に比較して，対象土地は道路との高低差が一定以上あり，かつ，その高低差によってその宅地の利用価値が「著しく」低下していることが必要条件です。実務では，道路との高低差があることを理由に評価減を実施して申告したものの，税務当局により評価減が否認され，紛争となることが少なくなく，注意が必要です。

評価減が認められるにはどのような条件を満たしているかを確認することが重要なポイントとなります。

（1）　住宅地の場合

住宅地は，その宅地地盤が道路より若干高いことが一般的です（カーポート等部分を除く）。地域によって異なりますが，平地で30～50cm，傾斜地であれ

ば２ｍを超すことも珍しくありません。住宅地の効用は，日照・通風が重視されるため極端な高さでない限り，道路面より高い位置にあることは大きな減額要素とはなりません。むしろ道路より地盤が低い場合は，雨天時に雨水が道路から流れ込むなど宅地利用に悪影響を及ぼします。実際，対象土地が住宅地で単に道路より地盤が高いということだけで評価減をすると，否認されるケースが多いようです。

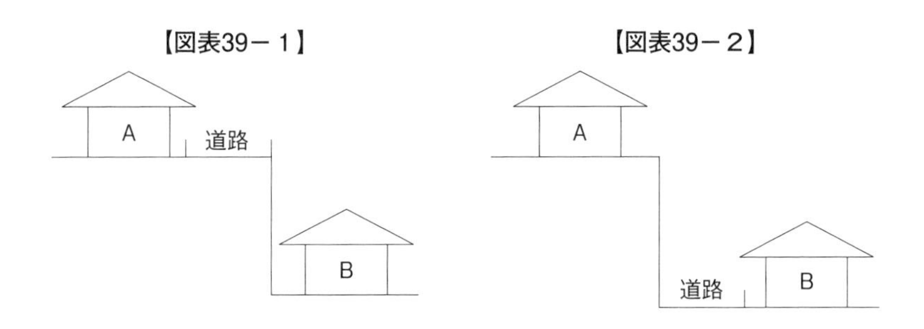

（２） 商業地の場合

商業地は，地盤が道路と等高であることが普通です。商業地は人や自動車の出入りがしやすい方が有利となるためです。幹線道路沿いの路線商業地域（ロードサイド）を例に取ると，道路との高低差が著しい場合，道路から敷地内に人や自動車の出入りをしやすくするために特別な工事を必要とするなどの減価要素が発生します。逆に地盤が道路より多少低くともデメリットはさほど生じません。

（３） 裁決事例

道路との高低差による評価減に関しては多くの裁決事例があります。

① 対象土地は，付近にある宅地に比べて著しく高低差があり，著しく利用価値が低下していると認められるため，その宅地の価値に減価が生じていると認められるが，対象土地の前面道路に敷設されている路線価に，地域全体が道路との高低差があることを考慮されているから，その所在地の周辺の一連

の宅地に共通した地勢と評価する宅地の高低差を比較検討してもなお著しい高低差がある場合に限って，上記取扱いをするのが相当であるとされた事例（平成23年５月16日裁決）。

② 対象各宅地は，周辺の宅地と比して，本件東側道路より約1.2m高い土地であり，また，本件各宅地のみが，この高低差のために車両の進入ができないことに加えて，本件東側道路の幅員および路面状況にも差が認められることなどの本件各宅地の事情を総合勘案すると，本件各宅地は，この付近にある他の宅地の利用状況からみて，利用価値が著しく低下した土地であると認めた事例（平成19年４月23日裁決）。

③ 対象土地は，利用道路より1.9m低い位置にあり，付近にある宅地に比し著しく高低差があり，利用価値が著しく低下していると認められるから，宅地としての価額の10％相当額を控除した価額によって評価することが相当であるとされた事例（平成18年５月８日裁決）。

④ 対象土地が道路から約70センチメートル低くなっていることから，造成工事費に基づく減価率を算定した不動産鑑定評価額に基づいて行った申告に対して，現に請求人の居宅の敷地として利用していることおよび周囲の宅地の状況と比べても利用価値が著しく低下しているとは認められず，現状において新たな造成工事の必要性はないとして，その合理性を否定した事例（平成18年３月15日裁決）。

３　騒音・日照阻害・いみ施設

（1）　考え方

不動産取引市場で，土地の売買金額に大きな影響を与える特別な事情としては，対象土地南方に高層建物が建てられていることによる日照阻害，あるいは鉄道・高速道路に近接することによる騒音・振動，汚水処理場等に近接する悪臭，さらに火葬場・墓地などいみ施設に近接することによる心理的抵抗感などが挙げられます。

図表39－３は対象土地Ａの南側に高層マンションが建っている状況を示し

【図表39－3】

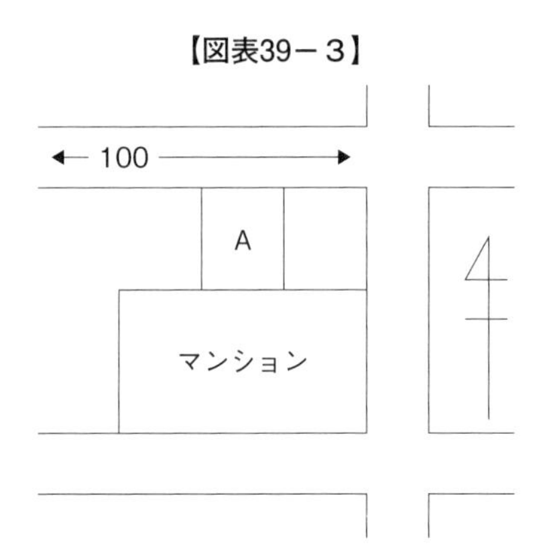

ています。対象土地Aは正面路線価100千円で評価しますが，マンションによる日照阻害があるのはA土地およびその隣地と推定され，同一路線に面する宅地すべてではありません。したがって，対象土地Aには日照阻害という個別的な事情により取引金額に影響を受けているものと判断し，一定の減額補正が可能と考えられます。

なお，日照阻害による減額補正は，単に近隣に中高層建物が建っているだけでは認められず，建築基準法56条の２「日影規制」の適用を受ける場合に限定されます。日影規制は，都市計画法上の用途地域のうち，住居系７地域と近隣商業地域および準工業地域，用途地域の指定のない区域内で地方公共団体が条例で指定する区域で適用されます。適用対象建物は一定の高さを持つものに限られ，一定の範囲内で冬至日に一定時間以上日影を生じさせないようにする制限です。

（2） 裁決事例等

① 鉄道沿線土地

鉄道沿線の土地について，①評価計算に採用された路線価が電車走行による振動および騒音の要因をしんしゃくして評定されていないこと，②鉄道沿線から20m範囲内では電車走行による騒音および振動が環境省の騒音対策における指針である60デシベルを超えていること，③同地区に存する分譲地における分譲価額に開差が10％を超える取引事例が存在することからして，資産評価企画官情報による著しく利用価値の低下している宅地として，鉄道から20mの範囲内の部分について，その相続税評価額から10％を減額するのが相当であるとした事例があります（平成15年11月４日裁決)。

②　変電所近接

嫌悪施設やいみ施設が近隣に存在するからといって，やみくもに評価減ができるわけではありません。評価対象地の南側に変電所が存在することが争点となった件について，たとえ財産評価基本通達（以下，「評価通達」とします）に減価要因として明示されていなくても，路線価を設定する際に減価要因になると判断されるならば，評価通達に変電所近隣地の評価について格別の定めがなくとも，評価通達により難い特別の事情に当たらないとした事例（神戸地裁平成20年３月13日判決）があります。

４　路線価および倍率にしんしゃくされているかどうかの確認

道路との高低差に関する裁決事例にあるように，実務的には路線価にそのような事情が反映されているかどうかの確認が問題となります。道路の高低差に関しては，同一路線に面する宅地がすべて同じような高低差があるのかどうかがポイントになります。路線価の原則は，当該路線に面する宅地で奥行・間口・形状いずれも画地調整率が1.00で，角地や二方路画地等ではない中間画地としての価格を示しています。たまたま対象土地のみが特殊な事情を抱えている場合は，個別的に補正を施さなければ対象土地の適正な評価額は求められません（このような事情を個別的要因といいます)。

高速道路高架や鉄道に近接する地域では原則として，高速道路高架の側道部分や鉄道線路に並行に沿った道路に敷設される路線価にはそのような事情が反映されているはずですが，これらと垂直に交差するような路線には影響を勘案することは困難です。

なお，固定資産税評価では，高速道路や鉄道による騒音・振動，汚水処理場等いみ施設近接による減価を，１筆単位で個別的に減額補正することがあります。これを「市町村長の行う所要の補正」といいます。

倍率方式の場合，対象土地に「所要の補正」が施されていれば，固定資産税評価額に利用価値低下による減額が織り込み済みであるため，単に倍率を乗じるだけとなります。所要の補正が施されていない場合は，対象土地の固定資産税評価額から利用価値が低下していると認められる部分の評価相当額の10%を控除し，これに倍率を乗じることになります。

なお，市町村長の行う所要の補正には下記のようなものがあります。その適用項目および適用範囲は自治体によって異なりますが，土地利用が著しく低下する事情を判断する際の参考となります。路線価式評価法の場合，評価対象土地の固定資産税評価額に所要の補正が施されていることを把握すれば，相続税評価でも土地利用が著しく低下する理由を証明する強固な材料となりえます。

対象土地の接面する道路は，固定資産税評価上，騒音，振動に係る補正（減価）を行う幹線道路に該当し，道路沿いの宅地に関して「所要の補正」がなされている場合において，本件土地の相続税評価額の算定にあたっても，上記の著しく利用価値の低下が認められる場合の取扱いの例による減価をするのが相当であるとした事例があります（平成19年12月14日裁決）。

●所要の補正一覧

・道路高低差
・用悪水路介在
・歩道橋
・騒音・振動（高速道路，新幹線，在来線）
・いみ施設
・悪臭
・規制区域（急傾斜地，航空法）
・地下阻害物
・地上阻害物
・セットバック

・日照阻害
・土砂災害特別警戒区域
・農業用施設用地
・都市計画施設予定地
・私道
・鉄塔敷地

Q40 土壌汚染のある宅地の評価

評価対象土地には土壌汚染対策法に規定する土壌汚染が発生していることが判明しました。どのように評価するのでしょうか？

土壌汚染がある土地は以下の算式で評価することとなっています。

土壌汚染地の評価額	=	汚染がないものとした場合の評価額	−	浄化・改善費用に相当する金額	−	使用収益制限による減価に相当する金額	−	心理的要因による減価に相当する金額

相続税等の財産評価では，土壌汚染地として評価する土地は，「課税時期において，評価対象地の土壌汚染の状況が判明している土地」であり，土壌汚染の可能性があるなどの潜在的な段階では土壌汚染地として評価することはできないことに留意する必要があります。

実務的には，土壌汚染地の面積が広く，汚染状況も深刻な場合は，専門家による浄化・改善費用の見積金額の取得などが望ましいと考えられます。

解説

1　土壌汚染対策法

土壌が有害物質により汚染されると，その汚染された土壌を直接摂取したり，汚染された土壌から有害物質が溶け出した地下水を飲用すること等により人の健康に影響を及ぼすおそれがあります。近年，企業の工場跡地等からマンションや商業施設への再開発等に伴い，重金属，揮発性有機化合物等による土壌汚染が顕在化してきました。

土壌汚染の状況の把握，土壌汚染による人の健康被害の防止に関する措置等の土壌汚染対策を実施することを内容とする「土壌汚染対策法」が，2002年4月に成立し，2003年2月から施行されました。さらに健康被害を防止する観点から指摘された課題に対応するため改正され，2010年4月から施行されています。調査契機の拡大としては，これまでの特定施設廃止時だけでなく，3,000㎡以上の土地形質変更の際には，過去の土地利用状況等を踏まえて調査が義務付けられることになっています。

2　措置費用を汚染原因者に求償できる場合

土壌汚染は，土地所有者自らが引き起こすとは限りません。土地所有者以外の者が汚染原因者である場合において，土地所有者がその汚染の除去等の措置を行ったときには，その汚染の除去等の措置に要した費用を汚染原因者に請求することができます。

このため，被相続人が土壌汚染地の浄化・改善措置を行い，汚染原因者に除去費用等の立替金相当額を請求している場合には，その土地は浄化・改善措置後の土地として評価し，他方，その求償権は相続財産として計上することに留意が必要です。なお，求償権の評価にあたっては，除去費用等の立替金相当額を回収できない場合も想定され，その回収可能性を適正に見積もる必要があることから，財産評価基本通達に準じて評価するのが相当と考えられます。

Q41　埋蔵文化財包蔵地

評価対象土地はそのすべてが，「周知の埋蔵文化財包蔵地」に含まれていることがわかりました。どのように評価するのですか？

A　財産評価基本通達や国税庁の質疑応答集に明確な回答はありませんが，土壌汚染地の評価に準じて，以下のとおり評価するものと考えられます。

周知の埋蔵文化財包蔵地の評価額	＝	対象土地が周知の埋蔵文化財包蔵地ではないものとして評価した価額	－	埋蔵文化財の発掘調査費用の見積額の80％に相当する額

解説

1　周知の埋蔵文化財包蔵地

周知の埋蔵文化財包蔵地とは，石器・土器などの遺物が出土したり，貝塚・古墳・住居跡などの遺跡が土中に埋もれている土地であって，通常は市町村の教育委員会が作成する遺跡分布図にその区域が表示され（分布図に記載されていない場合もある），次のような規制がかかります（文化財保護法）。

文化財保護法は，土木工事その他埋蔵文化財の調査以外の目的で周知の埋蔵文化財包蔵地を発掘しようとする場合，届出制を採用しています。開発工事の円滑な推進あるいは埋蔵文化財の状況によって計画の変更を考える等の理由で事前に埋蔵文化財のより正確な状況を把握しておきたいという場合には，自治体側で試掘調査します。そして必要がある場合には，発掘前に埋蔵文化財の記録作成のために発掘調査の実施その他の必要な事項を指示することができると規定しています。

具体的には，①埋蔵文化財包蔵地を開発対象地から除外させる取扱い，②開発事業計画を変更させる取扱いおよび，③開発行為により埋蔵文化財を壊さざるを得ないものの埋蔵文化財の持つ歴史情報の記録を残し後世に伝えるため，発掘調査の指示等があります。

発掘調査が実施された場合，原則として開発事業者がその費用を負担することとされています。文化財の分布状況や発掘調査方法によっては高額の費用が掛かることもあり，また発掘調査の間，開発事業はストップしてしまうことから「周知の埋蔵文化財包蔵地」に該当する場合，土地の減価要因と認識されるのが一般的です。

ただし，個人住宅の建設などの場合は発掘調査費用を地方公共団体が負担することが多いため，対象土地の全部または一部が周知の埋蔵文化財包蔵地内に存する場合でも，必ずしも大きな減価要因とはならないことに注意が必要です。

２　評価方法（裁決事例）

周知の埋蔵文化財包蔵地については発掘調査費用の80％相当額を控除して評価することが相当であるとした事例があります（平成20年９月25日裁決）。概略は以下のとおりです。

争点となっている各土地は，宅地開発に係る土木工事等を行う場合には，文化財保護法の規定に基づき，埋蔵文化財の発掘調査を行わなければならないことが明らかであり，その発掘調査費用は，その所有者が負担することになり，その金額も，約○億円もの高額になる。

財産評価基本通達上に発掘調査費用の負担に係る補正方法の定めも認められないことから，本件各土地の評価上，当該事情について，所要の検討をするのが相当と考えられ，周知の埋蔵文化財包蔵地についての発掘調査費用の負担は，土壌汚染地について，有害物質の除去，拡散の防止その他の汚染の除去等の措置に要する費用負担が法令によって義務付けられる状況に類似するものと認められる。

したがって本件各土地は，本件各土地が周知の埋蔵文化財包蔵地ではないものとして評価した価額から，埋蔵文化財の発掘調査費用の見積額の80％に相当する額を控除した価額により評価することが相当と認められる，としました。

３　埋蔵文化財包蔵地を評価する際の留意点

（1）　留意事項

不動産鑑定評価基準等では埋蔵文化財包蔵地を評価する際の留意事項を以下のように記載しています。

埋蔵文化財の有無およびその状態に関しては，対象不動産の状況と文化財保護法に基づく手続に応じて次に与える事項に特に留意する必要がある。

① 対象不動産が文化財保護法に規定する周知の埋蔵文化財包蔵地に含まれるか否か。

② 埋蔵文化財の記録作成のための発掘調査，試掘調査等の措置が指示されているか否か。

③ 埋蔵文化財が現に存することがすでに判明しているか否か（過去に発掘調査等が行われている場合にはその履歴および措置の状況）。

④ 重要な遺跡が発見され，保護のための調査が行われる場合には，土木工事等の停止または禁止の期間，設計変更の要否。

（2）　減額要因とならない場合

「周知の埋蔵文化財包蔵地」内にあっても，発掘，試掘調査が終わり，土地利用に支障のない宅地は，埋蔵文化財による減価はないものと考えられます。遺跡分布図を見て，「滅」と記載されているものは調査済みの区域です。

発掘調査後の取扱いについては，貴重なものほど現状保存が望ましいとされますが，一般的には「記録保存」の後，埋戻しします。すでに調査済みの地域の場合，開発事業者が事前届出をすると，市町村は工事立会あるいは慎重工事を求めることが多いようです。工事立会は，工事掘削の際に，埋蔵文化財担当職員が掘削の現場に立ち会うもので，慎重工事は，工事掘削の内容を届出内容に沿った最低限のものにとどめ，遺物や遺構を発見したときに市町村への連絡を指示するものです。

このように周知の埋蔵文化財包蔵地に該当することが必ずしも多額の発掘費用を負担することにつながるわけではありません。対象土地が周知の埋蔵文化財包蔵地に該当した場合は，まず埋蔵文化財の内容等をよく吟味し，通常の土地利用に制約がかかるかどうかの確認が不可欠です。

なお，周知の埋蔵文化財包蔵地を担当している事務局は，市役所等庁舎ではなく歴史資料館や図書館内に設置している自治体が多く，役所調査に出かけると平日休みで困ることがしばしばあります。出かける前に確認した方が無難です。

Q42 マンション敷地権の評価

父（被相続人）は，マンションの１専有部分を所有していました。マンションの土地部分はどのように評価しますか？　登記情報表題部の「敷地権の表示」欄では敷地権の割合が15,724分の634となっています。

A　マンション敷地全体の通常の土地評価額に上記敷地権割合（共有持分）を乗じて，対象専有部分に帰属する土地敷地権評価額とします。ただし築年数の古いマンションでは敷地権登記がされておらず，マンション敷地の土地登記情報を確認しなければ共有持分がわからない場合があるので，注意が必要です。

解説

1　マンション敷地

マンションとは「建物の区分所有等に関する法律（区分所有法）」に規定する複数の建物専有部分とこれらの専有部分に係る建物の共有部分および敷地利用権から構成される不動産です。マンションの敷地（土地）についての権利が敷地利用権であり，これは所有権のほか，土地賃借権および地上権などがあります。1983年に改正（1984年施行）された区分所有法により，建物専有部分の所有権（区分所有権）と敷地利用権の分離処分が認められないことになり，新たに登記上「敷地権」が規定されました。

敷地権登記がされたマンションでは，一棟の建物全体の登記情報の表題部に，敷地権の目的となっている土地が表示されています。一方，土地の登記情報には敷地権登記が完了している旨の記載しかありません。これは，土地と建物を一体として扱うことにより，敷地権に関する登記は建物の登記情報に記載することで，建物の権利異動が当然に土地にもその効力が及ぶという考え方のもと，建物の登記情報の表題部に敷地権の権利の表示をすることで，土地の登記情報には敷地権の権利関係の登記はしないということです。

具体的なマンション専有部分の登記内容は**図表42－１**のとおりです。対象

【図表42－１】

<table>
<tr><td colspan="3">表題部（専有部分の建物の表示）</td><td>不動産番号</td><td></td></tr>
<tr><td rowspan="2">家屋番号</td><td colspan="2">Ａ市Ｂ町二丁目21番1102</td><td colspan="2"></td></tr>
<tr><td colspan="2"></td><td colspan="2"></td></tr>
<tr><td>建物の名称</td><td colspan="2">1102</td><td colspan="2"></td></tr>
<tr><td>①種類</td><td>②構造</td><td>③床面積　㎡</td><td colspan="2">原因及びその日付（登記の日付）</td></tr>
<tr><td>居宅</td><td>鉄筋コンクリート造
１階建</td><td>11階部分　39.48</td><td colspan="2">平成23年４月22日新築
（平成23年５月17日）</td></tr>
<tr><td colspan="3">表題部（敷地権の表示）</td><td colspan="2"></td></tr>
<tr><td>①土地の符号</td><td>②敷地権の種類</td><td>③敷地権の割合</td><td colspan="2">原因及びその日付（登記の日付）</td></tr>
<tr><td>1</td><td>所有権</td><td>１万5724分の634</td><td colspan="2">平成23年５月10日敷地権
（平成23年５月17日）</td></tr>
<tr><td>所有者</td><td colspan="4">○○○○</td></tr>
</table>

専有部分の登記情報を確認すれば，対象専有部分の床面積および対象建物全体の構造・階層・合計面積のほか，対象専有部分に帰属する敷地権が把握できるようになっています。

２　敷地権登記がされていないマンション敷地

敷地権登記がされていないマンションでは，対象専有部分に係る敷地利用権は土地登記情報から読み取らなければなりません。マンション敷地は必ずしも１筆とは限らないので，固定資産税課税明細や公図・住宅地図等により対象土地の確定をまず行います。次に登記情報により対象専有部分に係る土地共有持分を確認しますが，登記情報取得にあたっては，対象土地を単に指定してしまうとマンション所有者すべての情報が該当し，膨大な枚数となるので，あくまで対象専有部分の所有者に係るものだけに限定して交付申請しなければなりません。

第5章 宅地の上に存する権利等

Q43 地上権

評価対象土地の登記情報を確認したところ，ある用水路組合を地上権者とする地上権が設定されていました。地上部分は駐車場として本件土地所有者が利用しています。本件土地評価上は，この地上権をどのように勘案すべきでしょうか？

A 地上権とは，工作物または竹木を所有するためなどの目的で他人の土地を使用する権利です。地下部分に用水管が埋設されていると推定されます。この地上権の設定時期が昭和40年以前であれば，事実上は現在の区分地上権に近いものだと思われます。

地上権が設定されている本件土地の評価に際しては，通常の土地評価額から本件地上権評価額を控除して求めます。

法令・通達　相法23，相基通23－1

解説

1　地上権

地上権は，土地の利用権の一種ですが，賃借権と異なり，地代（賃料）の授受を構成要件とはしません。地上権設定時に一時金（地上権設定対価）を授受して成立することもあります。物権であるため，譲渡性があります。

財産評価基本通達上の地上権は，区分地上権と建物所有目的の地上権を除いたものと規定されています。建物所有目的の地上権は借地権として取り扱い，区分地上権も別途評価上の規定を有しているからです。したがって，地上権を単独で評価する場面はあまり多くはありません。

2　評　価

地上権の評価は，その権利の残存期間に応じ，地上権が設定されていないとした場合の価額に，以下の**図表43－1**の割合を乗じて算出した金額によって評価します。算式で表すと次のとおりです。

地上権評価額＝地上権が設定されていないとした場合の価額×地上権の割合

一方，地上権が設定されている土地の評価額は，通常の土地評価額から地上権評価額を控除したものとなります。

【図表43－1】地上権・区分地上権の権利の残存期間に応じた割合

権利の残存期間	該当割合	権利の残存期間	該当割合
10年以下	5％	30～35年以下	50％
10～15年以下	10％	35～40年以下	60％
15～20年以下	20％	40～45年以下	70％
20～25年以下	30％	45～50年以下	80％
25～30年以下	40％	50年以上	90％
存続期間の定めのない場合　40％			

3　留意事項

工作物設置のため長期にわたる地上権を設定している地上権者は公共団体であることが多いですが，そのうち，設定期間が100年を超える地上権に関しては，地方税法上，固定資産税の納税義務者が土地所有者ではなく，地上権者と規定されています。土地所有者の固定資産税課税明細等に地上権設定土地が記載されないため，課税明細の情報のみをうのみにすると，課税財産漏れを起こしてしまうので注意が必要です。

Q44 区分地上権

評価対象土地の登記情報を確認したところ，地下鉄トンネルのための区分地上権が設定されています。地上部分は土地所有者が居宅敷地として利用しています。本件土地評価上，この区分地上権をどのように勘案すべきでしょうか？

A　地下鉄等のトンネルの所有を目的として設定された区分地上権を評価するときの区分地上権割合は100分の30とされています。したがって，対象土地の通常の土地評価額から，区分地上権が設定されている部分に関してはその30％を減額補正します。

法令・通達　評基通27－4，民法269の2

解説

1　区分地上権

他人の所有する土地の地下または空間について上下の範囲を定めて，地下鉄トンネルや高架などの工作物を所有するために設定される地上権を通称「区分地上権」といいます。土地の高度利用に対応するため1966年の民法改正で制定され，現在は地上権よりも利用範囲が多いと言われています。ポイントは地下または空間の上下の範囲を定める点で，登記上は水平面の範囲とは別に，「範囲　東京湾平均海面の上何メートルから上何メートルの間」などと記載されます。区分地上権は，地下鉄網や高架道路などの増加・充実により都市部では使用頻度が今後も増加すると予測されています。

2　区分地上権の評価方法

区分地上権の価額は，その区分地上権の目的となっている宅地の自用地としての価額に，その区分地上権の設定契約の内容に応じた土地利用制限率（注）を基とした割合（以下「区分地上権の割合」という）を乗じて計算した金額によって評価するものとされています。

ただし，地下鉄等のトンネルの所有を目的として設定した区分地上権を評価するときは，区分地上権の割合は，100分の30とすることができます。

(注) 土地利用制限率とは，「公共用地の取得に伴う損失補償基準細則」別記２《土地利用制限率算定要領》に定める土地利用制限率のことで，建物階層別利用率表Ａ群を採用したものは**図表44－１**のとおりです。

【図表44－１】

階	(階層別利用率)
8F	32.9
7F	33.0
6F	36.9
5F	40.1
4F	42.8
3F	44.1
2F	61.5
1F	100.0
B1	55.7
B2	33.1

灰色部分が阻害箇所

地下鉄のトンネル

3　区分地上権の目的となっている宅地の評価方法

実務的には区分地上権を単独で評価することは極めて稀であり，区分地上権の目的となっている宅地を評価することがほとんどです。土地利用制限率を採用して区分地上権が設定されている宅地を評価する場合は以下のとおりとなります。

〔例〕 建築基準法令その他では，本来地上８階地下２階のビルが建築できるにもかかわらず，地下鉄のトンネルの所有を目的とする区分地上権が設定されていることにより，地上５階地下１階の建物しか建築できない土地（図表44－１：自用地価額10億円）は以下のように評価します。

自用地価額　　区分地上権の価額

10億円　－　10億円　×　0.283　＝　7.17億円

＊区分地上権の割合（土地利用制限率）：

$$\frac{32.9+33.0+36.9+33.1}{32.9+33.0+36.9+40.1+42.8+44.1+61.5+100.0+55.7+33.1} \fallingdotseq 0.283$$

ただし，地下鉄等のトンネルの場合は100分の30を区分地上権の割合として差し支えないため，以下のとおりとなります。

自用地価額　区分地上権の価額
10億円　－　10億円　×　0.30　＝　7億円

4　留意事項

（1）　区分地上権が宅地の一部に設定

区分地上権が1画地の宅地の一部分に設定されているときは，「その区分地上権の目的となっている宅地の自用地としての価額」は，1画地の宅地の自用地としての価額のうち，その区分地上権が設定されている部分の地積に対応する価額となります。

（2）　大深度利用

地下深くトンネルを掘る技術が進歩し，民法上の所有権が一定以上の地下にまで及ぶのは不合理であるとの意見もあり，大深度地下を有効に活用し，公共の利益となる事業が円滑に実施される目的で「大深度地下の公共的使用に関する特別措置法」が成立し，2001年から施行されています。この法律上の大深度地下の定義は，次の①または②のうちいずれか深い方の深さの地下です。

①　地下室の建設のための利用が通常行われない深さ（地下40m以深）
②　建築物の基礎の設置のための利用が通常行われない深さ（支持地盤上面から10m以深）

なお，この法律の対象地域は，三大都市圏（首都圏，近畿圏，中部圏）の一部区域が指定されています。したがって，当該指定区域内で対象土地の直下に鉄道等のトンネルが存在する場合，必ずしも区分地上権が設定されるわけではありません。

Q45 区分地上権に準ずる地役権

財産評価基本通達上の「区分地上権に準ずる地役権」とはどのようなものですか?

A 区分地上権に準ずる地役権は，地価税法で「民法第269条の２第１項（地下又は空間を目的とする地上権）の地上権に準ずる地役権その他の権利で政令で定めるもの」と規定され，具体的には，「特別高圧架空電線の架設，高圧のガスを通ずる導管の敷設，飛行場の設置，建築物の建築その他の目的のため地下又は空間について上下の範囲を定めて設定された地役権で，建造物の設置を制限するもの」と定義されます。登記の有無は問いません。

評価実務上，最も多く目にするのはいわゆる「高圧送電線のための地役権」であり，当該地役権が設定されている範囲を「高圧線下地」といいます。

法令・通達　評基通25，27－５，地価税法２，地価税法施行令２①

解説

1　地価税法の定め

区分地上権に準ずる地役権は地価税法等に定めがあり，地価税の対象となっていますが，個人がこれらの地役権を設定することはまずないため，相続税等で課税する場面はないと言ってよいでしょう。実務的にはこれらの権利が付着している土地を評価する際に勘案すべき事項です。

2　「区分地上権に準ずる」の意味

地役権は，特定の土地の利用のために他人の土地を利用する権利で，民法上の物権の一種です。容積移転の際にも地役権が利用されることからわかるとおり，様々な形態の地役権が存在します。土地評価では地役権のうち，高圧送電線設置のように事実上，区分地上権と同一視される地役権に限定して，区分地上権と同様の評価をすることとしています。

3　区分地上権に準ずる地役権の評価

区分地上権に準ずる地役権の価額は，その区分地上権に準ずる地役権の目的となっている承役地である宅地の自用地としての価額に，その区分地上権に準ずる地役権の設定契約の内容に応じた土地利用制限率を基とした割合「区分地上権に準ずる地役権の割合」を乗じて計算した金額によって評価します。

ただし，実務上は簡便法として，次に掲げるその承役地に係る制限の内容の区分に従い，それぞれ次に掲げる割合とすることができます。

(1)　家屋の建築が全くできない場合……100分の50またはその区分地上権に準ずる地役権が借地権であるとした場合にその承役地に適用される借地権割合のいずれか高い割合

(2)　家屋の構造，用途等に制限を受ける場合……100分の30

4　高圧線下地

高圧線下地は，特別高圧（7,000ボルト以上）の架空電線路の直下一定範囲であり，土地所有者と電力会社等の間で地役権設定契約をし，地役権登記をするのが一般的です。登記がされている場合には，地役権の設定年月日や設定の範囲等を登記簿から確認できます。また，地役権図面を取得すれば，地役権設定範囲を図上で確認できます。ただし，高圧線下地の中には，電力会社から高圧線設定の補償料を受け取っているにもかかわらず，何らかの理由で地役権登記がされていないことがあります。そのため，登記簿で地役権登記の有無を確認するだけでなく，対象地の物理的状況を把握し，疑わしい場合は土地所有者等への聞き取りをする必要があります。

高圧線下地の範囲は，一定条件下での送電線の最外線から３ｍの範囲とされることが多く，電圧が高くなるにつれて幅が広くなります。地役権による建造物の建築制限も，高圧線の使用電圧によって異なり，17万ボルトを超えると原則，建造物の建築は不可とされます。

5　区分地上権に準ずる地役権の目的となっている宅地の評価

図表45－1のとおり土地（300㎡）の一部（120㎡）に高圧送電線設置のための地役権（家屋の構造，用途等に制限を与えるもの）が設定されている場合は，以下のとおり評価します。

（1）　全体画地の自用地価額

路線価		奥行価格補正率		地積		自用地価額
300千円	×	1.00（15m）	×	300㎡	＝	90,000,000円

（2）　区分地上権に準ずる地役権の価額

路線価		奥行価格補正率		地積		地役権割合		区分地上権に準ずる地役権の価額
300千円	×	1.00（15m）	×	120㎡	×	30％	＝	10,800,000円

（3）　区分地上権に準ずる地役権の目的となっている宅地の価額

（1）－（2）　＝　90,000,000円　－　10,800,000円

＝　79,200,000円

【図表45－1】

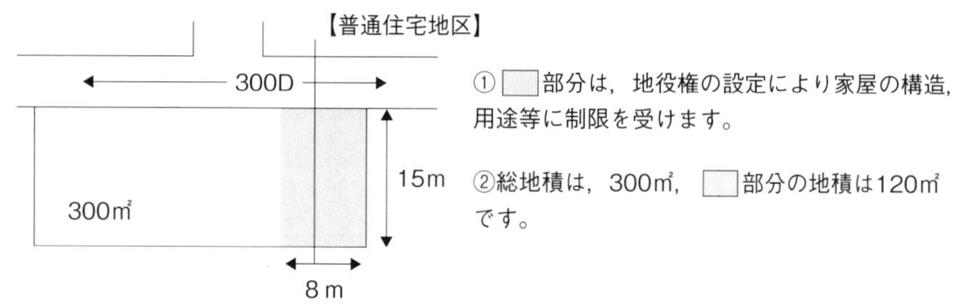

6　留意事項

区分地上権に準ずる地役権に関しては，評価対象土地のどの範囲に設定されているかが，当該土地利用に大きな影響を及ぼします。地役権が家屋の建築を全く許さないものである場合，**図表45－2**のA地は，道路に接面する部分の三角形部分に地役権が設定されていますが，地役権が設定されていない範囲で家屋建設することは可能です。B地は地役権が土地の中央部分に設定され，地形権が設定されていない部分が分断されています。B地は地役権が設定されて

いない箇所のみでは建物建築が困難であり，事実上Ｂ地全体の宅地利用は著しく制限されていることがわかります。このような場合，Ｂ地は資材置場程度の利用しかできないこともあり，上記５の算式でＢ地の実態利用に即した評価額といえるかどうかは疑問であり，時価申告等を含めた検討が必要といえます。

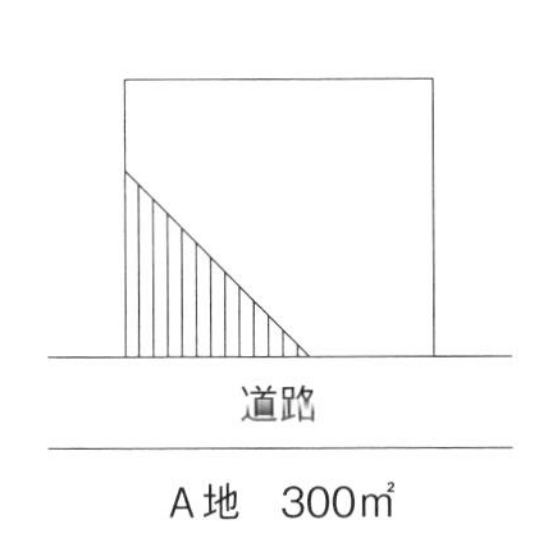

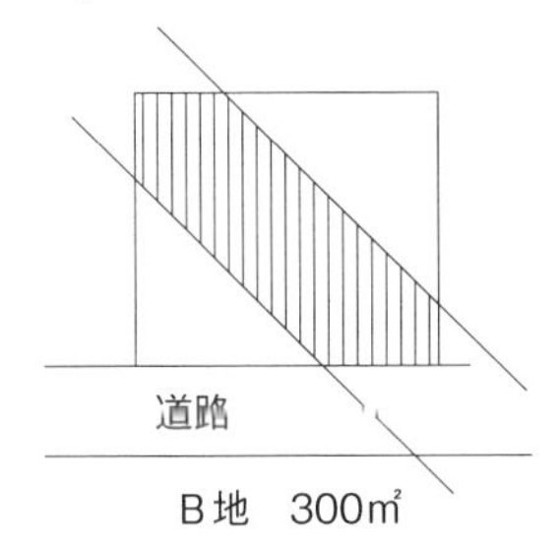

Q46 借地権

父（被相続人）は，祖父の時代（昭和20年代）から借地している宅地に居宅を所有していました。地代は本件土地にかかる固定資産税および都市計画税の3倍と定められています。居宅（木造2階建て）は昭和60年に地主の同意を得て，建て替えたものです。このような借地も相続財産に含まれるのでしょうか？　また評価はどのようにしますか？

A　借地契約の開始時期および経緯，現行地代水準から旧借地法に基づく借地権（非堅固建物所有目的）と判断されます。現行授受している地代も通常の地代と推定されることから，その借地権の目的となっている宅地の自用地としての価額に，当該地域の借地権割合を乗じて計算した金額によって評価します。

（法令・通達）　評基通27

解説

1　借地権

借地権とは，建物の所有を目的とする地上権または土地の賃借権をいいます。借地権には，次のとおり５種類の借地権が存在します。

（１）　借地権（借地借家法３条）
（２）　一般定期借地権（借地借家法22条）
（３）　事業用定期借地権等（借地借家法23条）
（４）　建物譲渡特約付借地権（借地借家法24条）
（５）　一時使用目的の借地権（借地借家法25条）

財産評価基本通達では，（１）を「借地権」，（２）～（４）を「定期借地権等」，および（５）を「一時使用目的の借地権」に区分して評価します。

2　借地権割合

借地権割合は路線価方式では路線価にＡ～Ｇの記号で表示されます。倍率方式では評価倍率表で地域ごとにパーセントで表示されます。借地権割合は，借地権の売買実例価額，精通者意見価格，地代の額等を基として評定され，国税局長が定めています。

3　借地権の取引慣行のない地域

財産評価基本通達では「借地権の設定に際しその設定の対価として通常権利金その他の一時金を支払うなど借地権の取引慣行があると認められる地域以外の地域にある借地権の価額は評価しない」となっています。しかし評価実務上は，どの地域で，どのような状況であれば借地権を評価しなくてよいかは定かではありません。課税当局の見解では，権利金を授受する取引の慣行があるかどうかは，その場所の借地権割合が30％未満であれば，借地権の慣行がないものとみなすとしています。

Q47 構築物所有目的の借地権

ガスタンクや受水槽など構築物の所有を目的とする土地の賃借権は，所得税法や法人税法の借地権に含まれていますが，財産評価基本通達上の借地権には，構築物の所有を目的とする賃借権も含まれるのでしょうか。

A 財産評価基本通達上の借地権は，借地借家法に規定する借地権（建物の所有を目的とする地上権または土地の賃借権）に限られることから構築物の所有を目的とする賃借権は含まれません。

（法令・通達）評基通９，86，87，所令79，法令137，138，139，不動産登記法事務準則77

解説

1　構築物所有目的の土地賃借権を除外する理由

建物の所有を目的とする借地権は，地域的な格差はあるとしても，その権利の内容が概ね一様であることから，その価額の評価の方法については，自用地としての価額にその地域における一定の借地権割合を乗じて算出するのに対し，構築物の所有を目的とする賃借権については，その構築物の種類が雑多であり，かつ，その構築物の所有を目的とする賃借権の権利の態様も一様ではないことがその理由とされています。

したがって，所得税法や法人税法で規定する借地権とは異なり，構築物の所有を目的とする賃借権は，財産評価基本通達上の借地権には該当せず，建物の所有を目的とする借地権とは区別してその賃借権または地上権の権利の内容に応じて個別に評価することとしています。

なお，構築物の所有を目的とする賃借権の価額は，財産評価基本通達87（賃借権の評価）の定めにより評価することになります。

2　裁決事例・判例

対象土地上には構築物がほとんどを占める中で，一部建物が存する場合に財産評価上，当該構築物および建物所有者に借地権が発生しているかどうかが判断に悩む場面です。この点に関しては以下の判例・裁決事例が判断材料となります。

建物の築造が，賃借土地をゴルフ練習場として利用する上で，従たる目的に過ぎないときは，建物の所有を目的とするとはいえないとした旧借地法上の判例（最高裁昭和42年12月５日判決），バッティングセンターの待合フロアー等の建築物が借地上にあったとしても，その敷地は借地権の目的となっている土地に当たらないとされた事例（平成12年６月27日裁決）などがあります。

逆に，賃借地である自動車教習所の一部に建物が存在する場合でも，教習コースとしての土地と建物が一体となって自動車学校経営の目的を達し得るものであるときは，土地全体について借地法の適用があるとした旧借地法上の判例（最高裁昭和58年９月９日判決）もあります。

3　建物の定義

財産評価基本通達上の借地権は，借地借家法上の借地権，すなわち建物所有を目的とする地上権または土地賃借権であるため，借地権評価をするかどうかは，借地上の建物が法律的に建物として認定されるかどうかが重要なポイントとなります。

建物は，土地に定着した建造物であり，不動産登記実務上，建物の要件として外気分断性（壁等で囲まれていること），定着性（土地に定着していること），用途性（建物としてその用途性があること）が必要とされています。

建物として取り扱うか認定しがたい建造物については，次のような例示から社会通念によって判定することになります。

(1)　建物として取り扱うもの

①　停車場の乗降場および荷物積卸場。ただし，上屋を有する部分に限りま

す。

② 野球場，競馬場の観覧席。ただし，屋根を有する部分に限ります。

③ ガード下を利用して築造した店舗，倉庫等の建造物

④ 地下停車場および地下街の建造物

⑤ 園芸，農耕用の温床施設。ただし，半永久的な建造物と認められるものに限ります。

（2） 建物として取り扱われないもの

① ガスタンク，石油タンク，給水タンク

② 機械上に建設した建造物。ただし，地上に基脚を有し，または支柱を施したものを除きます。

③ 浮船を利用したもの。ただし，固定しているものを除きます。

④ アーケード付街路

⑤ 容易に運搬し得る切符売場，入場券売場等

4　実務的判断事項

上記3を勘案した上で，借地上建造物が未登記の場合，建物に認定されるかどうかは以下のような判断をすることになります。

（1） 固定資産税の課税の有無

固定資産税上，建造物が家屋として評価され，課税対象となっている場合は，建物として認定されます。家屋認定されていない場合であっても，単なる課税漏れの可能性があります。その場合は以下のように確認します。

（2） 定着性

一義的には土地と建物の物理的結合程度の問題であり，通常，基礎工事の程度によって判断します。基礎を有せず，容易に移転し得る簡易な建造物は建物と認定されない可能性が大です（ある程度の規模があり，その自重によって移

動が防止される場合は建物として認定されることもあります)。

(3) 強度性

建物としてある程度の耐用年数を維持し得る強度性が必要とされます。極めて短期間の耐用年数しか有しないものについては不動産としての意義を見いだせないからです。

(4) 外気分断性

用途性とも関連しますが，ビニルハウスのように屋根，周壁の材料がビニル等耐久性を有しないものは外気分断性を認めません。

屋根があり，三面に周壁を有する建造物は，外気分断性を認めます。

Q48 借地権の実態（時価との乖離）

父（被相続人）が賃借していた借地（木造居宅所有目的）は，路線価では「D（借地権割合60%）」地区に該当します。昭和60年頃までは地代は安く，借地のありがたみを感じていましたが，平成以降，地主は３年ごとに地代の改訂を主張し，今では昭和60年頃の５倍以上になっています。地主とは親族など特別な関係にはありません。最近では近所の借地人が代替わりをきっかけに低廉な代金で建物を地主に売却しています。
このような借地権でも相続税申告上，路線価の60%を乗じた金額を借地権価額として申告しなければならないのでしょうか？　知り合いの不動産業者からは現在の地代から判断すると借地権価格はほとんど発生しないと言われました。そもそも借地権の経済価値とは何なのでしょうか？

A　非常に難しい問題です。実態上，本件借地権の経済価値は，路線価で定める借地権割合60%は高すぎると判断します。この借地権割合は借地人と地主との間のみで成立する「当事者間割合」に近いものです。借地権の第三者間取引慣行のある地域であっても，借地権取引価額の更地価額に対する割合「第三者間割合」はこの割合より低いのが実態です。さらに借地権単独（借地権付建物）を第三者間で取引する慣行がある地域は，東京や大阪などの一部の地域に限られるのが現状です。

時価申告を含め，適正な借地権評価額を検討すべきです。

なお，不動産鑑定評価基準では借地権の価格を以下のように説明しています。

借地権の価格は，借地借家法（廃止前の借地法を含む）に基づき土地を使用収益することにより借地人に帰属する経済的利益（一時金の授受に基づくものを含む）を貨幣額で表示したものである。

借地人に帰属する経済的利益とは，土地を使用収益することによる広範な諸利益を基礎とするものであり，特に次に掲げるものが中心となる。

① 土地を長期間占有し，独占的に使用収益し得る借地人の安定的利益

② 借地権の付着している宅地の経済価値に即応した適正な賃料と実際支払賃料との乖離（以下「賃料差額」という）およびその乖離の持続する期間を基礎にして成り立つ経済的利益の現在価値のうち，慣行的に取引の対象となっている部分

法令・通達　相法22，評基通1

解説

1　借地権価格の本質

借地権価格の本質は，対象土地を新規に賃借した際の賃料（正常賃料）と現在授受している賃料（現行賃料）の差額部分の総和が基本となります。例えば，現時点で対象土地を賃借するならば月額10万円はするところ，過去からの経緯で月額2万円の地代で賃借している場合，借地人には月額8万円の経済的利益（借り得部分ともいいます）を保持していることになります。仮に現時点から30年間借地契約を維持し続けることができれば，この借地人には月額8万円の30年分である2,880万円（＝8万円×12月×30年）の経済的利益が帰属するという論法です（ただし，この経済的利益は30年間にわたるものであるため評価上は現在価値に置き換えます）。

かつて1980年代後半から1990年代初頭のバブル経済期まで，全国的に地価が高騰する中で，地代は比較的低廉なままでした。これは第２次世界大戦前に制定された「地代家賃統制令」が1986年まで存続していたことや土地に掛かる固定資産税等が低く抑えられていたためなどと言われています。

バブル崩壊後，地価は全国的に下落する中，地代は逆に緩やかに上昇する地域が多く見られました。これは公的土地評価の一元化により土地の固定資産税評価額が1994年から大きく引き上げられ，税額も順次上昇していったことおよび借地借家法施行（1992年）により新たに定期借地権制度が導入され，適正地代の考え方に影響を与えたことなどが原因です。

地価の下落が継続している地域では，近年，実際に授受されている地代のうち，いわゆる「借り得」部分が極めて少額あるいはほとんど存在しないような事例が珍しくなくなりました。もちろん借り得部分が少額となっても，借地人には対象土地を長期間占有し，独占的に使用収益し続ける安定的利益は残っています。

そもそも借地権はその契約の形態，権利の内容，目的建物の種類・構造および現行の地代水準などの個別の事情によって，その経済的利益は大きく異なり，地域の取引慣行も異なります。一概には言えませんが，国税局の財産評価基準に定める借地権割合ほど借地権の経済的利益があるかどうかは大いに疑問であるケースが少なくありません。

なお，財産評価基本通達（以下，「評価通達」とします）では貸宅地の評価額は，自用地としての価額から借地権価額を控除したものと定めており，借地権価額と貸宅地価額を合計したものが自用地価額になるように規定されています。不動産鑑定評価上は，貸宅地を底地といいますが，借地権価額と底地価額を合計しても更地価額には達しないことが一般的です。借地権は上記のとおりの経済価値しか有せず，また底地は借地権という第三者の権利が付着した土地であり，当面の期間は地代収入しか収受しえず，将来の更地復帰が未定であることを勘案するに更地価格よりもかなり低い価値しかないと判断するからです。

このように評価通達で借地権割合と底地割合を足して１とする現行方式に対

しては，不動産鑑定上や不動産実務家から多くの否定的な見解が寄せられています。

実務上，借地権割合と底地割合が足して1となるのは，次のような場面に限定されるといえます。

（1）　借地権を含む土地が道路など公共事業用地買収にかかり，補償金を借地人と地主との間で分割するとき

（2）　借地権と底地をお互い交換しあい，それぞれ自用地とする場合（当事者間割合）

ただし，借地人と地主の関係が，同族法人とその関係者または親族間など特殊関係人である場合は，借地権割合と底地割合の合計が1としなければ租税回避となり得るため，その合理性は認められます。

2　借地権取引の態様等

不動産鑑定評価基準では，借地権の鑑定評価にあたっては，借地権の価格と底地の価格とは密接に関連し合っているので，以下に述べる諸点を十分に考慮して相互に比較検討すべきと規定しています。

①　宅地の賃貸借等および借地権取引の慣行の有無とその成熟の程度は，都市によって異なり，同一都市内においても地域によって異なることもあること。

②　借地権の存在は，必ずしも借地権の価格の存在を意味するものではなく，また，借地権取引の慣行について，借地権が単独で取引の対象となっている都市または地域と，単独で取引の対象となることはないが建物の取引に随伴して取引の対象となっている都市または地域とがあること。

③　借地権取引の態様

ア　借地権が一般に有償で創設され，または継承される地域であるか否か。

イ　借地権の取引が一般に所有者以外の者を対象として行われる地域であるか否か。

ウ　堅固建物の所有を目的とする借地権の多い地域であるか否か。

エ　借地権に対する権利意識について借地人側が強い地域であるか否か。

オ　一時金の授受が慣行化している地域であるか否か。

カ　借地権の譲渡にあたって名義書替料を一般に譲受人または譲渡人のいずれが負担する地域であるか。

④　借地権の態様

ア　創設されたものか継承されたものか。

イ　地上権か賃借権か。

ウ　転借か否か。

エ　堅固の建物の所有を目的とするか，非堅固の建物の所有を目的とするか。

オ　主として居住用建物のためのものか，主として営業用建物のためのものか。

カ　契約期間の定めの有無

キ　特約条項の有無

ク　契約は書面か口頭か。

ケ　登記の有無

借地権の価格は，借地権が存する地域の取引慣行や個々の借地契約内容やその経緯および地代水準などが複雑に絡み合って成立することがわかります。一方，借地権割合は路線価方式であれば路線価により，倍率方式では評価倍率表により地域単位で一律に規定されています。申告上，借地権割合を単純に採用して借地権評価額を求めてしまうことが必ずしも適正ではないと判断される理由はここにあります。

3　借地権の取引慣行のある地域とは

しかしながら借地権の取引慣行のある地域の認定について，課税当局や国税不服審判所はかなり広い意味で解釈しているようです。借地権の第三者間取引がほとんど見られない場合であっても借地人が底地を買い取ったり，借地人が借地権終了に際し，地主から立退料相当額を受け取ったりすることも借地権取引慣行の一部と認定しているからです。

借地権の取引慣行の有無に関しては次の事例が参考になります。

本件では，対象土地が所在する地域において，借地権の目的となっている土地を売却する際，借地人に対して底地価額相当額で宅地を売却している事例や賃貸人が借地権消滅の対価を支払っている事例のほか，借地権の設定時に権利金の授受が行われている例も見受けられ，借地権の価額が反映されている取引が存することは明らかであり，借地権の取引慣行があると認められると判断。その上で本件土地が所在する地域は取引慣行がある地域であるので，借地権の評価をすべきである，としています（平成16年９月10日裁決)。

４　相続税評価額は時価が基本

申告実務上，ほとんどの財産は評価通達に従って評価します。相続税申告は評価通達通りに計算して行わねばならないと思い込んでいる納税者もいることでしょう。相続税等の財産評価は原則，時価です。時価とは不特定多数の当事者間で自由な取引が行われる場合に通常成立すると認められる価額を意味し，客観的な交換価値と解されることが一般です。借地権に関しては，取引実態として借地権が単独で不動産市場で売買されているのは東京など大都市部の一部であることが把握されています。借地権の「客観的な交換価値」は，一部の地域を除いて，非常に不透明ともいえます。

ただし，時価を求めるのは誰もができることではないので，「特段の事情がない限り」，評価通達や財産評価基準によって画一的な評価を行うことが課税公平上の観点からも合理的と認められているわけです。したがって，評価通達に従って計算した評価額が時価を逸脱すれば，違法性を帯びることになります。財産評価に関して行政庁の自由な裁量が認められたものではないとした最高裁判例（昭和49年６月28日判決）などが参考となります。

５　申告実務

申告現場では，老朽化した鉄筋コンクリート造店舗を所有目的とした借地権などで借り得部分がほとんどない場合や，築年数が古い木造居宅所有の借地権などで，借地権割合方式によって借地権を評価するとあまりにも高額になってしまう事案が問題となるようです。

具体的には税務当局と事前交渉した結果，借地権価額を不動産鑑定士による不動産鑑定評価額で申告するように指示されたケースや，申告時に借地権評価額をあえて計上せず，税務調査時に借地権を計上するように指摘された際に，借地権割合を財産評価基準より減額して修正申告に応じたなどとの話を聞くことがあります。

国税局および所轄税務署によって異なるものの，課税当局も地域の借地権取引等の実態に即して財産評価基準通りの借地権割合で申告することに固執せず，ある程度柔軟な取扱いを認めている場合も少なくないようです。このような税務署単位の状況はほとんど公表されることはなく，相続税等における借地権評価の実態はよくわからないのが現状です。借地権を評価する際には，対象借地権の個別事情や借地権の目的となっている建物の物理的状況や経済的耐用年数および地域の借地権取引状況等総合的に勘案し，事前に所轄税務署の考えを聞くなどの対応が求められます。

ただし，借地人と地主との関係が，親族間やあるいは同族法人とその関係者間など特別な関係にある場合は，税務上の問題が別途生ずることもあるので注意が必要です。

3　借地上建物が滅失した場合

借地上建物が火災等により滅失した場合，建物が消失したことによりただちに借地権が喪失してしまうと著しく借地人に不合理です。借地借家法は，建物の滅失があっても，借地人が，その建物を特定するために必要な事項，その滅失があった日および建物を新たに築造する旨を土地の上の見やすい場所に提示する（明認方法といいます）ときは，借地権の対抗力を有すると規定しています。

ただし，この対抗力は建物の滅失があった日から２年を経過する日までに，建物の築造および登記を要します。

なお，2013年，従前の「罹災都市借地借家臨時処理法（罹災法）」を大幅に改正した「大規模な災害の被災地における借地借家に関する特別措置法」が成立しました。震災等大規模に家屋が倒壊・滅失した場合，政令で指定された被災区域ではこちらが優先されます（建物滅失後の借地権対抗力は３年になります）。

旧罹災法は，1995年１月発生の阪神・淡路大震災，2004年10月発生の新潟県中越地震の大規模災害でも適用されていますが，東日本大震災では適用は見送られています。

Q 50　定期借地権の種類

借地借家法施行後は，新たに契約される借地は，ほとんどが定期借地権であると聞いています。定期借地権とはどのようなものでしょうか？　これまでの借地権とはどこが異なるのでしょうか？

A　定期借地権とは，1992年８月20日に施行された借地借家法により新たに創設された借地権であり，一般定期借地権，事業用定期借地権，建物譲渡特約付借地権の３種類があります。従来の借地権との相違点は，契約更新がなく，契約期間の満了と共に借地契約が確実に終了することにあります。

（法令・通達）　借地借家法22，23，24

解説

1　定期借地権の創設

旧借地法は借地人保護を目的として1921年に制定，1941年に全面改正され，「正当事由制度」が追加されました。借地について期間満了時に建物がある場合は，借地契約の更新を拒絶するためには地主に正当な事由が必要とされ，借地人保護が強化されました。

その結果，借地人は地主から土地を借りると，契約更新を続けることで半永久的に契約を継続することができる一方，地主にとっては土地を貸してしまえば，権利のほとんどを取られたのも同然ということで全国的に借地の新規供給量は大幅に減少しました。

都市部での宅地の需要増加に対応する目的で，考え出されたのが定期借地権制度です。定期借地権の創設により，貸した土地が必ず戻り，期間満了時の立退料も必要なくなり，地主が安心して土地を貸すことができるようになり，宅地の賃貸供給量は大きく増加しました。現在では，契約される第三者間の土地賃貸借はほとんどが定期借地権と言われています。

2　定期借地権の種類

定期借地権の種類の概要は以下の**図表50－1**のとおりです。なお，事業用定期借地権は2008年１月１日の借地借家法改正で期間の見直しが行われ，従前の「10年以上20年以下」から「10年以上50年未満」に改正され，同時にその名称も「事業用借地権」から「事業用定期借地権」に変更されています。

3　定期借地権の経済的価値

定期借地権が普通借地権と根本的に異なるのは，借地契約期間が確定していることです。定期借地契約の内容は，その種類および契約期間，地代水準並びに一時金の授受の有無およびその額等様々であり，定期借地権の課税時期における借地人に帰属する経済的価値は，その残存期間によって決定されます。

借地権の価格は，借地契約に基づき土地を使用収益することにより借地人に

【図表50－１】

借地権		存続期間	利用目的	契約方法	借地関係の終了	契約終了時の建物
定期借地権	一般定期借地権（法22条）	50年以上	用途制限なし	公正証書等の書面で行う。 ①契約の更新をしない ②存続期間の延長をしない ③建物の買取請求をしない という３つの特約を定める。	期間満了による	原則として借地人は建物を取り壊して土地を返還する。
	事業用定期借地権（法23条）	10年以上50年未満	事業用建物所有に限る（居住用は不可）	公正証書で行う。 ①契約の更新をしない ②存続期間の延長をしない ③建物の買取請求をしない という３つの特約を定める。	期間満了による	原則として借地人は建物を取り壊して土地を返還する。
	建物譲渡特約付借地権（法24条）	30年以上	用途制限なし	30年以上経過した時点で建物を相当の対価で地主に譲渡することを特約する。 口頭でも可	建物譲渡による	①建物は地主が買い取る。 ②建物は収去せず土地を返還する。 ③借地人または借家人は継続して借家として住まうことができる。
普通借地権		30年以上	用途制限なし	制約なし 口頭でも可	①法定更新される。 ②更新を拒否するには正当事由が必要。	①建物買取請求権がある。 ②買取請求権が行使されれば建物はそのままで土地を明け渡す。借家関係は継続される。

帰属する経済的利益（一時金の授受に基づくものを含む）を貨幣額で表示したものとされています。借地人に帰属する経済的利益は，土地を長期間占有し，独占的に使用収益し得る借地人の安定的利益と，適正賃料と支払賃料との差額およびその残存期間を基礎にして成り立つ経済的利益の現在価値といえます。

ただし，定期借地権のほとんどは賃料を一定期間ごとに改訂する契約内容となっていることが一般的であり，定期借地権の経済価値は，契約締結時に支払われた権利金あるいは保証金などの一時金または前払賃料等に着目することになります。

Q51 定期借地権の評価方法

定期借地権はどのように評価するのでしょうか？

A 定期借地権の評価は，原則として，課税時期において借地権者に帰属する経済的利益およびその存続期間を基として評定した価額によって行うものとされています。ただし，課税上弊害がない限り，その定期借地権等の目的となっている宅地の課税時期における自用地としての価額に，次の算式（簡便法）により計算した数値を乗じて計算した金額によって評価します。

課税時期の自用地としての価額　×　借地権設定時の定期借地権割合
　×　定期借地権の逓減率

＊借地権設定時の定期借地権割合

$$= \frac{\text{設定時に借地人に帰属する経済的利益}}{\text{設定時の宅地の通常の取引価額}}$$

＊定期借地権の逓減率

$$= \frac{\text{課税時期における残存期間年数に応じた基準年利率の複利年金現価率}}{\text{設定期間年数に応ずる基準年利率の複利年金現価率}}$$

簡便法による具体的計算例は以下のとおりとなります。

●契約の内容

定期借地権等の種類……定期借地権（設定期間50年）

自用地評価額……相続税評価額：4,000万円

（通常の取引価額：5,000万円）

定期借地権設定時に借地人に帰属する経済的利益の総額……800万円

●課税時期状況

課税時期……設定後10年（＝残存期間40年）

課税時期の自用地評価額……相続税評価額：6,400万円

（通常の取引価額：8,000万円）

〔計算〕

定期借地権等の価額

自用地評価額		設定時の定期借地権割合		定期借地権の逓減率		
6,400万円	×	800万円／5,000万円	×	32.835／39.196	≒	857万円

※ 基準年利率は1.0％採用。

(注) 5,000万円は，定期借地権設定時における通常の取引価額と規定されていますが，その時点における自用地評価額（相続税評価額）を0.8で割り戻した価額によって差し支えありません。

法令・通達　評基通27－２，27－３

解説

１　借地人に帰属する経済的利益

定期借地権を評価するにあたって，まず確定すべきは借地人に帰属する経済的利益です。具体的には権利金の授受がある場合，保証金の授受がある場合，差額地代がある場合の３区分により，それぞれ以下のとおり求められます。なお，ここでいう権利金とは契約締結時に借地人から地主に支払われる一時金のうち，借地契約終了時に返還されないものであり，礼金，協力金等の名称が使用されることもあります。また保証金とは一時金のうち，契約解除時に地主から借地人へ返還されるものであり，敷金等の名称が使用されることもあります。保証金のうち，返還を要しない部分を償却分○○％と表示する場合，償却分は権利金と同一視されます。

なお，実務的には定期借地権の性格上，権利金の授受が行われることは極めて少数であり，差額地代の派生も第三者間ではほとんど見受けられないと判断されるため，下記の（２）のケースが多くを占めます。

（１）　権利金の授受がある場合

課税時期において支払われるべき金額または供与すべき財産の価額に相当する金額

（2） 保証金の授受がある場合

次の算式により計算した金額となります。

保証金等の額に相当する金額
－（保証金等の額×設定期間年数に応じる基準年利率による複利年金現価率）
－（保証金等の額に相当する金額×約定利率
×設定期間年数に応じる基準年利率による複利年金現価率）

（3） 定期借地権等の設定に際し，実質的に贈与を受けたと認められる差額地代の額がある場合

次の算式により計算した金額となります。

差額地代の額×設定期間年数に応じる基準年利率による複利年金現価率

なお，差額地代の額の算定に際しては以下の事項に留意します。

① 実質的に贈与を受けたと認められる差額地代の額がある場合に該当するかどうかは，個々の取引において取引の事情，取引当事者間の関係等を総合勘案して判定します。

②「差額地代の額」とは，同種同等の他の定期借地権等における地代の額とその定期借地権等の設定契約において定められた地代の額（上記（1）または（2）に掲げる金額がある場合には，その金額に定期借地権等の設定期間年数に応ずる基準年利率による年賦償還率を乗じて得た額を地代の前払いに相当する金額として毎年の地代の額に加算した後の額）との差額となります。

2 各種現価率について

定期借地権の評価にあたっては，各種現価率を理解しなければなりません。現価率とは現在価値率の略であり，過去時点あるいは将来時点の金額を，一定の利率を使って，現在の価値に置き換えるものです。例えば現在の100万円と1年後の100万円は同等の価値ではありません。いくら低いとはいえ，金利（利回り）が付くからです。この例のように将来の100万円は現時点でいくらになるかを求めるものが現価率です。

評価通達に出てくる各種現価率は以下のものがあります。

なお，実際に計算する場合は，国税庁が公表している「基準年利率」表（**図表51－１**）と「複利表」（**図表51－２**）を利用します。

【図表51－１】令和元年分の基準年利率について（法令解釈通達）

基準年利率　（単位：％）

区分	年数又は期間	平成31年1月	2月	3月	4月	令和元年5月	6月	7月	8月	9月	10月	11月	12月
短期	1年 2年	0.01	0.01	0.01	0.01	0.01	0.01	0.01	0.01	0.01	0.01	0.01	0.01
中期	3年 4年 5年 6年	0.01	0.01	0.01	0.01	0.01	0.01	0.01	0.01	0.01	0.01	0.01	0.01
長期	7年以上	0.1	0.1	0.1	0.05	0.1	0.05	0.01	0.01	0.01	0.01	0.01	0.05

（注）課税時期の属する月の年数又は期間に応ずる基準年利率を用いることに留意する。

【図表51－２】複利表（抜粋）

区分	年数	年0.1％の複利年金現価率	年0.1％の複利現価率	区分	年数	年0.1％の複利年金現価率	年0.1％の複利現価率
長期	7	6.972	0.993	長期	20	19.792	0.980
	8	7.964	0.992		30	29.540	0.970
	9	8.955	0.991		40	39.191	0.961
	10	9.945	0.990		50	48.747	0.951

（1）　複利年金現価率

毎年の受取り金額および年数から，当初必要な元本を計算するにあたって適用される係数。毎年一定の年金を受け取るには，予めいくらの金銭が必要かを算出できます。具体的には今後20年間，毎年100万円の生活費が必要だが，そのためには現時点でいくらの金額が必要であるかを算出します。

係数　〔$(1+r)^n-1$〕／〔$r(1+r)^n$〕　　r＝利率，n＝年数

(2) 複利現価率

一定期間後の金額と運用利率から現在必要な元本を示す係数。具体的には10年後に100万円となるためには現在いくら元本があれば良いかを算出します。

係数　$1／(1+r)^n$

(3) 年賦償還率

運用利率，年数が与えられた場合，毎年取り崩すことができる金額を求める場合に適用する係数。運用を継続しながら，一定額を取り崩していって残高が0となるためには，毎年どれだけの金額を取り崩すことができるかを算出できます。

係数　$〔r(1+r)^n〕／〔(1+r)^n-1〕$

(4) 複利終価率

元本をある利率で複利運用した場合，一定期間後にいくらになっているか示す係数。

係数　$(1+r)^n$

3　課税上弊害がある場合

次の場合には課税上弊害がある場合に当たると考えられるため簡便法ではなく，評価通達の定めにより評価しなければなりません。

(1)　一般定期借地権の借地権者と借地権設定者の関係が親族間や同族法人等の特殊関係者間の場合

(2)　第三者間の設定等であっても税負担回避行為を目的とすると認められる場合

Q52 配偶者居住権に基づき居住建物の敷地を使用する権利の評価

配偶者居住権が新設されましたが，相続の際，配偶者居住権が設定された建物敷地はどのように評価するのですか？

A 配偶者居住権とは，相続発生により，残された配偶者が被相続人の所有する建物（夫婦で共有する建物でもかまいません）に居住していた場合で，一定の要件を満たすときに，被相続人が亡くなった後も，配偶者が，賃料の負担なく，その建物に住み続けることができる権利です。

配偶者居住権の目的となっている建物の敷地である土地等を当該配偶者居住権に基づき使用する権利の価額は，次の計算式により評価します。

（計算式）

土地等の時価－土地等の時価×存続年数に応じた法定利率による複利現価率

法令・通達　相法23の２

解説

１　配偶者居住権

配偶者居住権は，配偶者が相続開始時に居住していた被相続人所有建物を対象に，終身または一定期間，配偶者にその建物の居住を認める権利であり，被相続人の遺言や，遺産分割協議等によって，取得することができます。自宅（およびその敷地）を「居住権」と「所有権」とに分けて相続できるようになったことが特徴です。

配偶者居住権は，第三者に譲渡したり，所有者に無断で建物を賃貸したりすることはできませんが，その分，建物の所有権を取得するよりも低い価額で居住権を確保することができるので，遺言や遺産分割の際の選択肢の１つとして，配偶者が，配偶者居住権を取得することによって，預貯金等のその他の遺産をより多く取得することができるというメリットがあります。

配偶者居住権は，2018年の民法改正により創設され，2020年４月１日以後に開始する相続に適用されます。

２　配偶者居住権に基づき居住用建物の敷地を使用する権利の評価

建物に対する配偶者居住権とは別に，当該建物の敷地を使用する権利を評価しなければなりません。

評価の計算式は上記のとおりですが，以下の事項に留意します。

（1）　土地等の時価

土地等の時価は，居住建物に配偶者居住権が設定されていないものとした場合の当該土地等の相続開始時における時価をいいます。

（2）　存続年数は，以下の区分に応じ，それぞれ定める年数（６月以上の端数は１年とし，６月に満たない端数は切捨て）とします。

①　配偶者居住権の存続期間が配偶者の終身の間とされている場合

配偶者居住権が設定された時におけるその配偶者の平均余命

②　①以外の場合

遺産分割の協議・審判または遺言により定められた配偶者居住権の存続年数（その年数が，上記平均余命を超える場合は，その平均余命）

（3）　複利現価率の求め方

Q51を参照ください。

３　具体的事例

①　前提

土地相続税評価額3,000万円，建物およびその敷地は子が相続し，配偶者（妻）は配偶者居住権を取得，配偶者居住権の存続期間は終身（相続開始時の配偶者年齢は70歳）。

② 使用する数値

存続年数：70歳女性の平均余命年数＝20年（厚生労働省・完全生命表より）

複利現価率：0.554（法定利率３％，20年間）

③ 計算式

3,000万円　－　3,000万円　×　0.554　＝　1,338万円

４　配偶者居住権を利用する際の留意事項

配偶者の相続開始に伴い，子らが相続財産を取得する際（二次相続）には，上記の配偶者居住権および配偶者居住権に基づき建物敷地を利用する権利は，課税対象とはなりません。配偶者居住権等は，配偶者の死亡と同時に消滅するという考えに基づきます。したがって，夫に相続が発生（一次相続）した段階で配偶者居住権を利用すれば，二次相続で相続税負担を減らす効果があります。

しかしながら，配偶者居住権自体は売却や譲渡ができず，配偶者が「自宅」を売って，社会福祉施設等に入居する資金を捻出することはできません。配偶者居住権を子と合意解除した場合は，配偶者居住権を子に贈与したとみなされ，贈与税が課せられることもあります。固定資産税は所有者である子らが納税義務を負います。配偶者居住権を利用する際には，各種検討が必要です。

●平均余命

配偶者居住権の存続期間を，その配偶者の終身の間とされている場合は，その配偶者の平均余命が存続年数となります。実務的には厚生労働省が５年ごとに作成・公表している「完全生命表」に基づき，その配偶者の平均余命を判定します。国税庁の評価明細書（2020年４月１日以降用）では，第22回完全生命表（2017年３月１日公表）に基づく平均余命を参考として以下のように示しています。日本人の平均寿命が延びているため，配偶者居住権の存続期間はかなり長期間に及ぶケースが多くなると判断されます。

第22回生命表（完全生命表）に基づく平均余命

満年齢	60	65	70	75	80	85	90	95
男	24	19	16	12	9	6	4	3
女	29	24	20	16	12	8	6	4

第6章
貸宅地・貸家建付地

Q53 貸宅地の評価

借地権の目的となっている宅地（貸宅地）の評価はどのようにするのですか？

A 借地権の目的となっている宅地の価額は，次の算式で求めた金額により評価します。

自用地としての評価額 － 自用地としての評価額×借地権割合

借地権割合については，路線価方式の場合は，路線価に表示されているA～Gの記号を，倍率方式の場合は，評価倍率表に記載されている地域ごとの借地権割合（パーセント表示）を採用します。

法令・通達　評基通25

解説

1　貸宅地（底地）

借地権（建物所有目的の地上権または土地賃借権）が設定されている宅地を貸宅地といいます。貸宅地は第三者（借地人）所有の建物が存在し，土地所有者にとっては自己利用ができず，当面の間，地代収入等を授受する経済的利益しか得られないため，自用地と比較して評価額は低くなります。

財産評価基本通達では，借地権価額と貸宅地（底地）評価額の合計額が自用地評価額となる前提で，借地権割合の大きい土地ほど，貸宅地割合が小さくなる方式を採用しています。

不動産鑑定評価基準では底地の価格は，借地権の付着している宅地について，借地権の価格との相互関連において賃貸人に帰属する経済的利益を貨幣額で表示したものと規定しています。賃貸人に帰属する経済的利益は，①地代収入から必要経費（固定資産税等）を控除した純収入の賃貸期間に対応する経済的利益，②賃貸期間満了等によって復帰する経済的利益，の２つから構成され，①と②の合計額の現在価値となっています。

したがって，申告実務上，貸宅地を借地権割合控除方式で評価するよりも，不動産鑑定士による鑑定評価額を採用して時価申告することがしばしばあります。Q48借地権で記載したとおり，国税局の定める借地権割合は借地権自体を評価するには高すぎることが少なくありません。

底地を評価する際には，（１－借地権割合）を底地割合として利用しますが，借地権という強固な権利が付着し，借地権返還の目処がたたないような底地を高額で売却することは非常に困難です。借地権価格と底地価格を足して自用地価格とする前提では，やはり底地評価も時価に比較して割高となってしまいます。

国税局によっては現行の借地権割合は底地を求めるための割合として重視している場合があります。もちろん借地権の態様や地域の取引慣行は様々であり，単純に借地権割合を控除するだけで底地を適正に評価できるわけではありませんが，底地の不動産鑑定評価額が課税当局で必ずしも是認されるわけではないので注意が必要です。

２　借地権の取引慣行がないと認められる地域

借地権の取引慣行がないと認められる地域にある借地権の目的となっている宅地の価額は，上記の算式の借地権割合を20％として計算することとなっています。これは土地所有者にとっては，いくら借地権の取引慣行がないとしても第三者所有の家屋が存在し，自己使用が制限され，土地売却等も困難となることを勘案したためです。

3　貸宅地割合（沖縄県）

貸宅地評価は，上記算式によりますが，貸宅地評価額の宅地の自用地としての価額に対する割合（「貸宅地割合」）が概ね同一と認められる地域ごとに国税局長が貸宅地割合を定めている地域では，その宅地の自用地としての価額にその貸宅地割合を乗じて計算した金額によって評価することになっています。日本全国の中で唯一，沖縄県の特定地域に関しては，貸宅地割合が定められ，自用地評価額にこの貸宅地割合を乗じて求めることとされています。算式は以下のとおりです。

貸宅地の価額＝自用地としての価額×貸宅地割合

これまでは借地権の金額と底地の金額を合計すると必ず100%となりましたが，「貸宅地割合」が設定された地域では必ずしも100%となりません（**図表53－1**）。貸宅地割合は2005年の評価基準で初めて採用されましたが，沖縄県以外への適用拡大は未定のようです。

【図表53－1】

借地権割合40%，貸宅地割合30%の場合

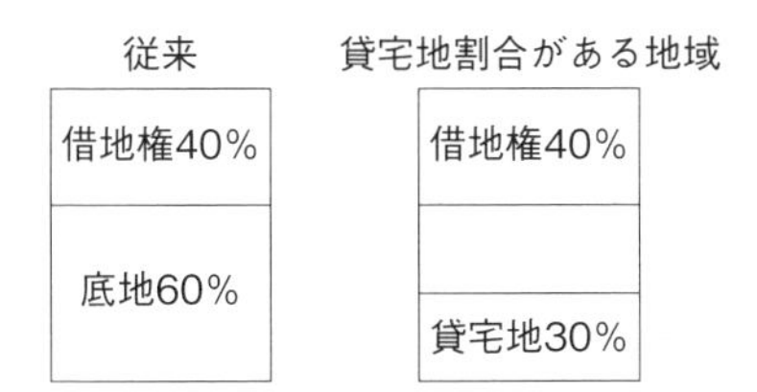

4　裁決事例・判例

① 貸宅地の評価においては，一般に借地権価額控除方式には合理性があり，また，請求人らが採用した収益還元方式の「純収益」や「還元率」は標準化されたものとは認められないとして，請求人らの主張する評価方式を排斥し

た事例（平成15年９月２日裁決）。

② 貸宅地の評価にあたり収益還元法による価格を重視し借地権控除方式による価格を比較考量の対象としていることにつき合理性を有するとした事例（東京地裁平成11年３月30日判決）。

この事例では，60年間の借地権が設定されており，当面更地復帰する可能性が低い土地の評価が争点となりました。借地権の取引慣行が成熟している地域における底地の評価において，将来借地権が消滅して完全な所有権に復帰することによる経済的利益を一定程度加味することは合理性を有し，対象土地の存する地域は借地権の取引慣行が成熟していることが認められるため，対象土地について収益還元法による価格2,810万円を重視しつつ，借地権控除方式による価格１億8,300万円を比較考量する等して，時価を3,000万円と認定したことは合理性を有する，としました。

Q54 宅地と雑種地が混在している場合

甲は，次の図表54－１のように，宅地と雑種地を乙に貸し付けています。この場合の甲の所有する宅地および雑種地の価額はどのように評価するのですか？ A土地（宅地）は300㎡で乙所有の店舗が建てられ，B土地（雑種地）は300㎡で乙が構築物（立体駐車場）を設置して利用しています。B土地の賃貸借契約の残存期間は５年です。

【図表54－１】

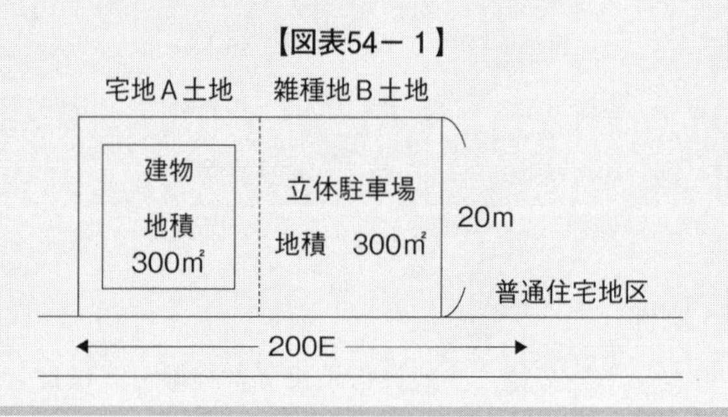

AおよびB土地を一団の土地として評価した価額を，各々の地積の割合

に応じて按分し，A土地については借地権の価額を，B土地については賃借権の価額をそれぞれ控除して評価します。図表54－1の場合，B土地の賃借権の割合を5％とすると，具体的にはそれぞれ次のように評価します。なお，A，B土地に設定された権利は異なります（借地権および賃借権）が，権利者が同一であり一体として利用していることから，その貸宅地（底地）等についても「1画地の宅地」として一体で評価します。

1　A土地とB土地とを一体として評価した価額

正面路線価		奥行価格補正率		地積		
200千円	×	1.00（20m）	×	600㎡	＝	120,000,000円

2　A土地の評価額（貸宅地）

一体評価額		面積按分		借地権割合	
120,000,000円	×	300㎡／600㎡	×	（1－0.5）	＝30,000,000円

3　B土地の評価額（貸し付けられている雑種地の評価額）

一体評価額		面積按分		賃借権割合	
120,000,000円	×	300㎡／600㎡	×	（1－0.05）	＝57,000,000円

（法令・通達）　評基通25，27，86，87

解説

1　複数地目を一体利用している場合

借地権の効力の及ぶ範囲がどこまでかを判定することは評価実務上かなり神経を使う場面です。本事例は借地権の及ぶ範囲（貸宅地）と単なる民法上の借地部分である雑種地が明確に分かれている場合の評価方法を示しています。評価上の地目と登記地目とは別概念です。登記地目が雑種地であっても，宅地利用がされていれば評価上は宅地となり，本件のような複数地目とはなりません。その場合はあくまでも借地権の効力の及ぶ範囲を検討することになりますので注意が必要です。

２　構築物所有目的の場合

借地権は，建物所有目的の地上権または土地賃借権と規定されているため，本事案のように構築物を所有目的とする土地賃借権は，借地権とは認定されません。構築物所有の場合は，貸し付けられている雑種地として法定地上権割合に準じた評価をすることになります。

評価事務上，判断に迷うのは，構築物と家屋が混在する場面です。土地賃貸借契約の内容や土地利用状況を総合的に勘案して判断する必要があります。土地賃貸借の主たる目的が単なる土地利用で，建てられている建物が小規模な簡易建物等であり，土地利用上建物が付随的な役割しか担っていない場合は，税務上，借地権の存在は否認されるケースが少なくありません。

３　裁決事例・判例

① 中古車展示場用地としての本件土地の賃貸借契約は，その土地使用の主たる目的がその地上に建物を建造し，所有することには当たらないとして，本件土地は，貸宅地として借地権を控除して評価することはできないとした事例（平成17年５月17日裁決）。

② 基礎がない簡易構造で撤去も容易な建物所有目的の土地賃借権が設定されている宅地に関しての事例。本件では授受されている賃料が本件土地の面積および固定資産税評価額からみても低額に設定されていることから勘案すると旧借地法の適用は認めがたく，本件土地の契約関係は民法上の賃貸借とみるべきであると判断。民法上，期間の定めがない場合には，貸主はいつでも解約を申し入れることができ，その申入れから１年の経過により契約は終了し得るため，残存期間が10年以下に該当するものとして，法定地上権割合を100分の５として評価した価額が適正であるとした事例（東京地裁平成18年９月22日判決）。

Q55　相当の地代の授受がある場合

父（被相続人）は，父所有の宅地に，父が同族株主となっている同族法人に土地を賃貸し，この同族法人所有の建物が建っています。建物建築時に，権利金等の授受はなく，相当の地代の授受を続けてきました。父の土地はどのように評価しますか？

A　借地権の設定に際して，その設定の対価として，通常，権利金その他一時金を支払う取引の慣行のある地域において，権利金の支払いがなく，相当の地代を支払っている場合の借地権の価額は，0として取り扱われます。他方で権利金等の支払いがなく，相当の地代を収受している場合の貸宅地の価額は，当該土地の自用地としての価額の100分の80に相当する金額で評価されます。

（法令・通達）　法基通13－１－２，相当地代通達１～５，７

解説

1　相当の地代方式

法人が借地権の設定により他人に土地を使用させる場合，通常，権利金を収受する慣行があるにもかかわらず権利金を収受しないときには，原則として，権利金の認定課税が行われます。借地権は非常に強固な権利であり，いったん建物所有目的で土地を賃貸すると，地主にとっては長期間自己使用が制限され，底地は地代収入程度の経済的利益しか見込めなくなるため，それなりの対価を授受することが当然であると考えるからです。法人は，個人と異なり基本的に利益を追求するために存在する団体であり，無償で相手方に利益等を供与することはないと判断されるため，たとえ権利金を授受しなくとも，「認定」課税されます。

しかし同族法人が経営者等の所有する土地上に自己の建物を建てることは数多くあり，その都度，法人が権利金相当額を準備するのは不合理です。そこで権利金の収受に代えて相当の地代を収受しているときは，権利金の認定課税は行わないようにしたものが「相当の地代」です。

なお，借地権設定時にはその借地権の設定等に係る契約書でその後の地代の改訂方法を定めるとともに，「相当の地代の改訂方法に関する届出書」を借地人と連名で遅滞なくその法人の納税地を所轄する税務署長に提出することが必要です。

相当の地代の額は，原則として，その土地の更地価額の概ね年６パーセント程度の金額です。

その土地の更地価額とは，その土地の時価をいいますが，課税上弊害がない限り次の金額によることも認められます。

（1） その土地の近くにある類似した土地の公示価格などから合理的に計算した価額

（2） その土地の相続税評価額またはその評価額の過去３年間の平均額

借地権の経済的利益は，低廉な地代の授受によりその土地を長期間使用収益することができることにあります。相当の地代方式は，その土地の時価に対応した地代を授受し続けることで，借地人に「借り得」部分の発生（自然発生的借地権）を認めず，相当の地代を授受している宅地に経済的損失はないという論法で成り立っています。

相当の地代は，法人税基本通達に定められており，法人が関係する場合に適用されます。したがって借地人および地主が共に個人である場合には，相当の地代は適用されません。

2　相当の地代通達

相当の地代は，権利金等の授受がない場合，権利金の認定課税を受けないためのルールです。相当の地代を授受している場合の借地権価額や底地価額の求め方が必要となります。これらを整理したものが，「相当の地代を支払っている場合等の借地権等についての相続税及び贈与税の取扱いについて（相続税個別通達)」であり，通称「相当地代通達」といいます。相当地代通達ではそれぞれの場合について以下のとおり規定しています。

（1）　相当の地代を支払っている場合の借地権の評価

権利金を支払っていない場合または特別の経済的利益を供与していない場合は，0となります（ただし被相続人所有地を同族法人が借地しており，この同族法人の被相続人所有株式を評価する場合を除きます）。

（2）　相当の地代に満たない地代を支払っている場合の借地権の評価（権利金または特別な経済的利益の供与がなく，「無償返還届出」も提出していない場合）

課税時期において通常の地代を超え，相当の地代に満たない地代の授受がある場合の借地権評価額は以下の算式で計算した金額によって評価します。

$$\text{自用地評価額} \times \text{借地権割合} \times \left(1 - \frac{\text{実際の地代の年額} - \text{通常の地代の年額}}{\text{相当の地代の年額} - \text{通常の地代の年額}}\right)$$

なお，「通常の地代の年額」とは，その地域において通常の賃貸借契約に基づいて通常支払われる地代の年額を意味します。通常の地代の年額は，実務上は「相続発生前３年間の自用地の相続税評価額の平均額×（１－借地権割合）×６％」の算式により簡便的に求めます。

（3）　相当の地代を授受している場合の貸宅地の評価

権利金を支払っていない場合または特別の経済的利益を供与していない場合は，以下の算式により評価します。

自用地評価額×80％

（4）　相当の地代に満たない地代を収受している場合の貸宅地の評価（権利金または特別な経済的利益の供与がなく，「無償返還届出」も提出していない場合）

自用地評価額から上記（2）で計算した借地権価額を控除した金額，または上記（3）の評価額のいずれか小さい方の評価額を採用します。

①　自用地評価額－上記(2)で求めた借地権価額

② 自用地評価額×80%

3 相当の地代に満たない地代を授受している場合の考え方

上記算式で登場する３つの地代を整理すると**図表55－１**で表されます。相当の地代の授受があれば借地権価額は０となり，貸宅地価額は自用地価額の80%となります。通常の地代であれば借地権価額は自用地価額の60%，貸宅地価額は自用地価額の40%です。実際支払地代が通常の地代を超え，相当の地代に満たない場合はその水準に応じて借地権価額と貸宅地価額がそれぞれスライドします。

なお，実際支払地代が通常の地代に満たない場合は，通常の地代と同一視されます。

【図表55－１】

借地権割合　60%の場合　　100千円／㎡で表示

地代の種類	地代（年額）	借地権価額	貸宅地価額
相当の地代 実際支払地代 通常の地代	6,000円／㎡ ↕ 2,400円／㎡	0円／㎡ ↕ 60千円／㎡	80千円／㎡ ↕ 40千円／㎡

※ 相当の地代 ： 100千円／㎡×６％＝6,000円／㎡
　 通常の地代 ： 100千円／㎡×６％×（１－60%）＝2,400円／㎡

（評価事例）

自用地価額１億円，借地権割合60%，実際支払地代360万円（年額）の場合

① 当該土地に係る相当の地代

１億円　×　６％　＝　600万円

② 当該土地に係る通常の地代（簡便法）

１億円　×　６％　×　（１－60%）　＝　240万円

③ 借地権価額

$$1億円 \times 60\% \times \left(1 - \frac{360万円 - 240万円}{600万円 - 240万円}\right) = 4{,}000万円$$

④　貸宅地価額

1億円－　4,000万円　＝　6,000万円

4　留意事項

相当の地代方式は，借地権（権利金）の認定課税を免れるために考えられたものですが，不動産の実態上は，適正な地代水準をはるかに超えた額となりがちです。したがって，上記の算式に基づく場合でも，実際に支払われている地代額が，「通常の地代」（簡便法）にすら達していないことが少なくありません。

日税不動産鑑定士会が取りまとめた「東京都23区における継続地代の平均的活用利子率の推移」を見ると，活用利子率（年間地代額を当該土地の公示価格水準で割り戻した利回り）は，平成21年（2009年）で住宅地0.76％（資料件数371件），商業地1.11％（同206件）となっています。相当の地代に満たない地代を授受している場合の貸宅地評価では，「通常の地代」は本来，権利金を支払う取引慣行のある地域で，通常の借地契約で支払われる地代を意味するため，通常の地代額を実際の土地賃貸事例から求めることができる場合は，「自用地価額×6％×（1－借地権割合)」を採用する必要はないことになります。

ただし，実際には旧借地法に基づく借地権は，時代の変遷と共に借地権者と底地所有者との売買等により，減少傾向にあり，借地借家法施行後は，新規の借地事例はほとんどが定期借地権に取って代わられているため，通常の地代を把握することは非常に困難となっています。

Q 56 無償返還の届出

父（被相続人）は，父所有の宅地に，父が同族株主となっている同族法人に土地を賃貸し，この同族法人所有の建物が建っています。建物建築時に，所轄税務署に「土地の無償返還の届出書」を提出しています。父の土地はどのように評価しますか？

A 借地権が設定されている土地について，無償返還届出書が提出されている場合の当該土地に係る借地権の価額は0となります。同様に貸宅地の価額は，当該土地の自用地としての価額の100分の80に相当する金額によって評価します。

（法令・通達） 相当地代通達８

解説

1　無償返還の届出書

相当の地代方式以外に，借地契約設定時に借地権の認定課税を回避する方式が無償返還の届出方式です。これは，もともと法人が借地権の設定等により他人に土地を使用させた場合で，その借地権の設定等に係る契約書において将来借地人等がその土地を無償で返還することが定められている場合に，これを届け出る手続でしたが，現在では当事者のいずれか一方あるいは双方が法人であれば，認められます。この届出を行っている場合には，権利金の認定課税は行われないこととなります。

手続としては，借地権設定時の契約書に，将来借地人が借地権を無償で（立退料等を請求せずに）地主に返還することを定め，その旨を記載した届出書を，契約書の控え等と共に，借地人および地主の連名で届出しなければなりません。

同族法人およびその関係者間では，個人（同族株主等）所有土地上に法人が建物を建設し，土地を賃借する場面が多く見受けられます。法人借地人と個人地主が無償返還届出方式で借地する場合は，借地権（権利金）の認定課税を回避することができるだけでなく，認定地代の問題も解決できるため，非常に使い勝手の良い制度となっています。

2 「土地の無償返還に関する届出書」が提出されている場合の評価

（1） 借地権の評価額

0となります（ただし被相続人所有地を同族法人が借地しており，この同族法人の被相続人所有株式を評価する場合を除きます）。

（2） 貸宅地の評価額

賃貸借と使用貸借によって異なります。

① 賃貸借の場合

自用地評価額　×　80％

② 使用貸借の場合

自用地評価額

Q57 使用貸借関係

私は，父（被相続人）所有土地上に居宅を建て，住んでいます。父には毎年，土地の固定資産税相当額を支払っていました。この土地はどのように評価しますか？

A 地代が固定資産税相当額程度以下である場合，賃貸借とは認められず，使用貸借関係にあるものと判断されるため，この土地は自用地として評価します。

解説

1　使用貸借

使用貸借は，無償で他人からあるものを借り受け，使用することで，契約によって成立します。賃貸借が文字通り「賃料」の授受が成立要件であるのに対し，使用借権は借主の死亡によって終了する，借主一代限りで相続性のないのが特色です。

使用貸借か賃貸借かで問題となることが多いのが，固定資産税程度の金銭の授受です。最高裁判決で「建物の借主が建物に賦課される固定資産税を負担していても，その負担が建物の使用の対価であると認めるに足りる特段の事情がない限り，使用借権である」（最高裁昭和41年10月27日判決）があり，実務上は土地の固定資産税相当額以下の金額の授受では，使用貸借とみなされます。

2　使用貸借通達

個人間の土地の使用貸借関係について国税庁は，「使用貸借に係る土地についての相続税及び贈与税の取扱いについて（使用貸借通達）」を定めています。

（1）　使用借権の評価

建物または構築物の所有を目的として使用貸借による土地の借受けがあった場合においては，借地権の設定に際し，その設定の対価として通常権利金を支払う取引上の慣行がある地域であっても，当該土地の使用貸借に係る使用権の価額は，0として取り扱うこととされています。

（2）　使用貸借に係る土地の評価

使用貸借に係る土地は自用地として評価します。

（3）　判　例

使用借権は，使用借人の死亡によってその効力を失い，独立の取引の対象とされない権利であり，建物所有を目的とする使用借権であったとしても，借地借家法等により手厚く保護される借地権に比べてその基盤も脆弱であることから，その財産価値は零とみるのが相当であるとし，使用借権の目的となっている土地の価額は自用地として評価すべきであるとした判例（大阪高裁平成18年1月24日判決，最高裁平成18年6月16日決定）があります。

3　留意事項

当事者が称する「賃料」が賃貸借成立要件を満たす程度であるかどうかの見極めは実務上，非常に悩む場面です。使用貸借あるいは著しく低廉な地代の授受による土地賃貸借は，通常，まったく赤の他人である第三者間で成立することは稀であり，親族間あるいは特別な関係者間であることが普通であるため，単に地代水準だけでなく，契約内容，および契約は書面か口頭か，契約理由およびその経緯など総合的に勘案して認定をしなければなりません。

固定資産税等の1.7倍以上の地代を支払って借りているものの当事者間で土地を借り受けるに際し，賃貸借契約および地代の取決めをせず，領収書のただし書には本件土地地代とは記載されておらず，被相続人と請求人（相続人）との間における本件土地の貸借関係は賃貸借とはいえず使用貸借と認めるのが相当であるから，本件土地は自用地として評価すべきであるとされた事例（平成8年3月29日裁決）などがあります。

4　過去に贈与課税等があった場合

相当以前においては，親族間の土地賃貸借時に借地権相当額の権利金認定課税が行われていた地域もあります。土地の使用貸借関係が成立した際に借地権相当額の贈与税課税があった場合で，当該宅地を評価する場合，建物所有者に権利異動がない等の一定条件を満たす場合は，この宅地は底地として評価します。土地の使用貸借関係が成立した時から課税時期まで相当期間を経過しているものにあっては，この借地権相当額について「贈与税の課税が行われていたものとして取り扱う」場合もあるので注意が必要です（各国税局において取扱いが異なります）。

Q58 親族間借地の場合

居宅所有目的を前提に親族間で土地を賃貸借している場合，この居宅敷地は課税評価上，底地評価をすることはできないのでしょうか？　なお，契約書は昭和60年に，木造居宅所有目的・期間30年・一時金なしとして書面で交わしています。地代は通常の地代を授受しています。

A　親族間だからといって，必ずしも借地権の存在を前提に底地評価ができないわけではありません。賃貸借契約書の存在およびその内容，地代水準および権利金の支払慣行がある地域では権利金の授受の有無，さらに親族間の関係を総合的に勘案して判断します。

解説

1　原　則

前項Q57の使用貸借通達では，建物等の所有を目的として使用貸借による土地の借受けがあった場合においては，借地権の設定に際し，その設定の対価として権利金等を支払う取引上の慣行がある地域（借地権取引慣行のある地域）で，使用借権の価額は，0として取り扱うことになっています。

そのため通常の賃貸借で，借地権の取引慣行のある地域で権利金の授受がない場合は，当事者間で借地権（権利金）の認定課税が行われるのが原則です。税務上，法人は利益を追求するために存在する組織として認定課税の適用は厳しいものの，個人は必ずしも利益のみを追求するわけではないとして使用貸借通達等が適用されています。借地人および地主の一方あるいは双方が法人である場合は，無償返還届出を提出することで借地権課税を回避することができますが，個人間には無償返還制度の適用はありません。

個人間の借地権を概観すると，かなり以前に親族間あるいは知人友人間で，借地契約が開始されているものが多いことに気づきます。実際，借地紛争が発生するのは借地人地主が代替わりする時期が少なくなく，もともと借地人と地主に個人的関係が築かれていたのが，子供や孫の代になり，両者の血縁関係や信頼関係が薄くなるためだといわれています。

借地権取引慣行のある地域であっても，個人間の土地賃貸借で権利金を授受していなくとも借地権課税がされていないケースは多く見受けられ，結果として相続等の課税時期になって初めて借地権の存在がクローズアップされることになります。

したがって，借地契約が長期間にわたり継続し，通常の地代の授受があれば多くのケースで当該土地を底地評価しても差し支えないものと判断されます。賃貸借契約書の存在およびその内容，地代水準（課税時期の地代だけでなく，過去からの推移），そして親族関係などを総合的に勘案する必要があります。

なお，税務上の紛争では借地権の取引慣行のある地域で借地権を認定する際には，課税当局および国税不服審判所共に権利金の授受があったかどうかが争点になることが多いようです。他方で法律上，借地権の存在が問われる場合には権利金の授受は必ずしも必要条件とはなっていない点が注目されます。

ただし，当事者が親子間あるいは相続人・被相続人の関係である場合はさらなる検討が必要です。

2　親子間

過去の裁決・判例でも親子間の土地賃貸借では，借地権の存在を否定しているものが多数あります。特に親の土地を子が賃借している場合や，親子間以外でも相続人と被相続人間である場合はハードルが高くなるので要注意です。

親子間が同一生計である場合，両者で地代の授受があると主張しても税務上はなかったものとみなされます。別生計である場合も，地代の額が低廉であったり，地代額の増減が不規則あるいは地代の授受が不定期であったりすると正当な賃貸借とはみなされない場合があります。通常の地代であっても，何らかの名目でお金が親から子に「逆流」していれば税務当局への心象は悪いでしょう。地代が親に対する扶養と認定されることもあるようです。

被相続人の所有に係る相続人の居住用家屋の敷地に関して，借地契約開始時に権利金の授受がなされておらず，かつ，地代の額が近隣の相場の半分以下であること，被相続人から請求人らに対して地代の額を上回る相当額の生活費の支払いや現金の贈与がなされていることなどを勘案すれば，当該敷地は借地権の目的となっている土地ではなく自用地であるとした事例（平成13年９月27日裁決）などがあります。

Q59 定期借地権の目的となっている宅地

評価対象土地には，借地借家法23条に基づく事業用定期借地権が設定され，課税時期における借地契約の残存期間は20年です。当該土地はどのように評価しますか？

A 定期借地権等の目的となっている宅地は，その宅地の自用地としての価額から，下記により計算した金額を控除した金額によって評価します。

1　評価算式

（1）　自用地評価額　－　控除すべき金額

（2）　控除すべき金額

①　定期借地権の評価額

②　自用地評価額　－　自用地評価額　×　定期借地権等の残存期間に応じた割合（**図表59－１**）

【図表59－１】定期借地権等の残存期間に応じた割合

権利の残存期間	該当割合	権利の残存期間	該当割合
５年以下	５％	10～15年以下	15％
５～10年以下	10％	15年超	20％

③　①と②のいずれか大きい金額

2　実　例

事業用定期借地権の契約期間：30年

課税時期における借地契約残存期間：20年

課税時期の自用地価額：4,000万円

借地契約時の通常の土地価額：5,000万円

借地契約時に授受された一時金：500万円（契約終了時無利息返還）

基準年利率：1.0％

（1）　控除すべき金額

①　定期借地権設定時に借地人に帰属する経済的利益

期間30年基準年利率1％の複利現価率

500万円　－　500万円　×　0.742　＝　129万円

②　定期借地権の評価額

課税時期の自用地評価額　設定時の定期借地権等割合　逓減率（注）

$$4{,}000万円 \times \frac{129万円}{5{,}000万円} \times 18.046/25.808 = 721{,}616円$$

（注）　残存期間20年基準年利率1％の複利年金現価率
÷　設定期間30年基準年利率1％の複利年金現価率

③　自用地評価額に残存期間に応じた割合を乗じた価額

$$4{,}000万円 \times \frac{20}{100} = 800万円$$

④　②≦③　∴800万円

（2）　定期借地権の目的となっている宅地の価額

4,000万円　－　800万円　＝　3,200万円

法令・通達　評基通25（2）

解説

1　定期借地権の目的となっている宅地

ここでいう定期借地権等とは，借地借家法22条から25条に基づく借地権と規定されています。したがって一般定期借地権，事業用定期借地権，建物譲渡特約付借地権のほか，一時使用目的の借地権も含まれます。

定期借地権は期間の定めのある借地であり，更新等がないと規定されていることから，将来，借地契約期間満了時に地主は自用地（更地）として利用することができます。そのため定期借地権の目的となっている宅地の評価は専らその借地契約残存期間に着目した評価を行います。

2　留意事項

定期借地権のうち，期間が長期にわたる一般定期借地権の目的となっている宅地については別途，評価方式を定めています（次項）。したがって，この評価方式を採用するのは，実務的には事業用借地権（2007年以前）あるいは事業用定期借地権（2008年以後）の目的となっている宅地がほとんどであると考えられます。

Q60　一般定期借地権土地

評価対象土地は，借地借家法22条に定める一般定期借地権の目的となっている宅地です。このような土地はどのように評価しますか？

A　一般定期借地権の目的となっている宅地の評価については，課税上弊害がない限り，評価通達の定めにかかわらず，当分の間，次のとおり評価することとされています。

1　評価算式（底地割合＝**図表60－1**）

（1）　一般定期借地権の目的となっている宅地の評価額

自用地評価額　－　一般定期借地権に相当する価額

（2）　一般定期借地権に相当する価額

自用地価額　×（1－底地割合）　×　残存割合

（3）　残存割合の求め方

課税時期の一般定期借地権 の残存期間年数に応ずる 基準年利率による複利年金現価率	÷	一般定期借地権設定期間 年数に応じる基準年利率 による複利年金現価率

【図表60－1】底地割合

借地権割合	C（70%）	D（60%）	E（50%）	F（40%）	G（30%）
底地割合	55%	60%	65%	70%	75%

2　実　例

般定期借地権の契約期間：50年

課税時期における借地契約残存期間：40年

課税時期の自用地価額：5,000万円

借地権割合50%（E地区）⇒底地割合65%

基準年利率：1.0%

（1）　残存割合

残存期間40年に応ずる基準年利率1.0%の複利年金現価率＝32.835

残存期間50年に応ずる基準年利率1.0%の複利年金現価率＝39.196

∴残存割合　32.835÷39.196　＝　0.8377（83.77%）

（2）　一般定期借地権の目的となっている宅地の評価額

自用地評価額		自用地価額		（1－底地割合）		残存割合	
5,000万円	－	5,000万円	×	（1－0.65）	×	0.8377	＝35,340,250円

解説

1　一般定期借地権

一般定期借地権とは，公正証書等の書面により借地期間を50年以上とし，借地期間満了により借地権が確定的に終了するものをいいます（借地借家法22条）。一般定期借地権は一戸建一般住宅やマンション等の建築に利用されることが多く，その借地期間も50年以上と長期にわたるため，定期借地権の目的となっている宅地評価（評基通25(２)）では，その底地評価額が普通借地権の目的となっている宅地価額と比較して高額となることが疑問視されていました。そこで一般定期借地権の目的となっている宅地に関しては，別途個別通達「一般定期借地権の目的となっている宅地の評価に関する取扱いについて」を定めたものです。

借地権割合Ｅ（50％）地区の場合，一般定期借地権の目的となっている宅地の底地割合は65％です。長期の基準年利率１％とすると実際の底地評価割合は，**図表60－２**のように借地期間の残存期間に応じて逓増していきます。

【図表60－２】一般・定期借地権底地の評価

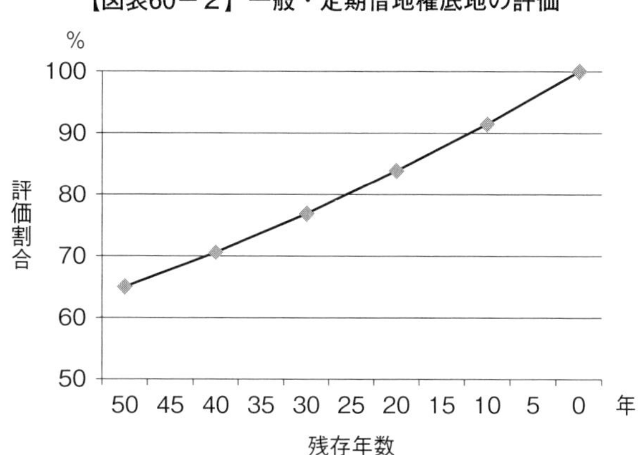

２　課税上弊害があるとは

上記個別通達に基づく上記評価方法は，「課税上弊害がない限り」適用がされます。

「課税上弊害がない」場合とは，一般定期借地権の設定等の行為が専ら税負担回避を目的としたものでない場合のほか，この通達の定めによって評価することが著しく不適当と認められることのない場合をいい，個々の設定等についての事情，取引当事者間の関係等を総合勘案してその有無を判定することとされています。

具体的には，一般定期借地権の借地権者が次に掲げる者に該当する場合には，

「課税上弊害がある」ものとされています。なお，下記に該当しない場合であっても租税負担回避行為を目的とすると認められる場合は同様に課税上弊害があると認定されます。

（1）　借地権設定者（地主）の親族

（2）　借地権設定者と事実上婚姻関係と同様の事情にある者およびその親族

（3）　借地権設定者の使用人等

（4）　借地権設定者が役員となっている会社

（5）　借地権設定者等の同族会社

（6）　上記（4）または（5）に掲げる法人の会社役員または使用人

（7）　借地権設定者が，自己借地権を設定し，自ら一般定期借地権を有することとなる場合の借地権設定者

3　選択適用の可否

上記の一般定期借地権の目的となっている宅地の評価方法（個別通達）は，財産評価基本通達27－2の原則的評価に代えて適用することとしたものであり，いずれか有利な方を選択することはできないので注意が必要です。

例えば，普通借地権割合のE（借地権割合50%）地域にある定期借地権の目的となっている宅地（底地）について，実際の保証金等の割合が2割であっても，その底地については80%をベースとして評価することはできず，65%をベース（底地割合）として評価することになります。

Q61 貸家建付地

父（被相続人）は自己所有地にアパートを建て，第三者に賃貸しています。このような宅地はどのように評価しますか？

A アパートなど貸家の目的とされている宅地を貸家建付地といいます。貸家建付地の評価額は，次の算式により評価します。

（算式）

自用地評価額－自用地評価額×借地権割合×借家権割合×賃貸割合

＝自用地評価額－（１－借地権割合×借家権割合×賃貸割合）

法令・通達　評基通26

解説

1　貸家建付地

貸家建付地の評価額が，自用地評価額から一定の割合を控除することとされているのは，借家人は家屋の賃借権に基づいてその家屋を利用し，あるいは居住するためには，この家屋が建てられている敷地を必要な範囲内で使用することになり，土地利用権も間接的に有しているからです。土地所有者にとっては借家権相当額の権利が当該宅地に付着していることになり，貸宅地（底地）のように建物所有者の借地権相当額を控除するほどではありませんが，一定の権利割合を控除することで評価上のバランスを取っているといえます。

なお，貸家とは借家権が付着している家屋であり，借家権は借地借家法上の建物賃借権を意味します。したがって単なる使用貸借などは借家権に含まれないため，貸家には該当しません。

上記算式中の「借地権割合」は路線価図や評価倍率表により判定します。「借家権割合」は2020年現在，全国一律30％とされていますが，原則は国税局単位で評価倍率表により定められます。

2　賃貸割合

貸家（アパートなど）に各独立部分（構造上区分された数個の部分の各部分）がある場合，その各独立部分の賃貸状況に基づいて以下の算式により賃貸割合を求めます。

（算式）

$$\frac{\text{Aのうち課税時期の賃貸されている各独立部分の床面積の合計}}{\text{当該家屋の各独立部分の床面積合計（A）}}$$

この算式の「各独立部分」とは，建物の構成部分である隔壁，扉，階層（天井および床）等によって他の部分と完全に遮断されている部分で，独立した出入口を有するなど独立して賃貸その他の用に供することができるものをいいます。

したがって，例えば，ふすま，障子またはベニヤ板等の堅固でないものによって仕切られている部分および階層で区分されていても，独立した出入口を有しない部分は「各独立部分」には該当しません。具体的にはアパートや賃貸マンションの各戸（専有部分）が該当します。

なお，単身者向けアパートのように共同の玄関を利用するような場合，つまり共同で使用すべき廊下，階段，エレベーター等の共用部分のみを通って外部と出入りすることができる構造となっているものは，上記の「独立した出入口を有するもの」に該当します。

例えばアパート８室のうち４室が空室の場合，原則的には各室の床面積を把握し，賃貸されている４室の床面積合計と８室の床面積合計を把握する必要がありますが，中古アパート等で建物設計図や間取図等がない場合は概測することになります。間取りに大差がない場合は，便宜上，室数で計算することも止むを得ないものと判断されます。

3　課税時期における賃貸状況の把握

賃貸割合の計算上，賃貸されている各独立部分の判定に際しては，課税時期に確実に賃貸されていることが求められます。したがって，以前は貸家であっても空き家となっている家屋の敷地の用に供されている宅地は，自用地価額で評価します。また，その家屋が専ら賃貸用として新築されたものであっても，課税時期において現実に貸し付けられていない家屋の敷地については，自用地としての価額で評価します。

家屋の借家人は家屋に対する権利を有するほか，その家屋の敷地についても，家屋の賃借権に基づいて，家屋の利用の範囲内で，ある程度支配権を有していると認められ，逆にその範囲において地主は，利用についての受忍義務を負うこととなっています。しかし，たとえその家屋が専ら賃貸用として建築されたものであっても，課税時期において現実に貸し付けられていない家屋の敷地については，土地に対する制約がなく，したがって，貸家建付地としての減価を考慮する必要がないと判断されます。

新築賃貸共同住宅（全戸数21戸）で相続開始時期に賃貸借契約の締結がわずか4戸であった事案で，課税時期で未入居の17戸分について貸家および貸家建付地の評価減が認められなかった最高裁判決があります（最高裁平成10年2月26日判決）。

当該判決では，相続税法で財産の評価は時価によるものとされており，また，相続開始時の時価とは，相続等により取得したとみなされた財産の取得日において，それぞれの財産の現況に応じて，不特定多数の当事者間において自由な取引がされた場合に通常成立すると認められる価額をいうと解するのが相当であるから，相続開始時点に，いまだ賃貸されていない部屋が存在する場合は，当該部屋の客観的交換価値はそれが借家権の目的となっていないものとして評価するのが相当であるとしています。上記の賃貸割合は，この最高裁判決を受けて財産評価基本通達に追加されたものです。

その他，課税時期において，建物の賃貸借予約契約があったケースで，相続開始日現在，本件建物は完成しておらず，賃料の支払いもされていないので，当該賃貸借予約契約は将来の賃貸借契約を締結させる義務を確認するものであり，事実上の賃貸借契約の締結と認めることはできないので，本件土地を貸家建付地として評価することはできないとされた事例があります（平成7年11月

【図表61－1】

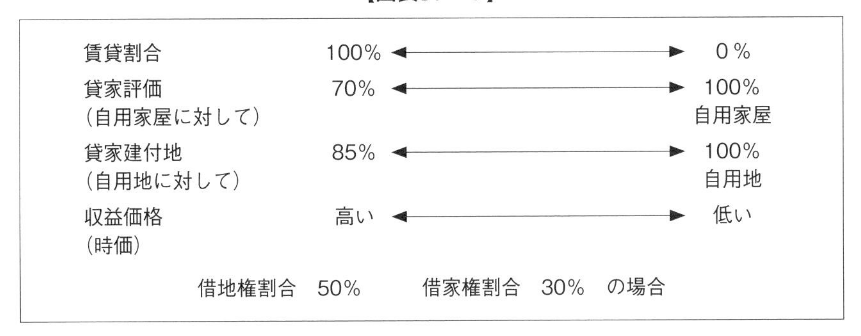

14日裁決)。

4　時価との関係

不動産売買市場では，賃貸アパートや商業ビルなど賃料収入を生む不動産物件を収益物件と呼びます。収益物件の売買価格は，原則として収益還元法と呼ばれる対象不動産が生み出す収益力に着目して決定される収益価格で決まることが普通です。したがって入居者が支払う賃料が多く，稼働率が高いほど，収益価格が高くなり，高額で取引されます。

財産評価上は，賃貸割合100％で家屋は完全な貸家評価，宅地も完全な貸家建付地評価が適用され，評価が低くなります。賃貸割合０％ならば，家屋は自用家屋評価，宅地は自用地評価となり，評価は高額となります。不動産市場実態とはまったく逆の評価方法をしており（**図表61－1**），時価との逆転現象を生むこともあります。

Q 62 一時的空室の場合

課税時期においてアパートの１室が空室となっていました。元の入居者が退去して２週間後に相続が発生したためです。退去後すぐに不動産業者に募集広告を掲載してもらい，課税時期から２週間後には新たな賃借人が入居しました。このような場合でも賃貸割合計算上，空室部分を含めなければなりませんか？

A 課税時期においてたまたま一時的に空室となっていたに過ぎないと認められる場合は，課税時期に賃貸されていたものとして差し支えないことになっています。したがって，本件では賃貸割合は100％で構いません。

解説

1 一時的空室

アパート経営上，入居者の入れ替わりは頻繁にあります。たまたま課税時期に空室があったからという理由で，その空室部分に相当する割合が貸家あるいは貸家建付地の扱いを受けないのは非常に不合理です。したがって，継続的に賃貸されていたアパート等の各独立部分で，例えば，次のような事実関係から，アパート等の各独立部分の一部が課税時期において一時的に空室となっていたに過ぎないと認められるものについては，課税時期においても賃貸されていたものとして差し支えないことになっています。

（1） 各独立部分が課税時期前に継続的に賃貸されてきたものであること。

（2） 賃借人の退去後速やかに新たな賃借人の募集が行われていること。

（3） 空室の期間中，他の用途に供されていないこと。

（4） 空室の期間が，課税時期の前後の例えば１か月程度であるなど，一時的な期間であること。

（5） 課税時期後の賃貸が一時的なものではないこと。

2　空室問題

貸家および貸家建付地評価をする際に，空室の問題は実務上非常に判断に悩む場面です。なぜなら人口が減少する中，地域によっては賃貸物件の空室率増加に歯止めがかからない状況が今後も続くと見込まれるからです。築古の物件や交通利便性の劣る場所にあるものは空室率が50％を超すことも珍しくはありません。そのような物件では賃借人の募集は行っているものの，新規の入居はほとんど見込めず，空室が恒常的状態となっています。

評価実務上は以下の点に留意して「一時的空室」と認定できるかどうかの判断をする必要があります。

(1)　空室期間

国税庁の質疑応答事例では上記のとおり，空室期間が1か月程度と非常に短期間しか例示しておりませんが，地域および物件によっては空室期間が6か月以上見受けられることが少なくありません。課税当局からの指摘に備えて，地域の不動産賃貸市場実態等の把握や資料収集はしておくべきです。

空室期間が1年超の場合でも一時的空室と認められた裁決事例があります(平成20年6月12日裁決)。

本件では，①課税時期における空室期間は，短いもので2か月，長いもので1年11か月ではあるが，当該空室について速やかに所要の手当てを施した上で不動産業者に入居者募集の依頼を行っているほか，築25年の当該共同住宅について定期的に補修等を施すなど，経常的に賃貸に供する意図が認められる。②当該共同住宅の近隣周辺にはマンション等の共同住宅が林立していることからすると，空室が発生したからといって速やかに新入居者が決定するような状況ではなかったことが認められる。③当該共同住宅の各部屋の間取りも全室すべてが統一されたものであり，各室に対応した駐車スペースも確保されるなど，その形状は共同住宅としてのものにほかならない。④被相続人は，相続開始日まで継続して当該共同住宅を賃貸の用に供し，不動産収入を得ていた。以上のことを総合して判断すると，当該空室は一時的に空室となっていたにすぎないものであると認められ，当該共同住宅については，その全部について貸家および貸家建付地として評価するのが相当であるとしています。

他方で，８棟から構成される賃貸物件で，全室191室のうち73室が空室であり，それぞれの空室期間は，最も短いもので５か月，長いもので59か月の事案に対し，これらの空室部分を「一時的空室」部分とは該当しないとした判例（大阪高裁平成29年５月11日判決）があります。当該判例では，「一時的空室部分該当性の判断に当たっては，単に賃貸用建物として建築されたか否かという事情のみならず，現実の賃貸状況をも考慮すべきである」,「賃貸借契約が終了した後も引き続き賃借人の募集を行い，何時にても新しい賃借人が入居できるように保守・管理が行われていたとしても，それだけで直ちに一時的空室部分に該当するとはいえない」と判じています。その他，相続開始時の空室期間が最も長いもので８年間，最短のもので４か月を超える場合で，一時的空室ではないとした事例（平成26年４月18日裁決）もあります。

空室が多い賃貸物件の場合，一時的空室の判断は，慎重に行わなければならないようです。

（2） 自己使用

空室状態が長期化すると，家主が物置代わりや休憩場などの自己使用をするケースが少なくありません。このような場合は，完全に「自用」とみなされ，一時的空室を主張できなくなるので注意が必要です。

3　入居者不在等の場合

空室とは別に，入居者が家財を放置したまま不在となり，家賃滞納が続いている場合なども賃貸と認定してよいのかどうか戸惑うところです。アパート・賃貸マンションで，このように家財道具を放置したまま所在不明となったりする問題に頭を悩ますオーナーが最近増えています。家財といえども入居者の財産ですから家主が勝手に処分することは当然できません。実務上は賃貸借契約の解除と家屋の明渡しなどの法的手続きを経なければなりません。したがって，家財道具放置で入居者が不在等の場合は，賃貸借関係が存続しているかどうかによって判断することになります。

長期にわたり賃借人不在で家賃滞納であった件で，本件家屋につき，①相続開始の7か月前以降公共料金の使用実績がなく，②賃料の支払いを確認できない事実関係がありましたが，①については仮に賃借人が，電気，ガス，水道を使用していなかったとしても，不在により使用がなかったにすぎず，本件家屋が賃貸借の目的となっていない理由とはならず，また②の賃料の支払いを確認できないことについては，賃借人に対し解約の申入れをしていないこと，さらに賃借人は本件家屋に荷物を置いて占有していたことを勘案すると，本件家屋が賃貸の用に供されていたものと認めた事例があります（平成21年10月23日裁決）。

スタッフへのアドバイス

頭の痛い空家問題

総務省が公表している「平成30年（2018年）住宅・土地統計調査」によると空室率は全国で13.6％です。空室率はほぼ年々上昇しており，全国ですでに約849万戸も空家があります。

そのうち，賃貸物件の空室は約433万戸です。空室率の最高は山梨県で21.3％，最低は沖縄県の10.4％となっています。今後，相続税評価で「貸家」，「貸家建付地」をどこまで適用するのか頭を悩ませる事例は相当数出てくるはずです。

現在，個人の確定申告業務で不動産所得がある顧客には，日頃から所有するアパート等に空室をなるべく発生させないように経営指導していくことも大事になります。

Q 63 貸家建付地評価をする範囲

評価対象地には，専有部分８戸から構成されるアパート以外に附属の駐車場が12台分存在します。課税時期において12台中，アパートの入居者が６台分を賃借し，残りの６台分はアパート入居者以外の近隣住民が数年前から賃借していました。このような土地は，全体を貸家建付地として評価してよいですか？

A アパート敷地部分のみを貸家建付地として評価し，駐車場部分は自用地評価することが妥当と判断されます。

解説

1 貸家建付地の範囲

賃貸商業ビルやアパート・賃貸マンションの敷地内や隣接した敷地に存在する駐車場の場合には，１画地認定を前提に貸家建付地評価が可能です。ただし，賃貸マンションの敷地内に設置された駐車場であり，また駐車場の契約者および使用者がすべて当該賃貸マンションの賃借人であるなど，駐車場の貸付けの状況が建物の賃貸借と一体となっていると認められる場合に限られます。したがって，駐車場の一部を建物の賃借人以外に月極駐車場として貸し付けている場合などは自用地として評価することになります。

賃貸アパートとその附属駐車場からなる宅地について，アパート敷地部分のみを貸家建付地として，駐車場部分は自用地評価をすることとした事案があります（平成22年11月24日裁決）。

本件では，貸駐車場は通常，家屋を利用する範囲内で使用することが必要な部分とは認められないから，原則として自用地評価すべきであるとした上で，駐車場の貸付けの状況が貸家の賃貸借と一体となっていると認められるような場合には，全体を貸家建付地として評価することができるものと解するのが相当であると判断。本件の場合，当該賃貸共同住宅の入居者以外の駐車場利用者は近隣の居住者であり，当該貸駐車場は共同住宅入居者のための専用区画を特に確保していないことから，相続開始日において当該賃貸共同住宅の賃貸借と当該貸駐車場の賃貸借とが一体となって行われているとは認められないとしました。

本事案については，アパート戸数４戸に対して駐車場の駐車区画が10台分であること，駐車場の募集はアパート入居者とは別に行っていたことなどの事実から，当該駐車場は，本件アパートの入居者専用の使用を目的として設けられたものではないと認定されました。

具体的な評価方法として審判所は，まずアパート敷地と駐車場部分の面積を確定し，次に本件土地一体を自用地評価した価額から，それぞれ面積按分して求めた貸家建付地評価額と自用地評価額の合計額を採用することと判定しています。

２　空き駐車場について

都市郊外部や地方では，自動車が日常生活に欠かせないため，アパート・賃貸マンションの附属駐車場は台数を多めに確保してある場合が少なくありません。アパート１戸に対し１台以上は当然であり，１戸に対し２台分で設計されている場合もあります。アパート８戸であれば駐車場16台分となります。他方で自動車保有は家計を圧迫するため，最近は自動車の保有台数を減らしている世帯が増えており，多くのアパートで空き駐車場が目立つようになっています。家主にとっては少しでも賃料収入を増やしたいため，アパート入居者以外の近隣住民に対しても積極的に賃貸するのは仕方ありません。

課税当局は，駐車場は本来，自用地評価が原則であり，駐車場の貸付けが建物賃借権と一体となっている場合に限り，貸家建付地評価ができるとの立場を崩すことは考えにくく，今後，駐車場併設のアパート・賃貸マンション敷地評価で問題となる場面が増えそうです。

３　郊外型駐車場併設店舗の場合

駐車場併設の店舗敷地の場合は，若干事情が異なります。店舗敷地と駐車場部分が区分されておらず，一体利用されており，店舗運営上，駐車場が一体不可欠である場合は全体を貸家建付地評価することが一般的です。

商業店舗として賃貸している建物敷地および駐車場に関して，両土地が一括して賃貸されており，当該駐車場は当該店舗の来店客専用駐車場であり，かつ，来店客のほとんどが自動車等を利用していることから，当該建物を店舗として使用するためにそれに付設される駐車場は欠かせないこと，当該駐車場部分は，店舗の規模や来店客の状況に比して，特に過大なものとは認められないこと，当該駐車場部分に係る賃貸借契約は，本件建物賃貸借契約と不可分一体のものとして締結されたものと認められ，本件宅地は貸家建付地として評価することが相当であるとした事例があります（平成20年７月７日裁決)。

Q 64　配偶者居住権の目的となっている建物の敷地の用に供される土地の評価

父（被相続人）に相続が発生し，私は両親が住んでいた居宅およびその敷地の所有権を相続し，母は配偶者居住権を取得しました。私が相続した居宅敷地はどのように評価するのですか？

 次の計算式により評価します。

(計算式)

土地等の時価－配偶者居住権に基づき居住建物の敷地を利用する権利の価額

（法令・通達）　相法23の２

解説

1　具体的事例（Q52から）

① **前提**

土地相続税評価額3,000万円，建物およびその敷地は子が相続し，配偶者（妻）は配偶者居住権を取得，配偶者居住権の存続期間は終身（相続開始時の配偶者年齢は70歳）。

② **使用する数値**

存続年数：70歳女性の平均余命年数＝20年（厚生労働省・完全生命表より）

複利現価率：0.554（法定利率３％，20年間）

③ **配偶者居住権に基づき居住建物の敷地を利用する権利の価額**

3,000万円　－　3,000万円　×　0.554　＝　1,338万円

④ **配偶者居住権の目的となっている建物の敷地の用に供される土地の価額**

3,000万円　－　1,338万円　＝　1,662万円

第7章 農地・雑種地

Q65 農地の評価区分

農地はどのような評価区分があるのですか？

A 農地は，都市計画法，農地法および農業振興地域の整備に関する法律（農振法）との関連で，4区分に分類してそれぞれ以下のように評価します。なお，これらとは別に生産緑地があります。

（1） 純農地 ＝ 倍率方式
（2） 中間農地 ＝ 倍率方式
（3） 市街地周辺農地 ＝ 宅地比準方式（倍率方式）
（4） 市街地農地 ＝ 宅地比準方式（倍率方式）

法令・通達　評基通36，36－2，36－3，36－4，相基通1の3・1の4共－10

解説

1　農地法

農地法は，農地を農地以外のものにすることを規制し，農地の農業上の利用を確保するための措置を講ずることにより，農業生産に資することを目的とする法律であり，規制対象となるのは農地および採草放牧地です。「農地」とは，耕作の目的に供される土地をいい，「採草放牧地」とは，農地以外の土地で，主として耕作または養畜の事業のための採草または家畜の放牧の目的に供されるものを意味しますが，これらは現況で判断され，登記簿上の地目は関係ありません。土地評価も原則，現況が優先されるので注意が必要です。また現況が農地以外で登記地目が農地の場合も，原則として農地法の適用を受けます。

農地法における転用および権利異動については**図表65－１**のとおりです。

【図表65－１】農地法制限一覧

条文	制限内容	許可権者	市街化区域内の特例	違反時の処分等
法３条	農地のままで権利異動	農業委員会	—	＊契約無効 ＊罰則あり
法５条	転用目的の権利異動	原則，都道府県知事	あり （農業委員会に届出）	＊契約無効 ＊原状回復命令等 ＊罰則あり
法４条	農地以外への転用	原則，都道府県知事	あり （農業委員会に届出）	＊原状回復命令等 ＊罰則あり

（注）権利異動＝売買・賃貸借等

２　農振法

農地評価の区分上，理解しておかねばならないのは農振法に基づき市町村が指定する農業振興地域とさらにその中に設定される農用地区域です。農業振興地域の農用地区域内では，農地以外での土地利用が厳しく制限されており，原則として農地転用が許可されないことになっています。農用地は別名，青地とも色地とも呼ばれ，農業振興地域および農用地区域に指定されているかどうかは市役所等の農業委員会に備えられている「農業振興地域整備計画図」などで確認できます。

土地評価上は，農用地であるかどうかが大きなポイントとなります。農業振興地域は農村等を含むかなり広い範囲が指定されているのに対し，農用地区域は土地改良事業や圃場（ほじょう）整備事業等が行われた良好な農地に設定されることが一般的です。

３　純農地

純農地とは，次に掲げる農地のうち，そのいずれかに該当するものをいいます。ただし，市街地農地に該当するものを除きます。

（1）　農用地区域内にある農地

（2）　市街化調整区域内にある農地のうち，第1種農地または甲種農地に該当するもの

（3）　上記以外で第1種農地に該当するもの。ただし，近傍農地の売買実例価額，精通者意見価格等に照らし，第2種農地または第3種農地に準ずる農地と認められるものを除きます。

また，中間農地とは，次に掲げる農地のうち，そのいずれかに該当するものをいいます。ただし，市街地農地に該当するものを除きます。

（1）　第2種農地に該当するもの

（2）　上記（1）に該当する農地以外の農地のうち，近傍農地の売買実例価額，精通者意見価格等に照らし，第2種農地に準ずる農地と認められるもの

4　市街地周辺農地

市街地周辺農地とは，次に掲げる農地のうち，そのいずれかに該当するものをいいます。ただし，市街地農地に該当するものを除きます。

（1）　第3種農地に該当するもの

（2）　上記（1）に該当する農地以外の農地のうち，近傍農地の売買実例価額，精通者意見価格等に照らし，第3種農地に準ずる農地と認められるもの

5　市街地農地

市街地農地とは，次に掲げる農地のうち，そのいずれかに該当するものをいいます。

（1）　農地法4条または5条に規定する許可（農地転用許可）を受けた農地

（2）　市街化区域内にある農地

（3）　農地法の規定により，転用許可を要しない農地として，都道府県知事の指定を受けたもの

6　留意事項

実務上5の（1）が要注意です。純農地であっても，農地転用許可を受けた農地は，評価区分上，市街地農地に転換するからです。農地転用を受けた農地は，農地法上の農地ではなくなり，農地としての規制が及ばなくなり，すぐにでも宅地等へ転用が可能となるためです。

また農地等の贈与による財産取得時期に関しては，相続税法基本通達で以下のとおり定められています。

「農地等の贈与に係る取得の時期は，当該許可があった日又は当該届出の効力が生じた日後に贈与があったと認められる場合を除き，当該許可があった日又は当該届出の効力が生じた日によるものとする」。

Q66 農地評価

各農地はそれぞれどのように評価しますか？

純農地および中間農地は，倍率方式により評価します。

市街地周辺農地の評価は，その農地が市街地農地であるとした場合の価額の80％に相当する金額によって評価します。

市街地農地の評価は，宅地比準方式または倍率方式により評価します。宅地比準方式とは，その農地が宅地であるとした場合の価額からその農地を宅地に転用する場合にかかる造成費に相当する金額を控除した金額により評価する方法をいいます。

法令・通達　評基通37，38，39，40

解説

1　純農地および中間農地

純農地および中間農地の価額は，その農地の固定資産税評価額に，田または畑の別に，地勢，土性，水利等の状況の類似する地域ごとに国税局長が定めた評価倍率表上の倍率を乗じて計算した金額によって評価します。

2　市街地農地

(1)　原　則

純農地と中間農地が，農地を前提とした評価であるのに対して，市街地農地は宅地への転換を前提とした評価となります。市街地農地は，市街化区域内農地や農地転用許可済み農地が該当しますが，市街化区域内農地であれば農地法では農業委員会への届出のみで農地転用（宅地転換）が可能だからです。したがって，現況が農地であっても，当該農地が宅地であるとした場合の1㎡当たりの価額を求め，1㎡当たりの造成費を控除した価額に地積を乗じて評価します。

これを算式で示せば以下のとおりです。

$$\left(\begin{array}{c}\text{その農地が宅地であるとした}\\\text{場合の1㎡当たりの価額}\end{array} - \begin{array}{c}\text{1㎡当たりの}\\\text{造成費の金額}\end{array}\right)\times\text{地積}$$

(2) 路線価方式

上記算式の「その農地が宅地であるとした場合の１㎡当たりの価額」は，具体的には，路線価方式により評価する地域にあっては，正面路線価を判定し，その路線価により，間口・奥行距離などを勘案して画地調整した価額を意味します。実務的には，まず「土地及び土地の上に存する権利の評価明細書」により宅地としての１㎡当たりの評価額を算出し，この評価額を「市街地農地等の評価明細書」中の「評価の基とした宅地の１㎡当たりの評価額」欄に記載して，さらに「宅地造成費の計算」欄で計算した宅地造成費を控除して，市街地農地の評価額を求めます。

(3) 倍率方式

倍率地域にあっては，評価しようとする農地に最も近接し，かつ，道路からの位置や形状等が最も類似する宅地の評価額（宅地としての固定資産税評価額×宅地としての評価倍率）を基として計算することになります。具体的には「市街地農地等の評価明細書」中の「評価の基とした宅地の１㎡当たりの評価額」欄に，評価の基となった宅地の固定資産税評価額および倍率を記載し，この金額から宅地造成費を控除することとされています。

なお，宅地の固定資産税評価額は通常，固定資産税評価上の路線価あるいは標準宅地価格などを市役所等で入手し，利用することになりますが，評価対象農地の間口・奥行・形状等を勘案して，画地調整することになります。倍率方式の場合は，普通住宅地区の画地調整率表を採用します。ただし，市役所等が評価している評価対象農地の固定資産税評価額自体が，すでに画地調整を施しているものである場合は，造成費控除前の宅地としての固定資産税評価額を基に評価することになります。下記の裁決が参考になります。

対象土地の存するA市は，市街地農地の固定資産税評価額について，当該農地が宅地であるとした場合の固定資産税評価額から造成費相当額を控除する方法により算出しているから，本件の場合には，「その農地が宅地であるとした場合の1㎡当たりの価額」は，あえて付近の宅地の価額を基に算定するのではなく，市が算定した当該農地が宅地であるとした場合の固定資産税評価額を基に評価するのが相当であるとした事例（平成19年11月5日裁決）。

（4）　農地転用許可済み農地

評価対象農地の属する地域が，純農地または中間農地であっても，農地転用許可を受けた農地は市街地農地として評価しなければなりません。許可を取得しても長期間，農地として利用されていて，外観上の区別がつかない場合があるので注意が必要です。

転用許可済みの現況農地の評価に関して，農地の価額は転用許可等の可能性に応じて，相当の高低が生ずる事実があり，転用許可済みの農地は，農地法上の宅地転用制限のない土地であり，農地としての価額よりむしろ宅地の価額に類似する金額で取引される実情を考慮したものであるから市街地農地として評価することが相当であるとした事例があります（平成15年12月12日裁決）。

3　市街地周辺農地

市街地周辺農地の評価は，その農地が市街地農地であるとした場合の価額の80%に相当する金額によって評価します。これを算式で示せば以下のとおりです。

（その農地が宅地であるとした場合の1㎡当たりの価額 － 1㎡当たりの造成費の金額）×地積×0.8

市街地周辺農地の評価上，市街地農地としての評価額から20%評価減をするのは，市街地周辺農地は農地法上の転用許可を必要とするか，もしくは都市計画区域内の非線引き区域内農地等など宅地化熟成度が低い地域に指定されていることが多く，評価上の安全性を考慮しているためです。

4　造成費について

市街地農地等の評価上,「1㎡当たりの造成費の金額」は，整地，土盛りまたは土止めに要する費用の額がおおむね同一と認められる地域ごとに，国税局長が定めています。令和２年分の平坦地の宅地造成費（東京国税局管内）は**図表66－１**のとおりです。

また傾斜地の場合は，別途「傾斜地の宅地造成費」(**図表66－２**）を利用します。傾斜地の造成費には，整地費，土盛費，土止費の宅地造成に要するすべての費用を含めて算定されていますが，伐採・抜根費は含まれていないため，必要に応じて「平坦地の宅地造成費」の伐採・抜根費を活用することとされています。

ただし，傾斜度３度以下の土地については,「平坦地の宅地造成費」の額により計算することとされています。

宅地造成費等に関してどこまでを造成費に含めるか判断に戸惑う場面がありますが，これに関しては次のようないくつかの裁決事例があります。

- すでに擁壁が存する面について土止め費用を計上する必要性の可否に関して，評価通達で定めている造成費は宅地転用を前提としていることから，擁壁は建築基準法上の家屋の建築が可能なものであることが必要であり，仮にすでに擁壁が存在していても家屋の建築ができないような場合には改めて擁壁設置を前提に造成費を算出すべきとした事例（平成18年５月８日裁決)。
- 土地改良区内に存する農地を宅地比準方式により評価するにあたり，農地を宅地に転用する際に土地改良区に支払う土地改良費決済金は，土地改良区の組合員が，組合員たる資格を喪失した場合に土地改良区に対して有していた権利義務を清算するために徴される費用とみるのが相当であり，本件各土地の地盤・地面の変更に関して要する整地費や盛土費などの宅地造成工事に要する費用には当たらないとした事例（平成18年２月14日裁決)。

【図表66－１】平坦地の宅地造成費（東京国税局，令和２年）

工事費目		造成区分	金額
整地費	整地費	整地を必要とする面積１平方メートル当たり	700円
	伐採・抜根費	伐採・抜根を必要とする面積１平方メートル当たり	1,000円
	地盤改良費	地盤改良を必要とする面積１平方メートル当たり	1,800円
土　盛　費		他から土砂を搬入して土盛りを必要とする場合の土盛り体積１立方メートル当たり	6,900円
土　止　費		土止めを必要とする場合の擁壁の面積１平方メートル当たり	70,300円

（留意事項）

（1）「整地費」とは，①凹凸がある土地の地面を地ならしするための工事費又は②土盛工事を要する土地について，土盛工事をした後の地面を地ならしするための工事費をいいます。

（2）「伐採・抜根費」とは，樹木が生育している土地について，樹木を伐採し，根等を除去するための工事費をいいます。したがって，整地工事によって樹木を除去できる場合には，造成費に本工事費を含めません。

（3）「地盤改良費」とは，湿田など軟弱な表土で覆われた土地の宅地造成に当たり，地盤を安定させるための工事費をいいます。

（4）「土盛費」とは，道路よりも低い位置にある土地について，宅地として利用できる高さ（原則として道路面）まで搬入した土砂で埋め立て，地上げする場合の工事費をいいます。

（5）「土止費」とは，道路よりも低い位置にある土地について，宅地として利用できる高さ（原則として道路面）まで地上げする場合に，土盛りした土砂の流出や崩壊を防止するために構築する擁壁工事費をいいます。

（東京国税局財産評価基準書より）

【図表66－２】傾斜地の宅地造成費（東京国税局，令和２年）

傾斜度	金額
３度超 ５度以下	18,600円／㎡
５度超10度以下	22,800円／㎡
10度超15度以下	34,900円／㎡
15度超20度以下	49,500円／㎡
20度超25度以下	54,700円／㎡
25度超30度以下	57,900円／㎡

Q67 生産緑地の評価

父（被相続人）は生産緑地を所有していました。これは生産緑地法改正直後の1992年（平成４年）に父が生産緑地として申請したものです。父は死亡するまで主たる従事者として農業を続けていました。この生産緑地はどのように評価しますか？

A 生産緑地は，主たる従事者の死亡があった場合，市町村長に対して時価で買い取るように申出ができます。ただし買取手続き等が必要なことから，生産緑地ではないものとして評価した価額の95％で評価します。

法令・通達　評基通40－３，生産緑地法10

解説

1　生産緑地

生産緑地は，三大都市圏の特定市の市街化区域内にある農地のうち，都市計画法により「生産緑地地区」として指定された区域内にある農地です。具体的には市街化区域内にある500㎡以上（条例により300㎡以上）の農地のうち，一定基準を満たすものについて，指定希望者からの申出を受けて，指定しています。生産緑地は三大都市圏の特定市の市街化区域内で指定された場合，固定資産税等の宅地並み課税を免れますが（**図表67－１**参照），農地所有者には農地を適正に管理することを義務付け，原則として農地転用は許可されません。生産緑地の所有者は下記のいずれかの条件を満たしたときに市町村長に対して時価で買取申出が可能となります。

（１）　指定を受けてから30年経過

（２）　主たる従事者の死亡

（３）（２）に準ずる一定の事由の発生

生産緑地の所有者は，生産緑地に指定されてから30年経過したときや，農業の主たる従事者が死亡したり，農業に従事することを不可能とさせる支障が生じたときは，市長に対して生産緑地を時価で買い取るよう，申し出ることができます。生産緑地の買取申出を行うと，１か月以内で買い取るか買い取らないかの通知がなされ，買い取る場合の価格は時価を基本とし，協議の上決定します。買い取らない場合は，市は農業に従事することを希望する者がこれを取得できるようにあっせんを行います。その結果，３か月以内に所有権の移転が行われなかった場合，生産緑地内の行為制限は解除になります。

２　生産緑地の評価

生産緑地は課税時期において市町村長に対して買取りの申出ができるかできないかで評価方法が異なります。

（１）　買取りの申出ができない生産緑地

その土地が生産緑地でないもの
として評価した価額 ×（１　－　**図表67－２**の割合）

（２）　買取りの申出ができる生産緑地

その土地が生産緑地でないものとして評価した価額　×　95％

【図表67－１】農地の固定資産税評価・課税

<table>
<tr><td rowspan="3">三大都市圏の特定市</td><td rowspan="2">市街化区域内の農地</td><td>生産緑地以外（宅地化すべき農地）</td><td>宅地並評価</td><td>宅地並課税</td></tr>
<tr><td>生産緑地（保全すべき農地）</td><td>農地評価</td><td>農地課税</td></tr>
<tr><td colspan="2">市街化調整区域内の農地</td><td>農地評価</td><td>農地課税</td></tr>
<tr><td rowspan="2">三大都市圏の特定市以外</td><td colspan="2">市街化区域内の農地</td><td>宅地並評価</td><td>農地に準じた課税</td></tr>
<tr><td colspan="2">市街化調整区域内の農地</td><td>農地評価</td><td>農地課税</td></tr>
</table>

【図表67－２】

課税時期から買取りの申出をすることができることとなる日までの期間	割合
５年以下のもの	100分の10
５年を超え10年以下のもの	100分の15
10年を超え15年以下のもの	100分の20
15年を超え20年以下のもの	100分の25
20年を超え25年以下のもの	100分の30
25年を超え30年以下のもの	100分の35

●特定生産緑地

2022年に多くの生産緑地が指定後30年を迎え，市町村長へ買取申出ができるようになります。これに備えて，2017年に生産緑地法が改正され，新たに特定生産緑地制度が創設されました。生産緑地の指定を受けている農地で，現行の生産緑地期間満了前に特定生産緑地の指定申込を行い，一定の条件に合致すれば，特定生産緑地の指定が受けられます。特定生産緑地の期間は10年であり，以後10年ごとに更新ができます。特定生産緑地に対する行為制限は現行の生産緑地と同じです（図表67－3参照）。

【図表67－3】特定生産緑地制度の概要

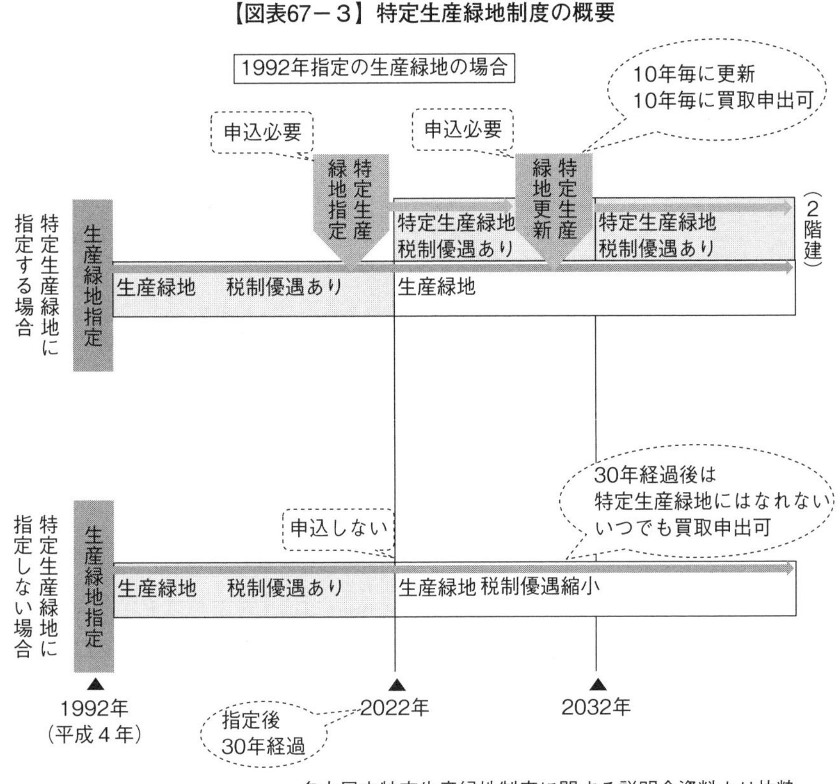

名古屋市特定生産緑地制度に関する説明会資料より抜粋

Q68 他人に耕作させている農地

評価対象農地は，被相続人が長期間にわたり他人に耕作させていたことがわかりました。このような農地はどのように評価しますか？

A 農地の賃貸借関係がどのような手続によって開始され，どのような内容であるかを把握し，その実態に応じた評価をすることになります。

（1） 耕作権の目的となっている農地：

農地としての自用地価額　－　耕作権の価額

（2） 農業経営基盤強化促進法の規定により設定された賃貸借によって貸し付けられている農地：

農地としての自用地価額　×　95％

（3） 10年以上の期間の定めのある賃貸借により貸し付けられている農地

農地としての自用地価額　×　95％

（4） 農地法の許可を受けずに貸し付けられている農地

農地としての自用地価額

法令・通達　評基通9，41，42，農地法3，17，18

解説

1　農地の賃貸借

農地を貸借する場合には，農業委員会等の許可を受ける方法（農地法）と，市町村が定める「農用地利用集積計画」により権利を設定・移転する方法（農業経営基盤強化促進法）があります。

農地法3条では，農地を賃貸借する場合，当事者双方が農業委員会の許可を受けなければならないとされ，農地の賃貸借はその登記がなくとも，引渡しがあったときは，これをもって第三者への対抗要件を有します。いったん賃貸借された農地は，当事者が賃貸借契約の解除あるいは賃貸借の更新をしない旨の通知をする場合は，原則として都道府県知事の許可が必要となり，許可を受けない解約等は無効とされます。農地の賃借権は一般に耕作権と表現されます。

「農業経営基盤強化促進法」は，効率的かつ安定的な農業経営を推進する目的で，農業経営の規模拡大，生産方式・経営管理の合理化などを進めていく農業経営者（農地保有合理化法人等）を総合的に支援するために，1993年に制定されました。農業経営基盤強化促進法により農用地を売買・貸し借りする場合には農地法の許可は不要とされています。

2　耕作権の目的となっている農地の評価（永小作権を除く）

耕作権の目的となっている農地の価額は，その農地の自用地価額から，耕作権の価額を控除した金額によって評価することとされています。

耕作権の価額は，以下の２区分によって評価が異なります。

（１）　純農地および中間農地に係る耕作権の価額(令和２年現在：東京国税局)

農地の自用地価額　×　50％

（２）　市街地周辺農地，市街地農地に係る耕作権の価額

その農地が転用される場合に通常支払われるべき離作料の額，その農地の付近にある宅地に係る借地権の価額等を参酌して求めた金額によって評価します。

ただし，「農地の自用地価額×35％」でも可です。

3　農業経営基盤強化促進法の規定により設定された賃貸借によって貸し付けられている農地

農業経営基盤強化促進法に基づく農用地利用集積計画の公告により設定されている賃借権に係る農地の賃貸借については，農地法17条に規定する賃貸借の法定更新などの適用が除外されており，いわゆる耕作権としての価格が生じるような強い権利ではありません。したがって，その農地の自用地としての価額から，その価額に100分の５を乗じて計算した金額を控除した価額によって評価します。

4　10年以上の期間の定めのある賃貸借により貸し付けられている農地

農地について10年以上の期間の定めのある賃貸借については，農地法18条の適用が除外されており，当該賃貸借契約の解除あるいは更新をしない場合に都道府県知事の許可を得る必要がなく，いわゆる耕作権としての価格が生じるような強い権利ではありません。したがって，その農地の自用地としての価額から，その価額の100分の５を乗じて計算した金額を控除した価額によって評価します。

5　農地法の許可を受けずに貸し付けられている農地

農地に賃借権等の権利を設定するためには農地法３条の規定により農業委員会の許可を受けなければなりませんが，耕作権等の強い権利が発生するのを嫌がり，農地法の許可を得ない，いわゆる「やみ小作」が少なくありません。このような場合は耕作権を認めることはできないため，その農地は自用地として評価します。

使用貸借契約で学校法人に貸し付けていた農地の評価にあたり，本件土地が教材農園として使用貸借されており，借主が農地を使用収益する権利を主張するためには，農地法上，農業委員会の許可を受けなければならないが，学校法人である借主は許可を受けることができないこと等から勘案すると，本件土地は自用地としての評価が相当であるとした事例（平成15年12月11日裁決）があります。

Q69 農地の地目の判断

評価対象土地は，登記地目では畑となっていますが，現況は未利用地となっています。どのように評価すればよいでしょうか？

A 相続税等の評価上，土地の地目は課税時期の現況によります。現況地目判断に際しては，当該土地の使用状況および物理的状態，さらに固定資産税課税上の取扱い等を総合的に勘案して地目を判断します。状況に応じて，農地評価する場合が妥当と判断されることもあれば，雑種地評価をしなければならない場面もあります。

解説

1 耕作放棄地

農地法では農地とは耕作の目的に供される土地をいい，耕作とは土地に労費を加え肥培管理を行って作物を栽培することをいいます。また，耕作の目的に供される土地とは，現に耕作されている土地のほか，現在は耕作されていなくても耕作しようとすればいつでも耕作できるような，すなわち，客観的に見てその現状が耕作の目的に供されるものと認められる土地（休耕地，不耕作地）も含むものとされています。

農業就労人口が減少し，農家の高齢化が進む中で全国的な問題となっているのが耕作放棄地です。耕作放棄地はそのままの状態で放置されると，雑草等が生育し，容易に農地に復元し得ないような状況になってしまいます。固定資産税を課税する自治体にとっても耕作放棄地は頭の痛い問題です。耕作放棄状態が常態化するといずれかの段階で，農地から原野あるいは雑種地へ課税地目を変更する必要がありますが，調整区域などでは一挙に税額が上昇するため，課税地目の切替えには及び腰になっているのが実情です。多くの自治体では耕作放棄地等に対し，一定の時期に土地所有者に警告文を発するなど予め土地所有者に通知をした上で，雑種地等課税への切替えを行っています。

耕作放棄地ではなく，農地を駐車場や資材置場等へ違法転用している場合は，雑種地への課税地目切替えをすみやかに行うのが一般的です。以上を勘案すると，土地評価に際して地目認定をする場合には，固定資産税課税明細等に記載される課税地目が大きな判断材料となるものと思われます。

2　実　例

固定資産税の課税地目と現況が異なることがしばしばあります。具体的には課税地目が田となっているにもかかわらず，現況が畑である場合や，課税地目が畑となっているにもかかわらず現況は未利用地（耕作放棄地）あるいは雑種地である場合です。税理士として相続税申告をする際に，最も神経を使う場面といってもいいでしょう。

(1)　課税地目：田，現況地目：畑

減反によって田から畑に現況が変わっている場合，課税地目が田のままとなっているケースがあります。田は，田の設備（畦畔（けいはん））があり，用水を利用して耕作する農地です。一時的に畑として耕作されていても，畦畔があり，容易に用水利用ができる場合は，田として評価することが妥当と判断されます。畑として長期間耕作され，すでに畦畔などが撤去されている場合は，畑としての固定資産税評価額を市役所等で入手し，畑の倍率を乗じて評価することが妥当と判断されます。

(2)　課税地目：畑，現況未利用地（耕作放棄地）

課税時期において，数年前から耕作しないで放置されている土地の場合，固定資産税課税地目が畑であれば，農地として評価して差し支えないものと判断されます。

(3)　課税地目：原野または雑種地，現況未利用地（耕作放棄地）

すでに耕作放棄状態が長期化し，課税地目も農地以外のもの（原野・雑種

地）となっている場合は，原野あるいは雑種地として評価します。

（4） 課税地目：畑，現況雑種地（駐車場等）

砂利を入れて駐車場を設置している場合やアスファルト舗装している場合など，農地法上の転用許可が得られていなければ違法転用となります。このような場合は雑種地として評価することになります。

Q70 市街化区域内の雑種地の評価

市街化区域内にある雑種地はどのように評価しますか？

A 対象となる雑種地の状況が宅地と類似している場合は，宅地と同様に評価します。雑種地の状況が宅地利用を前提とすると造成工事等が必要な場合は，市街地農地等と同様に評価します。

（法令・通達） 評基通82

解説

1 雑種地

雑種地は，宅地，田，畑，山林，原野，牧場，池沼および鉱泉地以外の土地をいい，具体的には駐車場（宅地に該当するものを除く），ゴルフ場，遊園地，運動場，鉄軌道等の用地など多岐にわたります。雑種地の評価方式は，市街化区域と市街化調整区域では大きく異なります。市街化区域では原則として宅地評価に準じて評価します。

（1） 造成工事が不要な場合

雑種地の状況が平坦かつ道路との高低差もなく，宅地利用するに際して特に造成工事等が必要でない場合は，宅地と同様に評価します。路線価地域であれば通常の路線価方式を採用し，倍率地域であれば宅地として評価額に宅地の倍率を乗じて評価します。

（2）　造成工事が必要な場合

雑種地の状況が傾斜地であったり，あるいは道路から低い位置にあったりする場合，宅地利用するに際して造成工事等が必要な場合は，市街地農地と同様に評価します。具体的には宅地としての自用地価額から造成工事費を控除して評価します。

2　倍率地域の場合

評価対象土地が倍率地域に存する場合は，その雑種地の近傍宅地の固定資産税評価額を入手し，その土地の間口・奥行・形状等を勘案して，普通住宅地区の画地調整率表により補正して評価します。

〔評価実例：図表70－1〕

（1）　近傍宅地の固定資産税評価額から求めた1㎡当たり評価額

固定資産税評価上の路線価または同一状況類似地域内標準宅地価格：30,000円

宅地としての倍率：1.1倍

30,000円　×　1.1　=　33,000円

【図表70－1】

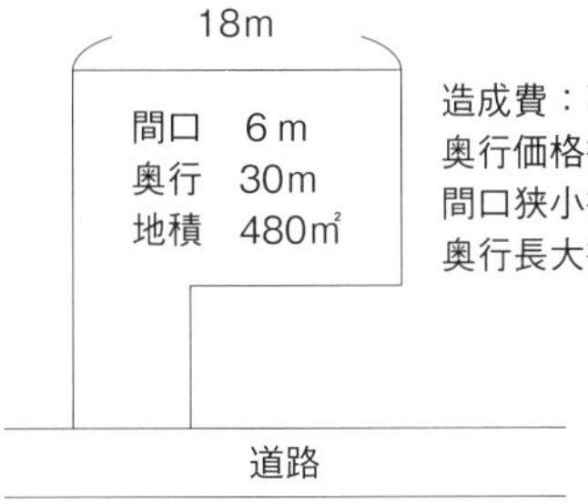

18m

間口　6m
奥行　30m
地積　480㎡

造成費：不要
奥行価格補正率　0.98
間口狭小補正率　0.97
奥行長大補正率　0.92

道路

（2） 普通住宅地区を前提とした1㎡当たり単価

	奥行価格補正率		間口狭小補正率		奥行長大補正率	
33,000円 ×	0.98	×	0.97	×	0.92	＝28,860円

（3） 評価対象雑種地の評価額

28,860円 × 480㎡ ＝ 13,852,800円

Q71 市街化調整区域内の雑種地の評価

市街化調整区域内の雑種地はどのように評価しますか？

A 雑種地（ゴルフ場用地，遊園地等用地，鉄軌道用地を除きます）の価額は，原則として，その雑種地の現況に応じ，評価対象地と状況が類似する付近の土地について評価した1㎡当たりの価額を基とし，その土地と評価対象地である雑種地との位置，形状等の条件の差を考慮して評定した価額に，その雑種地の地積を乗じて評価します。

ただし，市街化調整区域内にある雑種地を評価する場合に，状況が類似する土地（地目）の判定をするときには，評価対象地の周囲の状況に応じて，**図表71－1**により判定することになります。

【図表71－1】周囲（地域）の状況に応じた雑種地の評価

<table>
<tr><th>市街化の影響度（弱↑↓強）</th><th>周囲（地域）の状況</th><th>比準地目</th><th>しんしゃく割合</th></tr>
<tr><td>弱</td><td>①純農地，純山林，純原野</td><td rowspan="2">農地比準，山林比準，原野比準</td><td rowspan="2"></td></tr>
<tr><td rowspan="3"></td><td rowspan="3">② ①と③の地域の中間
（周囲の状況により判定）</td></tr>
<tr><td rowspan="2">宅地比準</td><td>しんしゃく割合　50%</td></tr>
<tr><td>しんしゃく割合　30%</td></tr>
<tr><td>強</td><td>③店舗等の建築が可能な幹線道路沿いや市街化区域との境界付近</td><td>宅地価格と同等の取引実態が認められる地域（郊外型店舗が建ち並ぶ地域等）</td><td>しんしゃく割合　0%</td></tr>
</table>

（国税庁ホームページより）

また，付近の宅地の価額を基として評価する場合（宅地比準）における法的規制等（開発行為の可否，建築制限，位置等）に係るしんしゃく割合（減価率）は，市街化の影響度と雑種地の利用状況によって個別に判定することになりますが，図表71－1のしんしゃく割合によっても差し支えないことになっています。

（法令・通達）　都市計画法34

解説

1　農地比準の場合

農地等の価額を基として評価する場合で，評価対象地が資材置場，駐車場等として利用されているときは，その土地の価額は，原則として，農業用施設用地の評価に準じて農地等の価額に造成費相当額を加算した価額により評価します（ただし，その価額は宅地の価額を基として評価した価額を上回らないことに留意）。

2　沿道サービス施設等

図表71－1中，③の地域は，線引き後に沿道サービス施設が建設される可能性のある土地（沿道サービス施設）や，線引き後に日常生活に必要な物品の小売業等の店舗として開発または建築される可能性のある土地の存する地域をいい，都市計画法で規定されています。

なお，いずれも各自治体の条例で立地基準（接道道路の種別および幅員）や建物用途および敷地最低限面積等が決められていることが一般的です。

3　しんしゃく割合

市街化調整区域は，都市計画法によって当面の間，市街化を抑制すべき区域とされ，原則として建物の建築は認められません。したがって市街化調整区域内の雑種地のほとんどに関して，しんしゃく割合は市街化進捗状況等を勘案して30％あるいは50％が適用されます。

しかし，地域によっては，居住者の日常生活のため必要な業務用店舗等（都市計画法34条１号）あるいは沿道サービス施設（都市計画法34条９号）の適用条件が緩やかな場合もあり，郊外型店舗が連たんし，ほとんど市街化区域内の宅地と取引実態が変わらないことがあります。そのような場合は評価上，特にしんしゃくする必要はないと認められることからしんしゃく割合は０となります。

また2000年の都市計画法改正により，従来の既存宅地制度が廃止され，その代わりに新設された「市街化調整区域内の建築物の立地基準緩和措置（緩和区域）」（都市計画法34条11号）制度により，市街化調整区域内で条例に基づき定められた区域（「条例指定区域」）指定がある場合は，その制度自体が経過的な措置であること，都道府県ごとに運用実態が異なること等を勘案して，当該区域内の雑種地評価に際しては個別にしんしゃく割合を判定することになります。

なお，条例指定区域は，都道府県（および指定市等）の条例により定められ，主として市街化区域に近接する区域で，建築物が50戸連たんしているなどの条件を満たす区域であることとなっていますが，運用実態は各自治体によって異なります。

第8章 地積規模の大きな宅地

Q 72 地積規模の大きな宅地の評価

地積規模の大きな宅地の評価規定とはどのようなものですか？　広大地評価規定との違いは何ですか？

A 財産評価基本通達上，地積規模の大きな宅地とは，三大都市圏においては500㎡以上の地積の宅地，三大都市圏以外の地域においては1,000㎡以上の地積の宅地をいいます（ただし，除外規定あり。評価対象土地が「地積規模の大きな宅地の評価」の対象に該当するかどうかは，**図表72－1**のチャート図によって判定）。

「地積規模の大きな宅地の評価」の対象となる宅地の価額は，原則として，次に掲げる区分に従い，それぞれ次により計算した金額によって評価します。

1　路線価地域に所在する場合

地積規模の大きな宅地の価額は，路線価に奥行価格補正率や不整形地補正率などの各種画地補正率のほか，規模格差補正率を乗じて求めた価額に，その宅地の地積を乗じて計算した金額で評価します。

(計算式)

評価額＝路線価×奥行価格補正率×各種画地補正率×規模格差補正率×地積

【図表72－1】地積規模の大きな宅地の評価

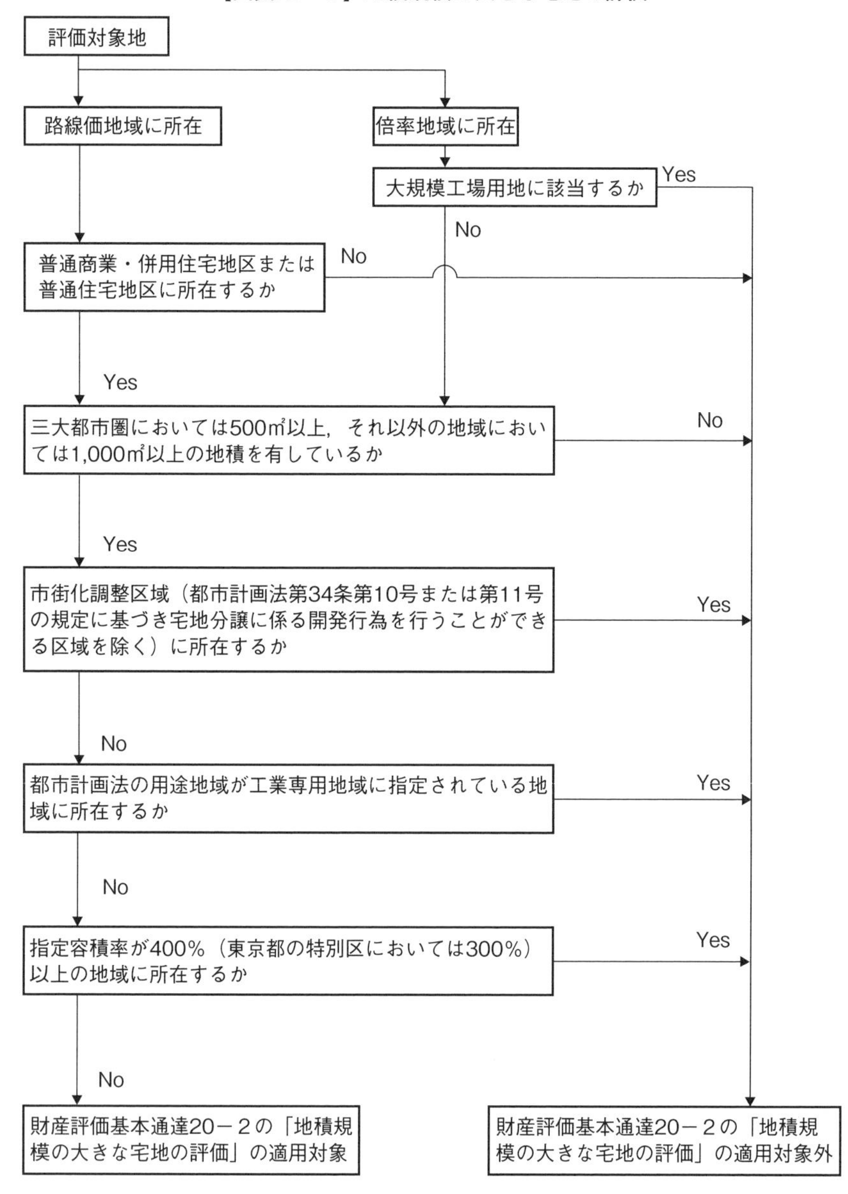

２　倍率地域に所在する場合

次に掲げる①の価額と②の価額のいずれか低い価額により評価します。

①　その宅地の固定資産税評価額に倍率を乗じて計算した価額

②　その宅地が標準的な間口距離および奥行距離を有する宅地であるとした場合の１㎡当たりの価額に，普通住宅地区の奥行価格補正率や各種画地補正率のほか，規模格差補正率を乗じて求めた価額に，その宅地の地積を乗じて計算した価額

３　規模格差補正率

規模格差補正率は，次の算式により計算します（小数点以下第２位未満は切り捨てます）。

$$\text{規模格差補正率} = \frac{A \times B + C}{\text{地積規模の大きな宅地の地積（A）}} \times 0.8$$

上記算式中の「Ｂ」および「Ｃ」は，地積規模の大きな宅地の所在する地域に応じて，それぞれ次頁の**図表72－２**のとおりです。

４　広大地評価規定との違い

かつての広大地評価規定では，土地の形状等とは関係なく，面積に応じて比例的に減額する評価方法でした。今回の評価規定では，土地の面積・形状に基づく評価方法に改められています。また広大地評価は，分譲戸建適地であることの判断，および分譲戸建住宅地であっても公共公益的施設用地の負担が発生するかどうかの判断が必要であり，広大地に該当するか否かの判断が困難でした。今回の評価規定では，一定の基準を満たすものは，適用が認められる方式となっています。

地積規模の大きな宅地の評価規定は，課税時期が2018年１月１日以降の場合に適用され，同時に広大地評価規定は廃止されました。

（法令・通達）　評基通20－２

【図表72－２】

（１） 三大都市圏に所在する宅地

地積	普通商業・併用住宅地区，普通住宅地区	
	B	C
500㎡以上 1,000㎡未満	0.95	25
1,000㎡以上 3,000㎡未満	0.90	75
3,000㎡以上 5,000㎡未満	0.85	225
5,000㎡以上	0.80	475

(2) 三大都市圏以外の地域に所在する宅地

地積	普通商業・併用住宅地区，普通住宅地区	
	B	C
1,000㎡以上 3,000㎡未満	0.90	100
3,000㎡以上 5,000㎡未満	0.85	250
5,000㎡以上	0.80	500

解説

１ 地積規模の大きな宅地評価の意義

専ら一戸建一般住宅用地が標準的な使用方法と認められる地域では，一定規模以上の規模の大きな土地（開発用地）は，通常，都市計画法に規定する開発許可を取得して，戸建分譲住宅団地として利用されることになります。このような土地を開発する際には，開発許可基準および自治体が定める開発指導要綱等に基づき，開発道路や公園等の公共公益的施設の設置が必要となり，その土地すべてが宅地利用されるわけではありません。分譲販売される各住宅地地積合計の当該開発用地に対する割合を「有効宅地化率」といいますが，有効宅地化率は開発用地の規模が大きくなるにつれて，低減していく傾向を示します。なぜなら規模が大きくなるほど，開発道路だけでなく公園・緑地の設置割合が増加するからです。

また開発用地は戸建分譲用地として整備されるまでに相当の計画・工事期間を必要とし，この期間も開発用地の規模が大きくなるにつれて，長期化することが一般的です。さらに開発用地に造成工事や上下水道等のインフラを整備（造成工事費用の発生）し，開発期間内の販売管理費の負担も多大なものとなります。

以上の開発実態を踏まえ，土地評価上取り入れられたのが，この地積規模の大きな宅地の評価です。

2　地積規模の大きな宅地評価規定適用上の留意事項

この評価規定が適用されるかどうかは図表72－1チャート図のとおりいくつかのチェックポイントがあります。これらは別途検証していきます。

① 路線価地域の場合，普通商業・併用住宅地区または普通住宅地区に所在するか（Q74）？

② 三大都市圏においては500㎡以上，それ以外の地域においては1,000㎡以上の地積を有しているか？

③ 市街化調整区域（都市計画法第34条第10号または第11号の規定に基づき宅地分譲に係る開発行為を行うことができる区域を除く）に該当しないか（Q75）？

④ 路線価地域の場合，都市計画法の用途地域が工業専用地域に該当しないか？　倍率地域の場合，大規模工場用地に該当しないか？

⑤ 指定容積率が400％未満（東京都の特別区においては300％未満）の地域に所在するか（Q76）？

3　共有地の場合の地積規模の判定

複数の者に共有されている宅地の場合，共有者の持分に応じて按分する前の共有地全体地積で地積規模を判定します。例えば，ＡとＢに持分２分の１ずつで共有されている三大都市圏に所在する地積800㎡の宅地については，ＡとＢ

の持分に応じて按分した地積はそれぞれ400㎡ずつとなりますが，持分に応じて按分する前の共有地全体の地積は800㎡であることから，三大都市圏における500㎡以上という地積規模の要件を満たす宅地に該当します。

4　地積規模の大きな宅地評価と広大地評価との比較

面積が広大な土地の場合，規模格差補正率は広大地補正率より減額割合は縮小されます。また地積規模の大きな宅地評価ではすべての土地を間口・奥行・形状その他を計測して相続税評価をします。地方では公図が不正確である場合や，登記面積が実際面積と異なることが少なくありません。地積が大きな土地で正確な奥行距離を把握できず，奥行価格補正率の適用を誤ると評価額には大きな影響が出たりします。これまで以上に慎重な評価が求められます。

他方でこれまで広大地評価規定の対象外であった，開発を了した宅地やマンション適地，ようかん切り（公共公益的施設用地の発生しない）ができる開発用地，あるいは幹線道路沿いの賃貸商業施設用地などは評価額が下がるケースが増えます。地積規模の大きな宅地評価規定の新設と同時に奥行価格補正率が若干変更されていることもメリット大です。

国税庁がタワマン（タワーマンション）節税に警鐘を鳴らして以来，相続税対策としてタワマンを購入する人は減少しました。代わりに地方都市中心部や大都市市郊外部の駅前立地または幹線道路沿いで規模の大きな賃貸物件あるいは広大地が相続税対策物件として脚光を浴びる可能性が増加します。

三大都市圏で普通商業・併用住宅地区に位置する地積750㎡の宅地を例に取ると，規模格差補正率は「0.78」が適用できます。立地によっては地積が500㎡以上あるいは1,000㎡以上の方が単価レベルで500㎡未満の土地よりも割高に取引されることがあります。このようなエリアでは「時価」と「相続税評価額」との乖離が格段に広がり，新たな節税策が生み出されることでしょう。

5　広大地評価規定廃止の背景

広大地評価規定が存在していた当時は，状況が類似する地域で同じような画地規模であるにもかかわらず，広大地適用前提で申告する納税者とそうでない納税者の存在，不動産鑑定士の意見書などを添付して更正の請求をするケースなどがあり，納税者側と課税当局の間で争いになるなどの混乱が生じていました。

開発行為による「公共公益的施設用地」（いわゆる開発道路等）の負担をあらゆるテクニックを駆使して説明し，広大地評価規定を税務署に認めさせ，いったん納めた相続税の還付を目的とした「更正」ビジネスが，特に問題視されていたようです。広大地評価の認定が出やすい地域，あるいは所轄税務署によって扱いが異なるなどのうわさも飛び交い，客観的に見ても課税不公平感はぬぐえないのが実態でした。広大地評価規定の廃止はやむを得ないと感じます。

6　三大都市圏

三大都市圏とは，次の地域をいいます。

（1）　首都圏整備法第２条第３項に規定する既成市街地または同条第４項に規定する近郊整備地帯

（2）　近畿圏整備法第２条第３項に規定する既成都市区域または同条第４項に規定する近郊整備区域

（3）　中部圏開発整備法第２条第３項に規定する都市整備区域

具体的には，国税庁公表の「地積規模の大きな宅地の評価」適用チェックシートに記載している三大都市圏一覧表で，評価対象土地が三大都市圏に該当するかどうかを確認します。なお，図表で一部と記載されている自治体があります。これは，三大都市圏が設定された当時には，三大都市圏に該当しなかった自治体が，いわゆる「平成の大合併」等により大きく集約されたためです。同一市町であっても，三大都市圏に該当するエリアと該当しないエリアの双方を有するため，評価対象土地がどちらに所在するか確認が欠かせません。

神奈川県の場合

神奈川県	全域	横浜市，川崎市，横須賀市，平塚市，鎌倉市，……
	一部	相模原市

Q 73 計算事例

次の図表73－１および73－２の場合，評価額はいくらとなりますか？

【図表73－１】

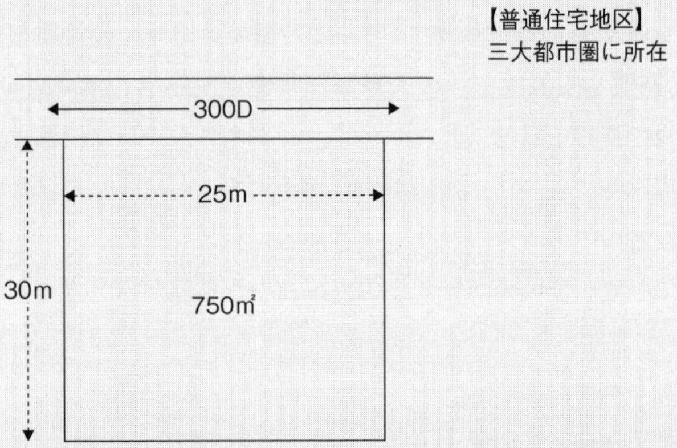

【普通住宅地区】
三大都市圏に所在

300D
25m
30m
750㎡

【図表73－２】

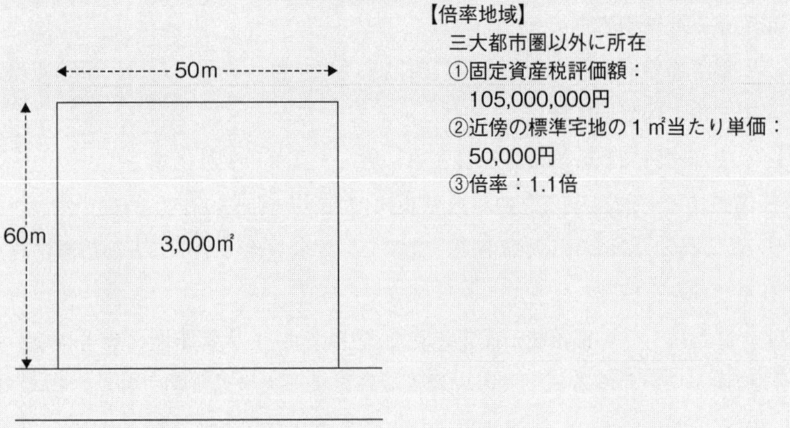

【倍率地域】
三大都市圏以外に所在
①固定資産税評価額：
105,000,000円
②近傍の標準宅地の１㎡当たり単価：
50,000円
③倍率：1.1倍

50m
60m
3,000㎡

次の計算式のとおりです。

１　図表73－１の場合

（１）　規模格差補正率の計算（小数点以下第２位未満切捨て）

$$\frac{750\text{㎡} \times 0.95 + 25}{750\text{㎡}} \times 0.8 = 0.78$$

（２）　評価額

路線価		奥行価格補正率		規模格差補正率		地積		
300千円	×	0.95	×	0.78	×	750㎡	=	166,725,000円

２　図表73－２の場合

（１）　標準的な１㎡当たりの価額の計算

		倍率		
50,000円	×	1.1倍	=	55,000円

（２）　規模格差補正率の計算（小数点以下第２位未満切捨て）

$$\frac{3{,}000\text{㎡} \times 0.85 + 250}{3{,}000\text{㎡}} \times 0.8 = 0.74$$

（３）　評価額

		普通住宅地区の奥行価格補正率		規模格差補正率		地積		
55,000円	×	0.86	×	0.74	×	3,000㎡	=	105,006,000円

（<105,000,000円×1.1＝115,500,000円）

Q74 複数用途にまたがる場合

正面路線が普通住宅地区と中小工場地区にまたがっている場合（図表74－1）は，どのように評価しますか？

【図表74－1】

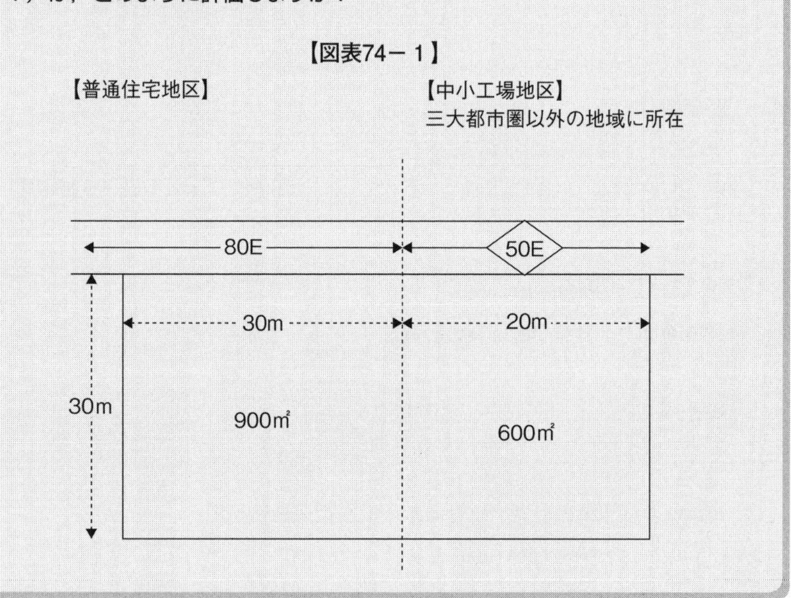

A 以下のように求めます。

1　評価対象となる宅地の接する正面路線が２以上の地区にわたる場合には，その宅地の過半の属する地区をもって，その宅地全体が所在する地区と判定します。

図表74－1の場合，普通住宅地区が900㎡，中小工場地区が600㎡であるため，その宅地のすべてが普通住宅地区に属するものと判定します。したがって，本件宅地は地積規模の大きな宅地評価規定の適用対象となります。

2　規模格差補正率の計算（小数点以下第２位未満切捨て）

$$\frac{1{,}500\text{㎡} \times 0.90 + 100}{1{,}500\text{㎡}} \times 0.8 = 0.77$$

3　評価額

		普通住宅地区の奥行価格補正率		規模格差補正率		地積
68,000円（＊1）	×	0.95	×	0.77	×	1,500㎡

＝　74,613,000円

＊1　路線価の加重平均の計算

$$\frac{80{,}000\text{円} \times 30\text{m} + 50{,}000\text{円} \times 20\text{m}}{50\text{m}} = 68{,}000\text{円}$$

＊2　原則として，判定した地区に係る画地調整率を用います。

解説

1　用途地区

Q14記載のとおり，用途地区は8区分あります。ビル街地区や高度商業地区，繁華街地区は，中高層店舗あるいは事務所ビル敷地などの商業利用が標準的と判断されるエリアであり，通常は指定容積率も400％以上であるため，戸建住宅用地利用を前提とした地積規模の大きな宅地の評価適用はありません。大工場地区は専ら大規模な工場用地として利用されるエリアであり，同様に当該評価規定の適用はありません。

評価実務上，問題視されるのは中小工場地区です。中小工場地区は，敷地規模が9,000㎡までの工場，倉庫，流通センター，研究開発施設等が集中している地区と規定されますが，都市計画法上の準工業地域などで工場跡地を分譲開発した戸建住宅地となっているケースが多く見られます。このような戸建住宅地は普通住宅地区と地域状況が近似しているにもかかわらず，地積規模の大きな宅地評価規定の適用がありません。

Q75 市街化調整区域

評価対象土地が市街化調整区域に所在する場合でも，地域によっては，地積規模の大きな宅地評価の適用があるそうですが，どのような場合ですか？

A 市街化調整区域はQ５記載のとおり，市街化を抑制すべき区域と位置付けられ，原則として宅地開発が認められないため，地積規模の大きな宅地には該当しません。しかし，都市計画法34条10号または11号の規定に基づき宅地分譲に係る開発行為を行うことができる区域は，戸建分譲開発が可能であり，一定条件を満たせば，地積規模の大きな宅地の適用対象となります。

解説

1　都市計画法第34条10号または11号

10号規定は，市街化調整区域内で地区計画または集落地区計画により開発された住宅団地などを意味します。一見すると市街化区域と同じような分譲戸建団地となっているので，見分け方は難しくありません。市街化調整区域内で大規模な住宅団地開発は，地区計画を定めなければできないようになっています。

11号規定は，市街化区域に近接し，自然的社会的諸条件から市街化区域と一体的な日常生活圏を構成していると認められる地域であって，概ね50以上の建築物が連たんしている地域のうち，都道府県（あるいは指定都市もしくは事務委任市）が条例で定める区域です。

こちらは古くからの既成集落を含む，農地も散見されるような地域であることが多く，よほど注意しないと条例指定区域であることを失念しがちです。

2　宅地開発できない場合

上記の10号規定または11号規定による開発は，分譲戸建住宅目的の宅地開発とは限りません。場合によっては，工場団地目的の場合もあります。住宅目的以外の場合は，当該評価規定の適用はありません。

Q76 容積率

評価対象土地が，異なる指定容積率の地域にわたる場合（図表76－１）はどのように評価しますか？

【図表76－１】

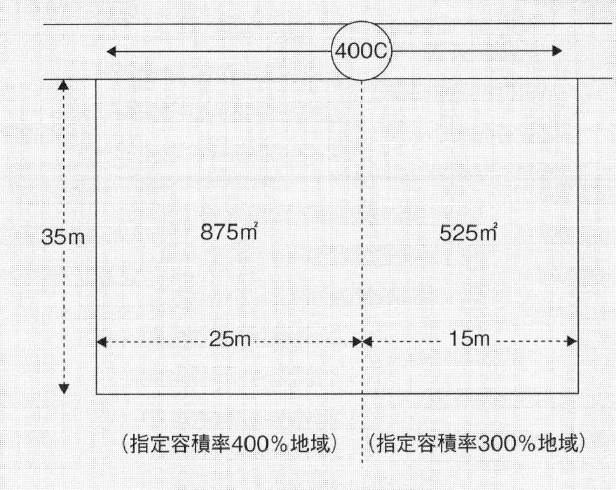

 以下のように評価します。

1　容積率の判定

評価対象となる宅地が指定容積率の異なる２以上の地域にわたる場合には，各地域の指定容積率に，その宅地の当該地域内にある各部分の面積の敷地面積に対する割合を乗じて得たものの合計により容積率を判定します。

したがって，図表76－１の宅地の指定容積率は，

$$\frac{400\% \times 875㎡ + 300\% \times 525㎡}{1{,}400㎡} = 362.5\%$$

となり，容積率が400％未満となるため，その宅地の全部が「地積規模の大きな宅地の評価」の適用対象となります。

2　規模格差補正率（小数点以下第２位未満切捨て）

$$\frac{1{,}400\text{m}^2 \times 0.90 + 100}{1{,}400\text{m}^2} \times 0.8 = 0.77$$

3　評価額

路線価		奥行価格補正率		規模格差補正率		地積		
400千円	×	0.97	×	0.77	×	1,400㎡	=	418,264,000円

（法令・通達）　建築基準法52

解説

1　指定容積率が400％であるが，基準容積率が360％である場合（Q29参照）

地積規模の大きな宅地評価の適用に係る容積率は，指定容積率により判定します。商業系用途の基準容積率は，前面道路幅員が12m未満の場合，前面道路幅員（m）×6／10で求められます。評価対象土地の前面道路幅員が６mであれば，基準容積率は360％（＝6m×6／10）となります。このように基準容積率が400％未満（東京都の特別区においては300％未満）であったとしても，容積率の要件を満たすことにならず，当該評価規定の適用はありません。

Q77 市街地農地等

地積規模の大きな宅地評価規定は，宅地以外の土地でも適用可能ですか？

A 市街地農地，市街地周辺農地，市街地山林および市街地原野（市街地農地等）は，地積規模の大きな宅地評価規定の条件に合致すれば適用は可能です。

（法令・通達）　評基通20－2，34，36－3，39，40，45，49，57，58－3

解説

1　市街地農地等

市街地農地等について，地積規模の大きな宅地評価の適用要件を満たす場合には，その対象となります。ただし，路線価地域にあっては，宅地の場合と同様に，普通商業・併用住宅地区および普通住宅地区に所在するものに限られます。広大地評価規定では，広大地補正率に宅地造成費等を考慮してあることから，造成費を控除することができませんでしたが，地積規模の大きな宅地評価では，評価対象土地の状況に応じて別途，造成費相当額を控除して評価します。

また評価対象土地が市街地周辺農地である場合には，市街地農地として評価した金額に80／100を乗じた金額で評価します。

2　適用できない場合

市街地農地等であっても，①宅地へ転用するには多額の造成費を要するため，経済合理性の観点から宅地への転用が見込めない場合や，②急傾斜地などのように宅地への造成が物理的に不可能であるため宅地への転用が見込めない場合については，戸建住宅用地としての分割分譲が想定されませんので，「地積規模の大きな宅地」の適用対象となりません。

第9章
家屋・附属設備・構築物

Q78 家　屋

居宅等家屋はどのように評価しますか？

A 家屋の価額は，原則として，1棟の家屋ごとに評価します。家屋の価額は，その家屋の固定資産税評価額に定める倍率を乗じて計算した金額によって評価します。なお，この倍率は1.0と規定されています。したがって，家屋（自用）の価額は当該家屋の固定資産税評価額となります。

法令・通達　相法23条の2，評基通88，89，93

解説

1　固定資産税評価額

建物の固定資産税評価額を決定するのは，固定資産税の課税権者である市町村（東京都特別区は東京都）です。国税である相続税等を計算するために家屋を評価するにあたり，自治体が決定する固定資産税評価額をそのまま採用する形です。この点は倍率地域における土地評価額と同様です。

市町村は，固定資産税の対象となる建物を評価する際には，総務省が定める「固定資産評価基準」に準拠することが義務付けられています。固定資産評価基準では「木造家屋」と「非木造家屋」とに分類して，評価手順を定めています。木造家屋の場合は以下のような算式で計算します。

評価額　＝再建築価格×経年減点補正率×需給事情による減点補正率

再建築価格とは，評価時点に対象家屋と同一のものを建築するとした場合に必要とされる建築費を意味し，経年減点補正率とは，家屋の建築後の経過年数に応じた残存価値率を表すものです。企業会計でいうところの未償却残高に近い概念です。

再建築価格を求めるために市町村税務課職員が現地確認をしますが，小規模な市町村では木造以外の大きな建物を評価することは困難です。道府県でも不動産取得税課税のため建物を評価する場面があり，多くの市町村が道府県と連携して，木造は市町村，非木造は道府県という具合に建物評価を分担し合っています。

再建築価格は物価水準による補正率で調整されているため，大都市と地方でまったく同じハウスメーカーで同種同規模のアパートを建設した場合でも，固定資産税評価額に差が生じることもあります。

なお，再建築価格は建築物価の変動分を考慮しますが，評価額が前年度を上回る場合は前年度の価格に据え置かれます。古い建物で評価額がかなり長期間同じ価格で据え置かれることがあるのはこのためです。全般的には再建築価格は実際の建築価格の50%～70%であることが多く，建築費を上回ることはほとんどありません。

2　経年減点補正率

上記の計算式で注意したいのは経年減点補正率です。これは木造系では初年度0.8からスタートして最終残価率0.2になるまで10年から35年にかけて定額法に準じて逓減していく率となっています（最終残価率に達する期間は用途等によって異なります）。

初年度0.8が適用されるのは，新築後使用が開始されると不動産市場では中古扱いとなり，市場価値が下がるからです。非木造（住居系を除く）ではこの初期減価がなく，最終残価率0.2になるまで最大65年かかって逓減させます。

物理的損耗が著しい老朽化した築古ビルでも固定資産税評価額が高額なままであるのは，この残価率が0.2となっているためです。固定資産税評価額は不動産取得時の登録免許税や不動産取得税の計算にも利用されるため，中古ビル購入時に，予想以上に登録免許税や不動産取得税が高いことに対して不満の声は多く聞かれます。不動産取引実態上は，建物は築年数がかさみ物理的な損耗が著しくなり，設備などの機能面でも陳腐化が激しくなると，少々の修繕等では対応できず，取り壊して建替えした方が合理的です。したがって，一定期間を経過した建物は解体費用を勘案すれば負の財産と化します。

残価率が0.2であることに対しては昔からかなりの批判がありますが，課税側としては，家屋が存在し続ける限り，家屋の使用価値は0ではないし，行政サービスの対価として納税者にその費用の負担を求めるという前提を崩していません。ただし，築年数の古い建物では，耐震基準を満たしていない場合やアスベスト含有材を屋根等に使用している場合があり，市場価値がほとんど存在しないケースも少なくありません。最近では中古建物であっても納税者からの不服申出があり，「時価」の観点から明らかに固定資産税評価額が高すぎると判断されれば，評価額の引下げに応じる自治体もあるようです。

3　裁決事例

上記のとおり中古の家屋に対して相続税等の課税評価額として固定資産税評価額を採用することに対して納税者側から争うケースがあります。特に病院などの特殊建築物や老朽化した賃貸ビルで収益性が著しく低下しているような物件では，納税者にとって固定資産税評価額が割高に感じることが少なくありません。しかし裁決で固定資産税評価額以外の評価を認めることはほとんどないようです。

（1） 固定資産税評価額はほとんど減価しないから，固定資産税評価額を基に家屋の価額を算定するのではなく，他の方法を認めるべきかどうかが争われた事例（平成18年12月４日裁決）

本件では，財産評価基本通達を適用して評価することが特に不合理と認められる特別な事情がないにもかかわらず，特定の納税者あるいは特定の財産についてのみ財産評価基本通達に定める方法以外の方法によって評価を行うことは，納税者の実質的負担の公平を欠くことになり，許されないとし，本件家屋についても固定資産税評価額を基に評価するのが相当であるとしました。

（2） 著しい損耗がある廃業後長年経過している病院に関して争われた事例（平成22年６月７日裁決）

財産評価基本通達では，家屋は固定資産税評価額に基づき評価することとされており，その固定資産税評価額については，３年ごとの基準年度に，再建築価格を基準として，これに家屋の減耗の状況による補正および需給事情による補正を行って評価する方法が採られており，本件建物についても必要な補正が行われているとし，本件建物について固定資産税評価額を基に評価することが特に不合理と認められないとしました。

（3） 法定耐用年数を経過した老朽化家屋に対して固定資産税評価額ではなく，残存価額（取得価額に残存割合である100分の10を乗じて算定した価額）で評価すべきとの主張に対しての裁決（平成24年12月13日裁決）

本件家屋の固定資産税評価額は，固定資産評価基準に基づき，一般的な合理性を有するものと解されている評価方法により適正に算定されていることから，客観的な交換価値を正確に反映したものと認められ，固定資産税評価額を基に算定した本件評価額が時価を上回るとは認められないとし，耐用年数省令は減価償却費を計算するためのものであって，客観的交換価値を計算するためのものではないと納税者の主張を退けました。

4　貸　家

貸家の価額は次の算式により計算した価額によって評価します。

家屋の固定資産税評価額－家屋の固定資産税評価額×借家権割合×賃貸割合

なお，借家権割合は全国一律30％とされています。賃貸割合は当該家屋のうち，賃貸に供している部分の割合です。賃貸に関しては，借地借家法の適用のある建物賃貸借をいい，単なる使用貸借は含みません。

5　配偶者居住権（建物）

以下の式で評価します。配偶者居住権の説明はQ52を参照ください。

$$\text{建物の時価}-\text{建物の時価}\times\frac{\text{残存耐用年数}-\text{配偶者居住権の存続年数}}{\text{残存耐用年数}\times\text{複利現価率}}$$

①　建物の時価：固定資産税評価額です。

②　残存耐用年数：建物の法定耐用年数に1.5倍を乗じて計算した年数から築後経過年数を控除した年数です。例えば，木造住宅の法定耐用年数は22年ですから，築後10年の場合，残存耐用年数は23年（＝22年×1.5－10年）となります。

③　存続年数：配偶者居住権の存続期間を配偶者の終身の間とする場合は，その配偶者の平均余命です。

④　残存耐用年数または残存耐用年数から配偶者居住権の存続年数を控除した年数が０以下となる場合は，０で計算します。その場合，配偶者居住権の価額は，建物の時価となります。

6　配偶者居住権の設定された建物所有権

建物の時価から上記５，配偶者居住権の価額を控除した価額で求めます。

Q79 マンション

マンション（区分所有法に基づく区分所有建物）の評価額はどのように求めるのですか？

A 区分所有法に基づくマンションは，①専有部分（部屋），②マンション建物全体の共用部分の共有持分，③マンション敷地の敷地利用権の３つの所有権等で構成されます。①②に関しては建物の固定資産税評価額を基に評価します。

法令・通達　評基通３

解説

1　区分所有建物

マンションの定義は，建物の区分所有等に関する法律（区分所有法）に規定する専有部分並びに当該専有部分に係る共用部分の共有持分および敷地利用権です。マンションの専有部分の所有者は区分所有者といいますが，区分所有者は専有部分だけでなく，エントランスやエレベーターホール，階段などの建物共用部分に対しても他の区分所有者と共に共有しており，さらにマンション敷地に対しては敷地利用権（所有権または地上権あるいは土地賃借権）を有しています。

区分所有に係る家屋に関して財産評価基本通達では，その家屋全体の評価額を基とし，各所有部分の使用状況等の状況を勘案して計算した各部分に対応する価額によって評価することとしていますが，実務上は，評価対象専有部分に係る固定資産税評価額を基に評価することが一般的です。

2　共用部分の取扱い

マンションの共用部分には，区分所有法で定められている法定共用部分とマンション管理規約で定められている規約共用部分があります。多くの自治体で

【図表79－１】

マンション立面図

30階	効用比	1.50
29階	効用比	1.48
28階	効用比	1.47
３階	効用比	1.01
２階	効用比	1.00
エントランス		

マンション立面図

⬆北

角部屋 (効用比1.06)	共用部分 (EV，階段)	角部屋 (効用比1.10)
	中部屋 (効用比1.00)	

階層別効用比は，採光・通風・眺望等により左右されるが，タワーマンションでは眺望が最も評価される。
位置別効用比も必ずしも南ではなく，北が好まれることがある。

はマンション専有部分の固定資産税評価額に，専有部分と当該専有部分に係る共用部分の共有持分相当額を合計した額を記載しています（上記Ａの①＋②）。

ただし，規約共用部分に関しては建物登記がされていないケースもあり，この部分に関しては区分所有者に別途課税がされている場合があります。固定資産税評価証明等を取得する際には規約共用部分が抜けていないかどうか確認する必要があります。なお，規約共用部分の権利形態も，管理組合が所有している場合と各区分所有者が共有している場合の２通りがあります。

●マンション人気

1　固定資産税評価額

近年，大都市部を中心に高級マンションやタワーマンションが「相続税対策」に役立つとして人気が高まっています。実際に取引される時価と相続税評価額との開差が大きく，節税効果が大きいのがその理由ですが，からくりはマンションの固定資産税評価額の算出方法にあります。

まずマンション全体の評価額ですが，新築の場合，概ね建築費総額の50%～70%です。

マンションの各専有部分の固定資産税評価額は，原則として建物全体の評価額に床面積割合を乗じて求められます。算式では以下のとおりです。

$$\text{専有部分の評価額} = \text{建物全体の評価額} \times \frac{\text{当該専有部分の床面積}}{\text{すべての専有部分の床面積合計}}$$

ただし，地方税法では，同一建物内で専有部分の天井の高さに１m以上の差異がある場合，専有部分の附帯設備の程度に差異がある場合および専有部分の仕上げ部分の程度に差異がある場合は，一定の算式に基づいて税額を補正することとされています。実際にこのような補正を施すのは，低層階が店舗で中高層階が共同住宅などのいわゆる「ゲタばきマンション」などであることが多いようです。

また2016年度からは，新たにタワーマンション（高さが60mを超える建築物（建築基準法令上の「超高層建築物」）のうち，複数の階に住戸が所在しているもの）に関しても，一定の算式に基づき，階層の差異による格差を税額に反映することになりました（低層階は低く，高層階は高く補正)。しかしながら，その差額はわずかなものであり，タワーマンションの人気に影響を与えるほどにはなっていません。

2　時　価

マンションの取引価額は，同一マンションの場合，階層および位置（開口部の方位)，間取り，設備等によって左右されます。一般には高層階になるほど価格は高くなり，位置では南と東側に開口部がある角部屋が最も好まれます。階層による価格差は階層別効用比，位置による価格差は位置別効用比などといいます。図表79－１を例に取ると，２階を効用比1.00とした場合，最上階である30階の効用比を1.50とします。次に平面図で中部屋を1.00とした場合，開口部が南と東である角部屋の効用比を1.10とします。その場合，２階の中部屋に対して，30階の南東角部屋は次のような効用比となります。

２階中部屋：1.00×1.00＝1.00

30階角部屋：1.50×1.10＝1.65

階層別効用比や位置別効用比は，マンションの立地状況やマンションの構造等によって大きく異なります。同じ固定資産税評価額であっても実際の取引価額は倍近くの価格差がつくことも珍しくありません。タワーマンションでは高層階になればなるほど固定資産税評価額と時価との開差は広がります。

また区分所有者はマンション専有部分だけでなく，敷地利用権も有していますが，高層マンションになるほど，一専有部分に係る地積（全体地積を敷地権割合で乗じた地積）は小さくなります。その結果，取引価額に比較して建物部分と土地部分を合算した相続税評価額がかなり低く抑えられます。

相続税評価では建物と土地をそれぞれ別個で計算しますが，マンションを購入する人は，マンションブランドや立地条件，間取り・階層等で判断します。東京湾岸エリアなどマンション人気の高い場所では取引価額は相続税評価額よりかなり高くなるのです。

Q80 建築中の家屋

相続開始時に建築中であった家屋はどのように評価しますか？

A 建築中の家屋の価額は，その家屋の費用現価の70％に相当する金額により評価します。

これを算式で示すと次のとおりです。

建築途中の家屋の評価額 ＝ 費用現価の額 × 70％

法令・通達 評基通91

解説

1 建築中の場合

建築途中の家屋の場合には，固定資産税の評価額が付けられていません。そこで，建築途中の家屋の価額は，その家屋の費用現価の70％に相当する金額により評価することとされています。なお，「費用現価の額」とは，課税時期までに建物に投下された建築費用の額を課税時期の価額に引き直した額の合計額のことをいいます。

例えば家屋工事の請負金額が2,000万円で工事の進捗状況が40％の場合，家屋の相続税評価額は以下の算式で求められます。

請負金額		進捗度		しんしゃく割合		
2,000万円	×	40％	×	70％	＝	560万円

2 工事の着手金等を支払っている場合

一般に請負工事の場合，契約時に着手金を支払い，完成時に残金を清算します。

(1) 着手金1,000万円を支払っている場合

着手金		家屋評価額		前渡金
1,000万円	－	560万円	＝	440万円

∴　前渡金として別途440万円を財産計上します。

（２）着手金200万円を支払っている場合

着手金		家屋評価額		未払金
200万円	－	560万円	＝	△360万円

∴　未払金として360万円を債務計上します。

３　判　例

建築中の家屋の評価にあたり，上記算式による評価額が当該家屋の完成後の固定資産税評価額より高かったため，完成後の固定資産税評価額を基に申告したことの是非（東京高裁平成11年８月30日判決）：

財産評価基本通達では，建築中の家屋の評価にあたっては，当該家屋の建築のために投下された資本の額をもとに評価するものとした上，評価の安全性の面から投下資本の30％を控除して，その70％をもって評価額としている。相続開始時に建築中の家屋について相続開始にはいまだ明らかになっていない完成後の家屋の価額に基づいて評価することは，非現実的のみならず相続財産評価の原則に反することになるとし，建築中の家屋について，投下資本に基づいて評価することは適法であるとしました。

Q81 相続開始直前に改築されていた場合

所有する家屋について増改築を行いましたが，家屋の固定資産税評価額が変更されていないため，その固定資産税評価額が増改築に係る家屋の状況を反映していません。このような家屋は，どのように評価するのでしょうか。

A 増改築等に係る家屋の状況に応じた固定資産税評価額が付されていない場合の家屋の価額は，増改築等に係る部分以外の部分に対応する固定資産税評価額（増改築前の固定資産税評価額）に，当該増改築等に係る部分の価額として，その付近の家屋との構造，経過年数，用途等の差を考慮して評定した価額で評価します。

ただし，実務上は，増改築前の固定資産税評価額に，その増改築等に係る部分の再建築価額から課税時期までの間における償却費相当額を控除した価額の100分の70に相当する金額を加算した価額（課税時期から申告期限までの間に，その家屋の課税時期の状況に応じた固定資産税評価額が付された場合には，その固定資産税評価額）に基づき評価します。

なお，償却費相当額は，再建築価額から当該価額に0.1を乗じて計算した金額を控除した価額に，その家屋の耐用年数のうちに占める経過年数（増改築等の時から課税時期までの期間に相当する年数（その期間に１年未満の端数があるときは，その端数は，１年とします））の割合を乗じて計算します。

計算式では次のとおりとなります。

$$\text{増改築前の固定資産税評価額} + \left(\text{増改築費用} - \text{課税時期までの償却費}\right) \times 70\%$$

$$* \quad \text{課税時期までの償却費} = \text{増改築費用} \times 90\% \times \frac{\text{経過年数}}{\text{耐用年数}}$$

解説

1　固定資産税評価額の確認

家屋の固定資産税評価額は，新築時に市役所等の評価担当者が現地等を確認した上で算定されます。建築確認申請を伴う増築時も同様です。しかし建築確認申請を行わない軽微な増築や，建物内部のみを対象とする改築などの場合は固定資産税課税当局も把握する術もなく，固定資産税評価額の変更はされないのが実情です。

相続等の実務上，家屋の固定資産税評価額（および固定資産課税明細等に記載されている築年および構造・床面積等）を確認し，対象家屋の現状と異なる場合，どこまで相続財産として計上すべきかは判断に迷う場面といえます。なお，固定資産税課税明細等では，家屋の増築があった場合，元からあった家屋とは別に増築部分のみを記載する方法が一般的です。増築部分は本体部分と切り離して別途，固定資産税評価額を計算しなければならないためです。

課税明細上，増築部分が漏れている場合は，上記の評価額を加算することになります。床面積に影響が出ない改築の場合は，改築時期が課税時期よりかなり古い時期であり，さらにその内容が軽微に留まるものであれば改めて上記の評価額を加算しなくても差し支えないものと判断されます。

2　バリアフリー工事等

実務上，よく見受けられるのがバリアフリー工事です。被相続人が身体に支障があり介護が必要な場合，あるいはリハビリ等をしていたりする場合，浴室改装や補助ベッド設置のための床補強工事，あるいはリフト設置などをするケースが目立ちます。これらは課税時期から比較的近い時期に施されている場合が多く，相続財産として計上していないと税務調査で指摘されることの多い項目です。家屋あるいは附属設備として評価が求められます。

Q82 附属設備

父（被相続人）は賃貸マンション経営をしており，不動産所得の計算上，建物本体とは別にエレベーター設備，屋外給排水設備などを減価償却していました。このような附属設備は固定資産税評価額に含まれていると理解してよいですか？

A 家屋に付随する附属設備は家屋と一体となっている設備として固定資産税評価額に含まれているものと，家屋とは別個の償却資産として取り扱われるものとに区分されます。

法令・通達　評基通92

解説

1　原　則

（1）　家屋と構造上一体となっている設備

家屋の所有者が有する電気設備，ガス設備，衛生設備，給排水設備，温湿度調整設備，消火設備，避雷針設備，昇降設備，じんかい処理設備等で，その家屋に取り付けられ，その家屋と構造上一体となっているものについては，その家屋の価額に含めて評価します。

固定資産評価基準では，固定資産税における家屋の評価にあたり家屋に含めて評価するものとされる建築設備は，①家屋の所有者が所有するもので，②家屋に取り付けられ，家屋と構造上一体となって，③家屋の効用を高めるものであることを要するとされています。

（2）　門，塀等の設備

門，塀，外井戸，屋外じんかい処理設備等の附属設備の価額は，その附属設備の再建築価額から，建築の時から課税時期までの期間（その期間に1年未満の端数があるときは，その端数は1年とします）の償却費の額の合計額または減価の額を控除した金額の100分の70に相当する金額によって評価します。

なお，この場合における償却方法は，定率法によるものとし，その耐用年数は減価償却資産の耐用年数等に関する省令（以下「耐用年数省令」といいます）に規定する耐用年数によります。

(3) 庭園設備

庭園設備（庭木，庭石，あずまや，庭池等）の価額は，その庭園設備の調達価額（課税時期においてその財産をその財産の現況により取得する場合の価額をいいます）の100分の70に相当する価額によって評価します。

2 テナント分離課税（固定資産税）

賃貸ビルでは，ビル所有者が建物内部をスケルトン（内装を施していない状態）で入居者（テナント）に貸し出し，テナントが独自に内装工事等を施すケースがあります（スケルトン貸し）。一方で民法上，内装部分は家屋の附合物とみなされ，内装部分にも家屋の所有権が及び，テナントが有益出費した内装部分の固定資産税等も家屋所有者が納税義務者となってしまうことになります。

そこで固定資産税の課税実務では，「家屋と償却資産分離課税」制度を採り入れ，貸店舗等におけるテナントが施工した内装と建築設備等について，一定の取扱要件に該当する場合には当該建物の内装等を償却資産として取り扱い，テナントを固定資産税の納税義務者とすることとしています。

該当条件は以下のとおりです。

(1) 家屋の本体部分の所有者（以下「家主」といいます）と内装等の取得者が異なること。

(2) 事業用資産であること。

(3) 「固定資産税における家屋と償却資産の分離課税申出書」の提出により，家主，テナント双方の合意があること。

相続税評価上，テナント分離課税がされている場合は，その内容を確認することになります。

Q 83 構築物

自走式立体駐車場など構築物はどのように評価しますか？

A 構築物の価額は，その構築物の再建築価額から，建築の時から課税時期までの期間（その期間に1年未満の端数があるときは，その端数は1年とする）の償却費の額の合計額または減価の額を控除した金額の100分の70に相当する金額によって評価します。この場合における償却方法は，定率法によるものとし，その耐用年数は耐用年数省令に規定する耐用年数によります。

（法令・通達） 評基通96，97

解説

1 評価算式

構築物とは，建物と建物附属設備以外の土地の上に定着している工作物のことをいい，駐車場のアスファルト舗装，橋，ガソリンスタンド，トンネル，広告塔，看板，運動場または野球場のスタンド等が該当します。

構築物の価額は以下の算式によって評価します。

（再建築価額 － 再建築価額の償却費累計額） × 70／100

2 立体駐車場

自走式の立体駐車場に関して実務上，混乱する場面があります。機械式の立体駐車場が屋根・柱・壁などを備えているため以前から家屋として登記が可能であったのに対し，自走式立体駐車場は，開放性確保のため，壁がほとんどなく登記の対象ではありませんでした。しかし，昨今では多くの地方自治体がこのような立体駐車場を建築物とみなす見解を示しており，家屋評価しているようです。ただし，扱いは自治体によって異なるため，同じような立体駐車場が家屋であったり，構築物であったりします。いずれ統一的な取扱いがなされるものと思われますが，評価にあたっては注意が必要です。

第10章
その他（特殊なケース）

Q 84 特定非常災害に伴う土地等の評価（特定土地等に係る相続税等の課税価格の特例）

東日本大震災以降，熊本地震や大規模水害など大災害が相次いで発生していますが，このような大災害が起きた場合，災害発生前に相続で取得した土地の評価はどのようになるのですか？

A 特定非常災害（解説１参照）発生日以後に，相続税の申告期限の到来する者が，特定非常災害発生日前に相続等により取得した特定土地等（解説２参照）で，当該特定非常災害発生日に所有していたものについては，「特定非常災害の発生直後の価額」とすることができます。

（法令・通達） 措法69の６，69の７，措通69の６－１，69の７－１

解説

1　特定非常災害と特定非常災害に伴う土地等の評価

「特定非常災害」とは，「特定非常災害の被害者の権利利益の保全等を図るための特別措置に関する法律」第２条第１項の規定により特定非常災害として指定された非常災害をいいます。2020年７月現在までに，「阪神・淡路大震災」，「平成16年新潟県中越地震」，「東日本大震災」，「平成28年熊本地震」，「平成30年７月豪雨」，「令和元年台風第19号」，「令和２年７月豪雨」に適用されています。

特定非常災害に伴う土地等の評価（課税価格の特例）は，近年災害が相次いで発生していることを勘案し，災害時の税制上の措置を予め整理するために，導入されました。

2　特定土地等

「特定土地等」とは，特定非常災害により被災者生活再建支援法３条１項の規定の適用を受ける地域（同項の規定の適用がない場合には，その特定非常災害により相当な損害を受けた地域として財務大臣が指定する地域。以下「特定地域」といいます）内にある土地または土地の上に存する権利をいいます。

3　課税時期が特定非常災害発生日前の特定土地等の評価

相続税の申告期限は，原則として相続発生時から10か月とされています。特定非常災害の発生した日の10か月前から特定非常災害が発生した日の前日までの間に相続等により取得した特定土地等は，「特定土地等の特定非常災害の発生直後の価額」とすることができます。例えば，「令和元年台風第19号」による特定非常災害発生日は2019年10月10日であったため，2018年12月10日から2019年10月９日までの間に相続等により取得した場合が該当します。

贈与税の場合は，特定非常災害発生日の属する年の１月１日から特定非常災害が発生した日の前日までの間に贈与により取得した特定土地等を同様の評価をします。ただし，特定非常災害発生日が１月１日から前年分の贈与税申告期限（通常は３月15日）までの間である場合は，前年の１月１日からと読み替えます。例えば，特定非常災害発生日が2021年２月１日の場合，2020年１月１日から2021年１月31日までの間の贈与が対象となります。

「特定土地等の特定非常災害の発生直後の価額」は，特定土地等の課税時期の現況が，特定非常災害の発生直後も継続していたものとみなします。特定土地等の地目，評価単位，土地の形状などは，課税時期の現況によります。したがって，課税時期（相続時等）から特定非常災害の発生直後までの間に区画形質の変更等があった場合でも考慮しません。

「特定土地等の特定非常災害の発生直後の価額」は，路線価または倍率に「調整率」を乗じて計算します。この調整率は，国税局長が不動産鑑定士等の意見を基として特定地域内の一定の地域ごとに定めるものです。特定土地等が路線価地域内にある場合は，特定災害が発生した日の属する年分の路線価に「調整率」を乗じたものに，奥行価格補正等の画地調整を施して計算します。

4　調整率

国税庁は「調整率」について，下記算式のとおり算定していると説明しています。

調整率＝（１－直接的要因の減価率）×（１－社会インフラ要因の減価率）
×（１－経済的要因の減価率）×（１－その他の要因の減価率）

なお，調整率は，「特定非常災害の発生直後の価額」を算定するためのものであり，特定非常災害発生後の復旧の状況等は加味していないとされます。また，上記各減価要因の具体的な内容としては，次のように記載しています。

①　直接的要因

建物倒壊等の程度による減価。

②　社会インフラ要因（宅地のみ）

鉄道の運休，幹線道路の通行止め，供給処理施設（水道）など，インフラの被害に応じた減価。

③　経済的要因

経済活動が縮小することによる減価。

④　その他の要因

上記①～③以外の要因。

調整率は，特定地域内で都道府県別に各地域単位で公表されます。「平成30年７月豪雨」の際には，岡山県では，宅地（0.70～1.00），田（0.70～1.00），畑（0.75～1.00），山林（0.85～1.00）の調整率が示されました。

5　課税時期が特定非常災害発生以後の特定土地等の評価

特定非常災害発生日からその年の12月31日までの間に相続等または贈与により取得した特定土地等については，上記３の「特定土地等の特定非常災害の発生直後の価額」に準じて評価することができます。例えば，「令和元年台風第19号」の場合，2019年10月10日から同12月31日までの間に相続等により取得した場合が該当します。

6　災害減免法との関係

特定非常災害に係る特例は，特定非常災害によって生じた経済的な損失（地価下落）による減価に配慮した特例です。特定非常災害により発生した地割れ，陥没などの土地そのものの形状が変わったことに伴う物理的な損失は，一定の条件に該当すれば，災害減免法６条（相続税または贈与税の計算）の適用対象となります（**図表84－１**）。

評価対象土地が，特定非常災害により物理的な損失（地割れ，陥没等）を受けた場合には，「特定非常災害の発生直後の価額」から，災害減免法６条の「被害を受けた部分の価額」を控除した価額により評価することができます。被害を受けた部分の価額は，物理的な損失に係る原状回復費用の見積額（保険金等により補填された金額を除く）の80％相当額で差し支えないとされます（**図表84－２**参照）。

【図表84－１】物理的な損失と経済的な損失

災害減免法	特定非常災害に係る特例
物理的な損失 ⇒土地そのものの形状が変わったことに伴う損失 （具体例 ・地割れ，亀裂 ・陥没 ・隆起 ・海没）	経済的な損失 ⇒左記以外の損失（地価下落） （具体例 ・街路の破損 ・鉄道交通の支障 ・ライフラインの停止 ・周囲の建物の倒壊 ・がれきの堆積 ・塩害）

【図表84－２】具体的な計算例

【計算例】

（前提）

正面路線価　100,000円
調整率　0.80
奥行価格補正率　1.00
面積　150㎡
被害を受けた部分の価格（物理的な損失）
4,000,000円（原状回復費用の見積額5,000,000円×0.8）

（計算）

① 調整率を乗じた後の路線価の計算

（路線価）　（調整率）
100,000円　×　0.8　＝　80,000円……①

② 特定非常災害に係る特例を適用した土地等の価額の計算

（①の価額）（奥行価格補正率）（面積）
80,000円　×　1.00　×　150㎡　＝　12,000,000円……②

③ 災害減免法第６条を適用した課税価格に算入すべき価額の計算

（②の価額）　（被害を受けた部分の価額）（課税価格に算入すべき価額）
12,000,000円　－　4,000,000円　＝　8,000,000円

【図表84－３】特定土地等の評価

<table>
<tr><th rowspan="2"></th><th rowspan="2">特定非常災害に係る特例の適用を受ける特定土地等</th><th colspan="2">特定非常災害発生日以後に取得</th></tr>
<tr><th>特定地域内の土地等</th><th>特定地域外の土地等</th></tr>
<tr><td>地　目
評価単位
権利関係</td><td>課税時期の現況（特定非常災害発生日前）</td><td colspan="2">課税時期の現況（特定非常災害発生日以後）</td></tr>
<tr><td>路線価等（路線価及び倍率）</td><td>特定非常災害発生日の属する年分の路線価等　×　調整率</td><td>特定非常災害発生日の属する年分の路線価等　×　調整率</td><td>特定非常災害発生日の属する年分の路線価等</td></tr>
<tr><td>物理的な損失</td><td>災害減免法６条（(相続税又は贈与税の計算)）により減額</td><td colspan="2">土地等の評価で個別に減額</td></tr>
</table>

課税時期が特定非常災害発生以後の特定土地等で，特定非常災害により土地等が物理的な被害を受け，原状回復していない場合は，「特定土地等の特定非常災害の発生直後の価額」に準じて求めた価額から原状回復費用相当額を控除した価額により評価することができます。以上を整理したものが**図表84－３**

です。

Q85 財産評価基本通達6項適用の場合

財産評価基本通達通りに土地建物を評価して申告しても，適正な申告とは認められないことがあるそうですが，どのような場合ですか？

A 原則として土地建物は財産評価基本通達で評価し，相続税申告します。しかし，タワーマンションなどに象徴されるような財産評価額と時価（取引価額）との間に著しく開差があり，またその開差を利用して相続税を意図的に大きく減額するなどの「特別な事情」がある場合は，財産評価基本通達6項の規定が適用されることがあります。6項は「この通達の定めによって評価することが著しく不適当と認められる財産の評価は，国税庁長官の指示を受けて評価する」と規定されています。

（法令・通達） 評基通6

解説

1 財産評価基本通達による評価額を否認した事案

東京地裁令和元年8月27日判決は，相続開始前に取得した賃貸マンションとその敷地（東京都杉並区＝甲不動産（約40戸の共同住宅），川崎市＝乙不動産（約40戸の共同住宅））の評価について争われました。争点となったのは，「特別な事情」の有無でしたが，裁判所は，財産評価額と不動産鑑定評価額との間には著しい乖離があり，財産評価基本通達による評価方法を画一的に適用することは，かえって租税負担の公平を害することが明らかである（特別な事情）と判断し，本件における相続税法上の時価は不動産鑑定評価額であると判じました。

（1）　事案の概要

平成21年１月：銀行融資を受け，甲不動産を約８億3,700万円で購入。
平成21年12月：銀行融資を受け，乙不動産を約５億5,000万円で購入。
平成24年６月：相続開始（＝甲不動産取得から３年５か月経過）
平成25年３月：乙不動産を約５億1,500万円で売却。
平成25年３月：相続税申告（甲乙不動産は財産評価額で評価し，申告税額は０円）

（2）　評価額

	甲不動産	乙不動産	合計
財産評価額（路線価等）：A	約２億円	約１億3,300万円	約３億3,300万円
不動産鑑定評価額：B	約７億5,400万円	約５億1,900万円	約12億7,300万円
開差（B／A）	約3.8倍	約3.9倍	約3.8倍

（3）　申告後の経緯

平成28年４月：所轄税務署は評価通達６項の適用が妥当と判断し，不動産鑑定評価額に基づき，相続人に対し，約２億4,000万円の追徴課税を求める更正処分を行いました。相続人はこの更正処分等を不服として審査請求しました。国税不服審判所は，税務署の更正処分を妥当と裁決（平成29年５月23日）したため，処分の取り消しを求め，提訴していました。

（4）　その他裁決事例（タワーマンション）

納税者が被相続人名義でタワーマンションを購入（取得価額約２億9,300万円），相続開始後４か月後にこのマンションの売却手続きを開始し，売り抜けた事案です。納税者はこのマンションの相続税評価額約5,800万円で相続税申告をしました。国税不服審判所は，課税価格である相続開始時の時価は評価通達に基づく評価額ではなく購入価額であると結論付けました（平成23年７月１日裁決）。

2　6項の適用を受けないためには

(1)　特別な事情

税法学者の間では，6項を発動する「特殊な事情」の成立要件は，①財産評価額と時価との格差が著しく不適当である「価格乖離型」と，②財産評価額と時価との差額に着目し，無理な節税策を施すなどの「租税回避型」とに分類する理論が一般的ですが，課税当局はその双方の存在を重視しているようです。

(2)　国税庁の姿勢

新聞報道（2015年11月3日付「日本経済新聞」）などによると，国税庁は全国の国税局に対し，タワーマンションを使った相続税対策への監視を強化するよう指示し，政府税制調査会には6項の適用を検討していると説明しています。

(3)　無理な節税策に注意

タワーマンションに限らず，賃貸用不動産など，財産評価額と時価（実際の取引価格）との間に開差があり，その開差を利用した，無理な節税策（相続開始直前に取得し，相続開始後短期間で売却するなど）は，要注意です。上記の東京地裁判決では，甲不動産の取得は相続開始の3年5か月前でした。決して「直前」という感覚ではありません。かつて相続開始前3年以内に取得した不動産は「時価」で評価しなければならないとする「3年縛り」規定がありました（現在は廃止されています）。本件では多額の借入金を利用して，賃貸用マンションおよびその敷地（建物と土地の両方）を購入している点を課税当局が着目したようです。

次の事項が複数以上該当し，外観上「節税スキーム」としか見えない行為は避けた方が無難です。

① 財産評価額（申告）と時価との開差が著しく大きい。

② 相続税対策が相続開始の「直前」である（「直前」がどの程度の期間さかのぼるのかの検討必要）。

③ 上記相続税対策で多額の借入金を利用している。

④　相続発生後，比較的「短期間」で売却している（「短期間」がどの程度の期間であるかの検討必要）。

Q 86　負担付贈与の場合

私は父から時価2,000万円（相続税評価額1,600万円）の土地の贈与を受ける代わりに父が銀行から借りている借入金1,000万円を負担することとした場合，贈与税を申告する際の評価額はどうなりますか？

A　課税時期（贈与を受けたとき）における通常の取引価額（2,000万円）から負担額（1,000万円）を控除した価額（1,000万円）が贈与税の課税対象となります。

法令・通達　相法9，相基通9－11

解説

1　負担付贈与

受贈者が一定の債務を負担する条件で贈与者からある財産の贈与を受けることを負担付贈与といいます。個人から負担付贈与を受けた場合は贈与財産の価額から負担額を控除した価額に課税されることになります。

この場合の課税価格は，贈与された財産が土地や借地権などである場合および家屋や構築物などである場合には，その贈与の時における通常の取引価額に相当する金額から負担額を控除した価額によることになっています。

2　賃貸アパートの贈与に係る負担付贈与

賃貸アパートなど収益物件を売買する際には，通常，建物売買金額とは別に賃借人からの預かり敷金等を売買当事者間で清算します。旧所有者（贈与者）が賃借人に対して敷金返還義務を負っている状態で，新所有者（受贈者）に対し賃貸アパートを贈与した場合には，法形式上は，負担付贈与に該当しますが，当該敷金返還義務に相当する現金の贈与を同時に行っている場合には，一般的に当該敷金返還債務を承継させる意図が贈与者・受贈者間においてなく，実質的な負担はないと認定することができるため，負担付贈与には該当しません。

Q 87 売買契約中の土地

売買契約中に相続が発生した場合，土地の評価額はどのようになりますか？

 次のとおりとなります。

被相続人	相続財産	計算方法
売主	売買残代金請求権	課税時期の未収入金
買主	土地の引渡請求権	原則：土地等の取得価額（売買代金相当額），未払金を債務として計上 例外：不動産の売買契約日から相続開始日までの期間が通常より長期にわたる等，原則評価では適当ではない場合，個別評価。 　また財産評価基本通達により評価した土地等相続税評価額も認められる。

解説

1　売主に相続が発生した場合

売主に相続が発生した場合は，相続財産は売買代金請求権となります。これに関しては最高裁昭和61年12月５日判決があります。「たとえ本件土地の所有権が売主に残っているとしても，もはやその実質は売買代金債権を確保するための機能を有するにすぎず，独立して相続税の課税財産を構成しないというべきであって，課税財産となるのは売買残代金債権である」とし，その後の下級審判決や国税不服審判所裁決でも同様の考えがとられています。

市街化区域内農地の譲渡契約後に売主に相続が発生し，その時点で農地法に定める農業委員会への届出がされていない事案に関して，農業委員会への届出が出ていなくても相続財産は本件土地か，本件売買残代金債権かを判断するに際し，決定的な事由となるものではなく，本件では売買残代金請求権であるとした判決（名古屋高裁平成12年11月29日）があります。

また土地等の売買契約中に売主に相続が開始した場合における相続税の課税財産は，相続開始後に相続人が当該売買契約を解除した場合であっても，売買残代金請求権とするのが相当であるとした事例（平成21年９月16日裁決）もあります。

２　買主に相続が発生した場合

買主に相続が発生した場合は，少々複雑です。まず最高裁判決を記載します。

上記の売主に相続が発生した場合の最高裁判決と同じ日に下った判決です。それによると「農地法３条所定の許可前に買主が死亡した場合の相続税につき，相続税の課税財産は，農地の売買契約に基づき買主が売主に対して取得した当該農地の所有権移転請求権等の債権的権利であり，その課税評価額は当該農地の取得価額に相当する」（最高裁昭和61年12月５日判決）と判じました。

宅地の所有権移転前に相続が発生した事案については，「宅地所有権移転請求権の価額は宅地所有権の価額に準じて考えられ，通常は相続税評価額によることとなるが，売買契約で定められた代価は，相続開始時における宅地所有権移転請求権の不特定多数当事者間で自由な取引が行われる場合に通常成立する客観的価値に相当するものということができる」として，取引価額による評価を支持しました（最高裁平成２年７月13日判決）。

その後国税庁は，買主に相続が発生した場合は，相続財産は原則として土地引渡請求権であるが，土地としてその価額を財産評価基本通達に従った価額，つまり，相続税評価額としても良いとの取扱いを1991年に通知しています。

土地の売買契約の内容によっては，停止条件付の契約のもの（特に農地売買の場合には，農地転用の許可を受けて初めて有効に所有権移転が認められるなどの制限があります）あるいは契約時期から実際の引渡しまで長期間かかるもの，または事情により契約が解除となり，引渡しはされなかったケースなど様々です。

したがって買主側に相続が発生した場合の売買契約中の土地評価に関しては，あくまで土地引渡請求権が相続財産であって，その評価額が取引価額となるのか土地評価額となるのかは個々の事情を吟味し，慎重に見極める必要がありそうです。

相続開始時の約３週間前に土地売買契約が締結され，相続当時その履行途上にあった事案について，土地所有権移転請求権の評価の価額は，相続開始時の時価であり，土地の仲介手数料を含めた取引価額が該当するとした判決（名古屋地裁平成３年５月29日判決）があります。

一方，農地の売主死亡に係る相続税の課税財産につき，同売買に係る売買残代金請求権（債権）ではなく，農地と認めるのが相当であるとした事例（平成15年１月24日裁決）があります。

本件では，対象農地に係る不動産売買契約については，買主側の事情により履行が遅延し，契約締結後２年８か月経過した相続発生の日においても遅延状態にあり，最終的にも，契約締結後約４年４か月，予定された契約履行の日から約３年４か月，相続開始から約１年７か月経過後に解除された事案に対し，相続開始時点において売買残代金請求権が確定的に被相続人に帰属していたことを肯定できないため，その課税財産は本件農地と認めるのが相当であるとしています。

当該裁決は，結果として相続財産は対象農地となっていますが，相続開始時点で売買残代金請求権が被相続人に確定していたとは肯定できないと判断している点に着目する必要があります。

【参考文献等】

国税庁ホームページ（タックスアンサー，質疑応答集）
国税不服審判所ホームページ（裁決事例集，裁決要旨）
TKC税務研究所『TKC税研情報』各号
固定資産税実務研究会編『問答式　固定資産税の法律実務』新日本法規，1993年
固定資産税務研究会編『固定資産評価基準解説（土地篇）』一般財団法人地方財務協会，2018年
國武久幸『相続税贈与税の実務土地評価』一般財団法人大蔵財務協会，2018年
橋本守次『３訂版　Q&A宅地評価の実務』財経詳報社，2002年
北村厚編『平成30年版　財産評価基本通達逐条解説』一般財団法人大蔵財務協会，2018年
太田・細川会計事務所資産税部『Q&A土地評価の実務全書』ぎょうせい，2005年
飯田隆一『令和２年版　相続税贈与税土地評価の実務』一般財団法人大蔵財務協会，2020年
池本征男『三訂版　裁判例からみる相続税・贈与税』一般財団法人大蔵財務協会，2013年
小林穂積『税理士・不動産鑑定士のための重要裁決事例に学ぶ相続税土地評価の実務』プログレス，2019年
中里実ほか『租税法判例六法（第４版）』有斐閣，2019年
与良秀雄ほか『評基通によらない財産評価』新日本法規，2019年
梶野研二『相続土地評価実務マニュアル』新日本法規，2019年
渡邉正則『実務解説 地積規模の大きな宅地の評価のポイント』一般財団法人大蔵財務協会，2018年

索　引

あ　行

か　行

さ　行

た　行

な　行

は　行

ま　行

や　行

ら　行

〔著者紹介〕

樋沢 武司（ひざわ・たけし）

税理士・不動産鑑定士。一橋大学社会学部卒。
株式会社エーエムエス代表取締役。樋沢武司税理士事務所代表。
名古屋税理士会名古屋東支部所属。
平成23年，24年不動産鑑定士試験委員（不動産鑑定評価理論）。

〔主な著書〕
『相続税を減らしたいなら，収益物件を活用しなさい！』（ぱる出版）
『オーナー社長のホットな相続＆クールに税金対策』（中央経済社）他

〔株式会社エーエムエス〕
税務対策を主体とした不動産鑑定評価を得意としている。

〔樋沢武司税理士事務所〕
愛知県名古屋市東区葵２丁目12番１号ナカノビル６C
相続税対策等資産税全般を得意としている。

税理士のための 相続税Q&A
土地等の評価

2014年９月20日　第１版第１刷発行
2015年７月15日　第１版第２刷発行
2020年10月１日　改訂改題第１刷発行

著　者　樋　沢　武　司
発行者　山　本　　継
発行所　㈱ 中 央 経 済 社
発売元　㈱中央経済グループ パブリッシング

〒101-0051　東京都千代田区神田神保町1-31-2
電話　03（3293）3371（編集代表）
03（3293）3381（営業代表）
http://www.chuokeizai.co.jp/
印刷／昭和情報プロセス㈱
製本／誠　製　本　㈱

ISBN978-4-502-36191-3　C3034